Klaus Werle

Die Perfektionierer

Warum der Optimierungswahn uns schadet –
und wer wirklich davon profitiert

Campus Verlag
Frankfurt / New York

Bibliografische Information der Deutschen Nationalbibliothek:
Die Deutsche Nationalbibliothek verzeichnet diese Publikation in der
Deutschen Nationalbibliografie. Detaillierte bibliografische Daten sind im
Internet unter http://dnb.d.-nb.de abrufbar.
ISBN 978-359-3-39093-2

Copyright © 2010 Campus Verlag GmbH, Frankfurt am Main
Umschlaggestaltung: Hißmann, Heilmann, Hamburg
Umschlagmotiv: getty images/ Image Source
Satz: Campus Verlag
Druck und Bindung: Druck Partner Rübelmann, Hemsbach
Gedruckt auf Papier aus zertifizierten Rohstoffen (FSC/PEFC).
Printed in Germany

Besuchen Sie uns im Internet: www.campus.de

Inhalt

Die Folgen
Das perfektionistische Paradox und wie man ihm entkommt

Einleitung
Die subtile Diktatur des Machbaren

»Warum kann's nicht perfekt sein?
Schau, der Himmel ist sternenklar,
Schenk' uns noch ein Glas Sekt ein,
wenn das grad' keine Sternschnuppe war.«
Die Ärzte: »Perfekt«

Um 6.23 Uhr klingelt bei Sabine und Thomas Müller der Wecker, und sie schlurfen in ihr siebeneinhalb Quadratmeter großes Badezimmer. Es folgen Morgenkuss, Morgenkaffee und Morgenstau, den sie in ihrem Golf ergeben absitzen. Die rund acht Arbeitsstunden vor dem Rechner werden unterbrochen vom Kantinenbesuch; es gibt Thomas' Lieblingsessen: Schnitzel. Abends, zurück in der 90-Quadratmeter-Wohnung, schauen sie fern. Vielleicht gehen sie noch aus, wobei Sabine an einem Abend häufiger das Lokal wechselt und Thomas mehr Geld für Bier ausgibt. Gut gelaunt kommen sie zurück. Weil es einer von zwei Tagen pro Woche ist, an denen sie Sex haben, verzögert sich der Moment, in dem sie wegschlummern, um 36 Minuten. Es ist 23.38 Uhr.[1]

Die Müllers sind Durchschnittsdeutsche, ein statistisches Konstrukt, zusammengebastelt aus Daten und Umfragen. Sie bestimmen, was produziert, gedacht und gesendet wird. Thomas ist der »König von Deutschland«, schreibt der *Spiegel*, und Sabine ist seine Königin. Im Großen und Ganzen leben die Müllers in einer gemütlichen Zeit, mit ihrem Leben ist alles in Ordnung. Und doch wird man sie in der Realität kaum finden. Das liegt nicht nur an ihrem Dasein als Konstrukt, sondern vor allem daran, dass niemand sein möchte wie sie: Durchschnitt ist ein Schimpfwort. Es klingt nach Stillstand und Ödnis. Thomas Müller, der König von Deutschland, ist ein König ohne Reich.

Leben, das ist nicht Golf, Schnitzel und zweimal pro Woche Sex. Es ist etwas, das die meisten Menschen möglichst erfolgreich absolvieren wollen. »Make the most of now«, verlangte Vodafone einst und wechselte dann zu »Es ist Deine Zeit«, was weniger drastisch klingt, aber immer noch ziemlich fordernd ist. Nike hatte die Latte schon früher deutlich höher gesetzt: »You don't win silver, you lose gold«.

Die Aufforderung, das Beste aus dem eigenen Leben zu machen, ist so etwas wie das letzte Glaubensbekenntnis einer Zeit, in der die großen Ideologien verschwunden sind. Zwar ist das von manchen prophezeite »Ende der Geschichte« nicht eingetreten. Doch die gesellschaftlichen Alternativen haben sich entweder im Selbstversuch erledigt (Kommunismus), sind unvereinbar mit westlichem Denken (chinesische und russische Autokratie) oder wirken gar zu gestrig (religiöser Fundamentalismus). Geblieben ist die Erfolgskombination von Demokratie und Marktwirtschaft. Zuletzt wurde ihr Nimbus vielleicht ein wenig angekratzt – doch Boom und Crash gehören seit jeher zum Betriebssystem dazu. So läuft, von einigen Feinjustierungen abgesehen, der Kapitalismus weiter wie gehabt; ein ernst zu nehmender Ersatz ist nicht in Sicht. Länder wie China, Russland oder manche Golfstaaten versuchen sich an einer autokratischen Variante ohne allzu viel lästige Demokratie. Die Grundlagen der Marktwirtschaft aber stellt niemand wirklich infrage.

Eines ihrer wichtigsten Prinzipien lautet: Jeder kann alles schaffen, wenn er nur will. Das ist natürlich eine Illusion – allerdings eine mächtige. Und ganz falsch ist sie auch nicht: Die Spielräume sind größer, die Gesellschaft ist durchlässiger geworden. Früher wurde Schuster, wer als Schustersohn geboren wurde. Heute kann er eine neue Software entwickeln und Bill Gates II. werden. Er kann bei RTL anrufen und ein zweiter Mark Medlock werden. Oder ein Stipendium für Harvard ergattern und es zum Chef eines DAX-Konzerns bringen.

Wenn es also etwas wie ein allgemeines Credo in den westlichen Demokratien gibt, dann dieses: Du musst immer besser werden. Die Möglichkeiten sind da – also nutze sie. Das neue Leitbild ist das des Menschen als Unternehmer seiner selbst, der unentwegt nach Möglichkeiten sucht, sein Potenzial noch besser auszuschöpfen. Der sein Leben optimiert.

Daran ist im Grunde nichts falsch, schließlich ist der Wunsch nach Verbesserung Triebfeder für Kreativität, Innovation und Fortschritt. Doch das Streben nach Perfektion hat in den vergangenen Jahren völlig neue Dimensionen erreicht. Es zieht sich durch sämtliche Bereiche unseres Daseins. Bessere Jobs, mehr Gehalt, attraktivere Körper, schlauere Kinder, schöneres Haus – Tausende Ratgeber wiederholen das immergleiche Mantra: Du bist nicht so glücklich, wie du sein könntest. Und dass du es nicht bist, ist deine eigene Schuld. Denn das perfekte Leben ist machbar, jeder ist seines Glückes Schmied. Du musst es nur wollen.

Das ist die gute Nachricht. Die schlechte ist: Weil jeder die Chance hat, den Jackpot des Lebens zu knacken, ist die Konkurrenz gewaltig. Mit dem Fall des Eisernen Vorhangs konnte die Globalisierung so richtig durchstarten. Kapital, Arbeitskraft, Güter und Informationen waren weltweit verfügbar, wodurch auch der Wettbewerb weltumspannend wurde. Die Staaten bauten ihre Systeme um und ermöglichten – beziehungsweise forderten – größere Flexibilität und Autonomie des Einzelnen.

Chancen und Risiken schnellten gleichermaßen in die Höhe, ebenso die Möglichkeiten, uns mit anderen zu vergleichen. Mit dem Ziel, besser zu sein, origineller, perfekter. So wächst der Druck: Einerseits zeigen uns Gates, Medlock, Ackermann und Co., dass die Welt uns zu Füßen liegt, wenn wir uns nur genug reinhängen. Andererseits hören wir: Der Chinese hat nur drei Tage Urlaub im Jahr; die Wettbewerber kommen nicht aus Bielefeld und Chemnitz, sondern aus Delhi und Schanghai. Wirtschaftliche Krisen verstärken den Effekt noch. Und wer erfolglos bleibt, der hat sich vielleicht einfach nicht genug angestrengt.

Unterschiedliche Faktoren wirken heute zusammen und fördern einen Hang zur Perfektionierung, wie es ihn nie zuvor gab. Da ist das Internet, das Arbeit und Konsum von zeitlichen und geografischen Grenzen befreit und uns zur bestinformierten Generation aller Zeiten gemacht hat – die Welt ist flach geworden. Da ist das Versprechen vom sozialen Aufstieg, da ist der extreme Individualisierungsschub. Und da ist, allem voran, der große Wertewandel zu mehr Selbstverwirklichung und mehr Verantwortung für das eigene Leben. »Jeder ist seines Glückes Schmied« – in der Best-of-Gesellschaft ist das nicht nur ein Versprechen, sondern auch eine Pflicht.

Wir haben verstanden – und werden immer perfekter. Oft ist uns der

Drang zur Optimierung kaum noch bewusst, weil er längst verinnerlicht ist. Im Alltag fahnden wir auf dem Wochenmarkt nach den Ingredienzen für das »Perfekte Dinner«, stählen unermüdlich unsere Körper und suchen bei psychischen Problemen Unterstützung bei einem Coach.

Wir studieren an Elite-Unis, häufen Praktika und Zusatzqualifikationen an, um jobmäßig vorn zu bleiben. Unseren Nachwuchs lassen wir im Kindergarten Chinesisch lernen – und wenn er es mit sechs noch nicht kann, fragen wir besorgt den Psychologen, was man gegen diese offenkundige Lernschwäche tun könne. Weil wir so viel Sport treiben, leben wir länger, aber leider fehlt uns das Geld für den Ruhestand. Also durchforsten wir das Internet nach den perfekten Aktientipps für die Altersvorsorge. Und wenn wir sterben, buchen wir eine Weltraumbestattung oder wenigstens einen Platz im Friedenswald. Nach einem perfekten Leben darf der Tod nicht abfallen.

Wie unser eigener Berater durchleuchten wir das »Projekt Ich« nach Verbesserungspotenzial und schlummernden Chancen. Wenn wir schon Unternehmer unserer selbst sind, dann wollen wir auch eine ordentliche Rendite erwirtschaften. Das Streben nach Perfektionierung ist zum kategorischen Imperativ des 21. Jahrhunderts geworden.

Bringt uns das weiter, macht es uns zufriedener? Vielleicht, irgendwie, irgendwann. Sicher ist aber: Von der Sucht nach Perfektion profitieren zunächst andere. Eine Industrie aus privaten Bildungsanbietern, Ratgebern und selbst ernannten Glücksexperten zum Beispiel. Oder die Unternehmen, für die wir uns im Studium perfekt aufstellen, im Beruf das Letzte geben und denen wir im Konsumalltag als aktive Kunden freudig teure Serviceleistungen abnehmen. Dazu der Staat, der weniger für Gesundheit und Renten ausgeben muss, sowie ganze Branchen, die vom Wunsch nach dem Besonderen und ethisch Guten leben.

Dabei passiert etwas Merkwürdiges: Was einer Volkswirtschaft als Ganzem nutzt, bringt dem Einzelnen nicht zwangsläufig die erhofften Vorteile. Dann nämlich nicht, wenn er versucht, allen gerecht zu werden, mit dem Ergebnis, dass er nichts richtig kann. Während also ringsum alle möglichen Spieler profitieren, drohen wir selbst uns in den

Paradoxien der Perfektion zu verheddern. Denn das Streben nach Perfektionierung ist im Kern eine Strategie zur Risikovermeidung: Anstatt aus Fehlern zu lernen, wollen wir erst gar keine machen und verpassen die Chance, uns weiterzuentwickeln. Weil wir stets allen Ansprüchen genügen wollen, vergessen wir, uns auf das zu konzentrieren, was uns Spaß macht und worin wir wirklich gut sind. Weil wir permanent Schwächen ausbügeln, können wir unsere Stärken nicht ausspielen. Vor allem aber: Wenn alle den gleichen Idealen nacheifern, sind am Ende möglicherweise alle perfekt – aber nicht mehr einzigartig. Das ursprüngliche Ziel der Optimierung, etwas Besonderes zu sein, bewirkt den gegenteiligen Effekt: Wenn niemand mehr Thomas Müller sein will, sind nachher alle Thomas Müller.

Dieses Buch beschreibt, warum das Streben nach Perfektionierung zum sozialen Credo wurde, wie es sich durch alle Bereiche unseres Lebens zieht und wer davon profitiert. Es zeigt die Konsequenzen für eine Gesellschaft, in der aus dem Drang zur Perfektion ein Zwang wird. Und es analysiert die Folgen für jeden Einzelnen, der sich im Bewusstsein, als kluger Akteur sein Leben zu optimieren, seinen persönlichen Zielen oft selbst in den Weg stellt. Manchmal ist gut einfach besser als perfekt.

Die Ursachen

Wie das Streben nach Perfektion zum neuen Credo wurde

Moving up

Was eine Arie mit sozialem Aufstieg zu tun hat und warum
uns alle Wege offen stehen – theoretisch

>»Es scheint mir eine der wesentlichsten Grundbedingungen
> einer verständigen Sozialpolitik zu sein, dem Fleißigen
> und Tüchtigen jede Aufstiegsmöglichkeit zu geben.«
> *Konrad Adenauer*, 1. Regierungserklärung,
> 20. September 1949

Das Sommermärchen im Jahr 2008 erzählte nicht vom Fußball, sondern von einem Enddreißiger mit sehr schlechten Zähnen. Der Mann
wuchs in Fishponds auf, einem schäbigen Vorort von Bristol, seine Eltern arbeiteten als Busfahrer und Kassiererin. Er studierte Philosophie
und sang gerne. Er arbeitete in der Supermarktkette Tesco und anschließend als Handyverkäufer; 2003 erlitt er einen Blinddarmdurch-
bruch, ein Nebennierentumor wurde entdeckt, er brach sich das Schlüs-
selbein. Es war nicht wirklich so, dass das Glück Paul Potts hartnäckig
aufgelauert hätte, bis er im Juni 2007 in der Castingshow *Britain's got
talent* auftrat. Seine Interpretation der Arie »Nessun Dorma« aus der
Oper *Turandot* verbreitete sich über YouTube wie ein Buschfeuer und
rührte Millionen Menschen weltweit zu Tränen. Sein erstes Album *One
Chance* schoss an die Spitze der Charts, er kassierte Traumgagen – 5
Millionen Pfund Sterling soll er seit seinem Durchbruch bis Mitte 2009
eingenommen haben. Paul Potts war nun ein Star. Und die Zähne ließ
er sich auch machen.

Eine wesentlich komfortablere Startposition im Spiel des Lebens
hatte der Mann, der Mitte der Fünfziger an der amerikanischen West-
küste als Sohn einer Lehrerin und eines wohlhabenden Anwalts geboren wurde. Hochintelligent und mit einem Faible für technische Spie-

lereien, brach er sein Studium an der Elite-Universität Harvard ab, um sich ganz der frisch ins Leben gerufenen Firma zu widmen, die etwas herstellte, was außer ihm selbst kaum jemand verstand. Dessen ungeachtet wollten es alle haben und machten Microsoft-Gründer Bill Gates mit einem Vermögen von vielen Milliarden US-Dollar zum reichsten Mann der Welt.

Ganz so weit hat es Mehmet Daimagüler nicht geschafft – doch relativ gesehen hat er mindestens genauso viel erreicht wie Bill Gates.[2] Sein Vater war Gastarbeiter, sprach kaum ein Wort Deutsch; Daimagüler wuchs in einer billigen Mietwohnung auf, und vielleicht würde er heute Döner verkaufen, wenn nicht Oma Philippine gewesen wäre, die ihm beim Aufsatzschreiben half, seine Grammatikfehler korrigierte und ihm Bücher gab. Erst in der Haupt-, dann in der Realschule, später auf dem Gymnasium. Daimagüler studierte Jura, ging nach Harvard, heuerte bei einer renommierten Unternehmensberatung an. Er wurde Manager bei einem Energiekonzern, war heute in Dubai, morgen in Afrika, dazwischen im Bundesvorstand der FDP, und wenn er Hunger hatte, ließ er die Dönerbude links liegen. Er bevorzugte Sushi.

Paul Potts hatte seine goldene Kehle und etwas Glück, Bill Gates ein großbürgerliches Elternhaus und eine geniale Idee, Mehmet Daimagüler seinen Fleiß, seine Bildung und Oma Philippine: drei Menschen, drei verschiedene Wege nach oben.

Würde man Dieter Bohlen fragen, was die Moral der drei modernen Märchen ist, würde er wahrscheinlich antworten: Du musst deine Idee gegen alle Widerstände durchboxen. Selbstzweifel sind was für Weicheier. Und, ach ja: Nichts ist erfolgreicher als der Erfolg.

Ein Soziologe würde sagen, dass die drei Männer für das wichtigste Versprechen stehen, das die moderne Gesellschaft ihren Bürgern gibt: das Versprechen des sozialen Aufstiegs, in welcher Form auch immer. Es gibt keine Ständeordnung mehr, keine Klassengrenzen. Allen stehen alle Möglichkeiten offen, zumindest im Prinzip. Es ist das Bild, das der Moralphilosoph John Rawls 1971 in seiner *Theorie der Gerechtigkeit* entworfen hat: Danach sind soziale Ungleichheiten durchaus erwünscht, aber nur, wenn sie erstens zum größten zu erwartenden Vorteil für die am wenigsten Begünstigten führen. Und wenn zweitens garantiert ist, dass gesellschaftliche Positionen für alle unter Bedingungen fairer Chancengleichheit erreichbar sind.

Dieter Bohlen, der Soziologe und John Rawls verfügen über unterschiedliches rhetorisches Geschick. Doch sie sprechen vom gleichen Phänomen: der Möglichkeit, innerhalb einer Gesellschaft aufzusteigen. Diese Möglichkeit ist das Fundament aller westlichen Demokratien, der bundesdeutschen ganz besonders. Und: Sie ist in den vergangenen Jahrzehnten immer prächtiger ausgeschmückt, immer konkreter und variantenreicher geworden. Erstens, weil die Globalisierung schlicht das Spielfeld vom bundesrepublikanischen Kleinuniversum auf die ganze Welt erweitert und damit die Zahl der Chancen vergrößert hat. Und zweitens, weil sich ihre Varianten durch die drastische Individualisierung in den westlichen Demokratien breiter aufgefächert haben. Beide Entwicklungen machen das Versprechen vom sozialen Aufstieg zur wichtigsten Triebfeder für das Streben nach Optimierung.

Da konnte das Arbeiterkind Joe Biden Vizepräsident der Vereinigten Staaten in Barack Obamas buntem Kabinett werden; da schaffte es René Obermann, der als Studienabbrecher bei seinen Großeltern in ziemlich bescheidenen Verhältnissen aufwuchs und Industriekaufmann lernte, zum Vorstandschef der Deutschen Telekom; da wurde ein Mann, der die Schule schmiss und mit 13 Jahren in Berlin-Tempelhof Drogen verkaufte, als Bushido zum Millionär und Jugendidol.

Nun ließe sich einwenden, dies alles seien doch nur Ausnahmen, welche die Regel bestätigen. Da ist etwas dran, denn die Regel in der bundesdeutschen Realität ist: Sozialer Aufstieg findet alles andere als flächendeckend statt; schaut man die harten Zahlen an, hat die Wahrscheinlichkeit in den vergangenen Jahren sogar abgenommen. Für die Mitte der Gesellschaft, so fand das Deutsche Institut für Wirtschaftsforschung in einer Vergleichsstudie heraus, ist das Abstiegsrisiko größer als die Aufstiegschance. Von den Personen, die 2002 zur unteren Einkommensschicht gehörten, hatten zwei Drittel bis 2006 nicht die Flucht nach oben geschafft. Das ist bitter. Allerdings bedeutet es umgekehrt: Immerhin jeder Dritte ist einkommensmäßig und gesellschaftlich aufgestiegen. Aus der Mittelklasse gelang gut jedem Zehnten der Sprung in die oberen Gehaltsklassen.

Tatsächlich ist die soziale Mobilität meist mehr Wunsch als belegbare Wirklichkeit gewesen. Doch wie real oder fantastisch sie auch sein mag – selbst als Illusion ist die Wirkung dieses Anspruchs auf die Lebensführung Einzelner kaum zu überschätzen. Der Aufstiegswillige orientiert sich an dem Drittel, das es geschafft hat. Entscheidend für unsere Frage nach den Ursachen des Perfektionierungsstrebens ist deshalb nicht die Statistik, die zeigt, inwieweit das Versprechen von sozialer Mobilität eingelöst wurde, sondern das Versprechen selbst. Und die Beispiele, die es mit ihrer Biografie bezeugen.

Paul Potts, René Obermann, Mehmet Daimagüler – das sind keine hochwohlgeborenen Adligen, die ihren Status der Bläue ihres Bluts verdanken. Alle drei hätten unsere Nachbarn sein können, unsere Spielkameraden in der Grundschule. Ihr Aufstieg war nur möglich in einer ihrem Selbstverständnis nach offenen Gesellschaft – und in einer Zeit, die Ständegrenzen, Gottesgnadentum und Schicksalsergebenheit auf der Müllhalde der Geschichte entsorgt und an ihre Stelle das Streben jedes Einzelnen nach Glück und Zufriedenheit gesetzt hat. Das bedeutet nicht, dass auch jeder Einzelne damit erfolgreich ist. Allein die theoretische Möglichkeit reicht aus, uns alle anzuspornen. Wenn der es geschafft hat, warum dann nicht auch ich?

Es bedeutet natürlich auch nicht, dass wir jetzt alle Topmanager oder Opernstars mit millionenschweren Werbeverträgen werden. Es heißt aber, dass Mehmet Daimagüler nicht zwangsläufig im Stahlwerk arbeiten muss, nur weil es sein Vater getan hat. Dahinter steht ein jahrhundertelanger historischer Prozess. »Schuster, bleib bei deinem Leisten« – das war das Motto der althergebrachten Ständeordnung: Der Vater war Schuster, also wurde es auch der Sohn. Das System galt als gottgegebene Ordnung, in der jeder an seinem qua Geburt zugewiesenen Platz zu bleiben hatte. Selbst Verdienst oder Reichtum konnten daran wenig ändern. Aufstieg ausgeschlossen, Dynamik Fehlanzeige. Nicht umsonst haben »Status« (das lateinische Wort für »Stand«) und »statisch« eine gemeinsame etymologische Wurzel.

Jeder seines Glückes Schmied:
Von der Revolution zur Risikogesellschaft

Das Postulat der Gleichheit aller Menschen, das sich in der Französi
schen Revolution von 1789 und der amerikanischen Unabhängigke
erklärung von 1776 niederschlug, wirbelte das starre Gefüge k   ig
durcheinander. Die folgende Industrialisierung beerdigte im   ahr-
hundert die ständisch verknöcherte Agrargesellschaft; im 20   irhun-
dert bewirkte der Wandel zur Dienstleistungsgesellschaf   ließlich
weitere geografische und zum Teil auch soziale Mobilitä

Mit dem Ende des Zweiten Weltkriegs schließlich war   Traum von
einer offenen Gesellschaft so greifbar wie nie zuvor: ̈ ̈ s Fundament,
auf dem die deutsche Wohlfahrtsgesellschaft nach 1̈ ̈ 5 gründete, war
die prinzipielle Aufstiegsmöglichkeit für alle. In e   hreckten Schlag-
zeilen, etwa wenn die Regierung ihren aktuellen A ̈ ̈nutsbericht vorlegt
(»In Deutschland stimmt die Balance nicht me̕ ̈r«), ist noch heute zu
besichtigen, wie tief der Glaube an die offene Gesellschaft in der deutschen Identität verwurzelt ist. Immerhin klappte es einige Zeit ganz
gut: Die Einkommens- und Vermögensunterschiede in Deutschland
nahmen zwischen Anfang der Fünfziger und Mitte der Siebziger deutlich ab. Nirgendwo in Europa verfügten die oberen 10 Prozent der Ein-
kommensempfänger in den siebziger Jahren über mehr als ein Drittel
des Nationaleinkommens. Zum Vergleich: 2007 stellten die einkom-
mensstärksten 10 Prozent der bundesdeutschen Bevölkerung mehr als
50 Prozent des Einkommensteueraufkommens.[3]

Auch die Aufstiegschancen waren in den Siebzigern gewaltig: Mein
Vater etwa konnte als Erster in seiner Familie studieren und wurde Arzt.
Die Eltern meiner Mutter waren Bahnschaffner und Dienstmagd; ihre
Tochter studierte und wurde Lehrerin – der Traum von der »nivellier-
ten Mittelstandsgesellschaft« (Helmut Schelsky) in Fleisch und Blut.
Wirtschaftliche Prosperität, verbesserte Bildungschancen und eine Fül-
le wohlfahrtsstaatlicher Arrangements ließen die innere Homogenität
nationaler Gesellschaften in den sechziger und siebziger Jahren einen
Höhepunkt erreichen.

Mit der Ölkrise, spätestens aber mit Beginn der achtziger Jahre allerdings drehte sich die Entwicklung wieder um, das »goldene Zeitalter« (Eric Hobsbawm) war vorbei, die Ungleichheiten in der Vermögensverteilung nahmen wieder zu. Nicht nur in Deutschland, sondern quer durch alle Industrieländer. Schließlich brach dann auch noch ein Grundkonsens der Wirtschaftsgesellschaft in sich zusammen: Machen die Unternehmen gute Gewinne, steigen auch die Einkommen der Arbeiter und Angestellten, keinem wird gekündigt. Das gilt nicht mehr; viele mussten schmerzhaft lernen, dass sich üppige Renditen und Entlassungen nicht ausschließen. So streben seit einigen Jahren die Lohnlinien der Begüterten und der Ärmeren wieder stetig auseinander; seit Anfang der neunziger Jahre hat die Einkommensungleichheit stark zugenommen. Der linke Historiker Hans-Ulrich Wehler bilanziert bitter: »Die Dimensionen harter, durchaus traditioneller Ungleichheit sind in den letzten Jahren überdeutlich hervorgetreten.«[4]

Der Traum von einer allgemeinen *middle class society* scheint also ausgeträumt. Die paradoxe Diagnose lautet: Der Wohlstand im Ganzen vermehrt sich, zugleich aber vertieft sich die Spaltung der Gesellschaft. So ist die Zahl der Vermögensmillionäre in Deutschland seit Jahren gewachsen, derzeit sind es gut 800 000. Allerdings steigt auch die Zahl der Einkommensmillionäre – also derjenigen, die nicht unbedingt reich geboren wurden, aber in ihren Berufen sechsstellig verdienen –, seit Langem konstant an, auf derzeit rund 10 000. War jemand, der mehr als eine Million Euro verdiente, noch vor zwei Jahrzehnten ein Fußballer, Showstar oder ein anderes Exotikum, so lässt sich die magische Grenze mittlerweile auch in gutbürgerlichen Berufen wie Anwalt, Unternehmensberater oder Arzt überschreiten.

Für das Streben nach Optimierung bedeutet das zweierlei: Erstens ist es natürlich ungerecht, dass Reiche reicher werden und Arme ärmer. Dass in der Gesamtheit der Bevölkerung die realen Chancen des sozialen Aufstiegs geringer sind als die propagierten. Dennoch springt gedanklich zu kurz, wer wie Wehler von einer Rückkehr der Klassengesellschaft spricht. Schauen wir noch einmal auf Mehmet Daimagüler. Als Manager hat er durchaus realistische Chancen, in einigen Jahren auch zu den Einkommensmillionären zu gehören. Ganz anders als sein alter Freund Kemal, mit dem er manchmal ein Bier trinken geht und der wie er aus einfachsten Gastarbeiterverhältnissen stammt. Kemal ist Stahlarbeiter wie Daimagülers Vater.

Sich von unten nach oben hochzuarbeiten war auch vor dreißig oder vierzig Jahren nicht einfach. Doch interessanterweise zeigen gerade etwa die Karrieren aufstiegswilliger Ausländer (aber nicht nur diese), dass es immer noch möglich ist. Das ist der zweite, wichtigere Punkt: Die Chancen sind noch da. Zumindest die gefühlte Mobilität ist also enorm und hat, wie beschrieben, sogar noch zugenommen. Die Mehrheit der Menschen in Deutschland fühlt sich noch immer zur gesellschaftlichen Mitte zugehörig, in einer Position also, die von der Angst vor dem Abstieg ebenso beherrscht wird wie von der Hoffnung auf den Aufstieg. In ihrer Kombination bilden die beiden Möglichkeiten den Treibstoff für das grassierende Streben nach Optimierung.

Richtig Fahrt konnte der Drang nach Perfektion allerdings nur aufnehmen, weil ihn noch ein weiterer Faktor befeuerte: die drastische Differenzierung und Individualisierung nicht nur der Gesellschaft als Ganzen, sondern vor allem innerhalb ihrer einzelnen Schichten, siehe Mehmet und Kemal. Das Aufbrechen starrer sozialer Systeme im Großen wird ergänzt durch die drastische Erweiterung der Spielräume im Kleinen. Mit ihr wächst der Druck auf den Einzelnen, besser zu sein als andere, sich perfekter aufzustellen im Spiel des Lebens.

Auch dies war ein historischer Prozess, der sich schön an den Bezeichnungen der Soziologen für die unterschiedlichen Stufen im gesellschaftlichen Treppenhaus nachvollziehen lässt: Zunächst traten an die Stelle fest zementierter Klassen im Marxschen Sinne die nach Bildung, Einkommen und Mentalitäten unterschiedenen Schichten und schließlich, seit den Achtzigern, die Milieus als Leitbegriff. Auch diese sozialen Milieus orientieren sich im Grundsatz weiter an Status und Vermögen; vor dem Hintergrund der zunehmenden Pluralisierung der westlichen Gesellschaften beziehen sie jedoch Lebensstile und Entscheidungen des Einzelnen stärker ein. Das bekannteste Modell, die »Sinus-Milieus« des Heidelberger Sinus-Instituts, unterscheidet etwa die »Konsummaterialisten« (Shoppen gegen die Abstiegsangst), die »Traditionsverwurzelten« (Kleinbürger- und Arbeiterkultur) oder die »Experimentalisten« (individuell, spontan, Patchwork-Karriere).

In den Milieus ist der Einzelne frei von Ständen oder sozialen Klassen, er kann heiraten, wen er möchte, kann seinen Beruf unabhängig von dem der Eltern wählen. Er ist mobiler und freier in seinen Entscheidungen als je zuvor. Doch die Vielfalt der Entscheidungen in dieser »Multioptionsgesellschaft« erhöht auch den Zwang zur Entscheidung. Es gibt keine festen Orientierungspunkte mehr, die Verantwortung des Einzelnen hat zugenommen: Jeder muss sein Leben selbst planen, organisieren und perfektionieren; schließlich stehen ihm ja theoretisch alle Wege offen: Was hindert den IT-Studenten daran, ein zweiter Bill Gates zu werden? Warum singt der Musikfan nur Weihnachtslieder im Kreis der Familie, anstatt alles für seinen Traum zu geben, seine Stimme zu schulen und zu Talentwettbewerben zu fahren, um ein neuer Paul Potts zu werden?

Die neue Freiheit bringt Unsicherheiten mit. Sie zwingt zu reflexiver Lebensführung, zur selbstständigen Sinnstiftung durch individuelle Leistung. Denn wie im großen Kontext vom sozialen Aufstieg stehen auch im Individuellen den gestiegenen Möglichkeiten erhöhte Risiken gegenüber. Diese sind – wie Arbeitslosigkeit, scheiternde Ehen, sozialer Absturz – nicht mehr entlang von Standesgrenzen verteilt, sondern können tendenziell jeden treffen. Denken wir an Mehmet und Kemal.

Mitte der Achtziger prägte der Soziologe Ulrich Beck dafür den Begriff der »Risikogesellschaft«: Durch den wirtschaftlichen Aufschwung nach 1945 seien die ökonomischen Unterschiede zwar nicht verschwunden (sondern seit den Achtzigern eher größer geworden), doch weil sich auch ärmere Schichten Haus, Auto, Italienreise und Flachbildfernseher leisten konnten, verlor die Bindung an eine Klasse an Bedeutung. Auch, weil gleichzeitig die räumliche und soziale Mobilität zunahm.

Als das Buch *Risikogesellschaft* 1986 erschien, war die Individualisierung vor allem durch das Wohlstandsniveau getrieben. Heute, im Zeitalter freier Märkte, globaler Arbeitsmöglichkeiten und des Internet, hat Becks These von der zunehmenden Unsicherheit noch an Bedeutung gewonnen. Das Subjektive hat sich von der sozialen Lage entkoppelt. Es muss immer wieder neu definiert, mit anderen verglichen und gegebenenfalls optimiert werden. Chancen und Risiken liegen »jenseits von Stand und Klasse« (Beck).

Dies sind keine Bulletins aus dem soziologischen Wolkenkuckucksheim, sondern Realitäten auf allen gesellschaftlichen Ebenen. Natürlich sind die Entscheidungsspielräume bei jungen, hoch qualifizierten und gut verdienenden Menschen besonders groß; doch auch ein Hauptschüler ergreift nicht mehr automatisch den Beruf des Vaters, womöglich noch im gleichen Betrieb. Jeder wird zum Inszenator des eigenen Lebenslaufs, und die Politik dekliniert das durch bis ganz nach unten, wie die Reformen rund um Hartz IV zeigen. »Fördern und Fordern«, mehr Eigenleistung, »aktivierende« Sozialarbeit: Hinter den Schlagworten steht nicht weniger als die Umkehrung des Verantwortungs- und Verpflichtungsverhältnisses von Staat und Individuum. Nicht mehr die Allgemeinheit fühlt sich für das Wohl des Einzelnen verantwortlich – im Gegenteil schuldet dieser ihr Initiative und Engagement. Jeder ist seines Glückes Schmied – gleich, ob er das Eisen mittels einer Castingshow, eines Einser-Examens oder einer genialen Geschäftsidee schmiedet.

Vor gut zwei Jahrzehnten, wenn ich Angst vor einer Mathe-Arbeit hatte oder vor einem Test in Chemie, dann zerwuschelte mir meine Mutter stets aufmunternd die Haare und sagte: »Was andere können, kannst du schon lange.« Sie sagte es im pfälzischen Dialekt, in dem es nicht so arrogant, sondern sehr tröstlich klingt. Es ist ja auch ein Satz, der Mut machen soll; ein Satz, wie ihn Mütter zu ihren Kindern eben sagen. Bei näherer Betrachtung ist es aber auch eine Aufforderung: an sich zu glauben, sein Potenzial nicht brachliegen zu lassen, sich mit anderen zu messen. Ein Satz, der gut ins 21. Jahrhundert passt.

Je mehr Wege uns (vermeintlich) offen stehen, desto stärker wachsen unsere Ansprüche. Desto größer werden der Druck, sie zu erfüllen, und die Risiken, daran zu scheitern. So resultiert in der Multioptionsgesellschaft aus der Vielzahl der Möglichkeiten der Drang zum Perfektionismus: Weil so vieles möglich ist, muss möglichst viel erreicht werden. Und weil gleichzeitig die Verantwortung für ein Scheitern bei uns selbst liegt, muss alles möglichst perfekt durchgeplant, jede eventuelle Schwäche eliminiert werden. Im schlimmsten Fall führt die Angst vor dem Scheitern in der Hyperindividualisierung zu einem »Kult der Nicht-Entscheidung«, wie der Historiker Paul Nolte kritisiert.[5] Eine gefährliche Folge des Perfektionsstrebens, auf die in den folgenden Kapiteln näher einzugehen sein wird.

Einiges hat sich also verändert seit Errichtung der vielleicht wichtigsten Bastion bundesdeutschen Selbstverständnisses, des Aufstiegsversprechens. Einerseits wurde aus dem Anspruch zwar keine flächendeckende Realität, doch allein das Versprechen – und die Vorbilder derer, die es einlösten – befeuern den Drang, das eigene Leben ständig zu durchleuchten und zu verbessern. Weiter ließ der Entgrenzungsprozess der Globalisierung die Verbesserungsmöglichkeiten des Einzelnen drastisch nach oben schnellen, flankiert von einer immer rasanter fortschreitenden Individualisierung, die die traditionellen Schichten durch relativ frei flottierende Milieus ersetzte. Andererseits sind mit den Chancen auch die Risiken gestiegen sowie die Angst, an den Ansprüchen zu scheitern. Die Kombination beider Entwicklungen – die nach oben wie unten offene und ausdifferenzierte Gesellschaft – bildet den ersten und wichtigsten Treiber für das Streben nach Perfektion. Im Beruf, in der Ausbildung, im Konsum, kurz: in allen Lebensbereichen.

Natürlich ist es unmöglich, in allem perfekt zu sein, und wir wissen das auch. Was aber tut man in einem Wettbewerb, in dem die Zahl der Konkurrenten gegen unendlich geht, wenn jeder in allen Disziplinen antritt? Genau: Man sucht sich eine Nische, in der man besonders talentiert ist. So begegnen wir dem Druck der individualisierten Multioptionsgesellschaft, indem wir immer individueller werden. Gerade weil es keine offiziellen Klassen mehr gibt, werden die inoffiziellen Marker immer wichtiger. Das Leben wird zum Gesamtkunstwerk, an dem gebastelt wird, um sich von der Masse abzuheben.

Was wir nicht ahnen: Die Individualisierung ist eine derart naheliegende und gängige Strategie, dass sie uns am Ende wieder zur Konformität führt. Wir werden diesem grundlegenden Problem des Perfektionierungsstrebens in diesem Buch immer wieder begegnen.

Und: Die Suche nach dem Individuellsten, Exotischsten, Außergewöhnlichsten lässt die Sucht nach Perfektion immer höhere Stufen, immer feinere Verästelungen erreichen. Ein Bereich, in dem sich dieses Muster deutlich ausprägt, ist der persönliche Konsum – ein Feld, das traditionell zum Nachweis von Individualität genutzt wird. Denn wo wären wir mehr wir selbst als beim Einkaufen? Das folgende Kapitel beschreibt daher, wie sich parallel zu den Milieus auch der Konsum immer stärker ausdifferenzierte und so zum zweiten wichtigen Treiber für das Streben nach Optimierung werden konnte.

Trading down
Die Demokratisierung des Luxus und was Bio-Dünger
mit Selbstwertgefühl zu tun hat

>»Viel von meinem Geld habe ich für Alkohol,
>Frauen und schnelle Autos ausgegeben.
>Den Rest habe ich einfach verprasst.«
>*George Best*, Fußballer

Es werden Schnittchen mit Flusskrebspaste und Parmaschinken gereicht, als sich vor einigen Jahren an einem trüben Winterabend Vergangenheit, Gegenwart und Zukunft des Konsums treffen. Eine Werbe-
agentur hat zur Lounge in die ehemalige Fahrradfabrik in Frankfurt-
Rödelheim geladen. Die Fabrik ist die Vergangenheit, als alle noch
Fahrräder aus Deutschland kauften. Der Chef-Werber wirft Bilder von
Helmut Kohl, Dieter Bohlen und Muhammad Ali an die Wand und erklärt, wie Werber Marken machen. Er ist die Gegenwart.

Als sich die Ränder der Sandwichs nach oben biegen, erscheint die
Zukunft in Gestalt von Kjell Nordström. Sein Kopf ist kahl geschoren,
er trägt schwarze Lederjacke und sechs Ringe an fünf Fingern. Er ist
Bestsellerautor, Unternehmensberater und lehrt am Institute for International Business der Stockholm School of Economics. Marx und Michael Jackson, Ericsson und Marilyn Manson – es geht hoch her in Nord-
ströms Vorträgen, die er »Gigs« nennt. Das Publikum amüsiert sich
königlich über die frechen Thesen und peppigen Einzeiler des Berufs-
provokateurs im Hip-Hop-Dress. Dabei ist der Mann im Begriff, ganze
Branchen und Preissegmente zu Grabe zu tragen.

Nordström redet von Gucci und Wal-Mart, vom Sexappeal des Pfaus
und der Fitness des Geparden, es ist ein wenig verwirrend, aber eins
immerhin wird klar: »Niemand will mehr Mittelmaß sein«, schmettert

er in sein Headset, »deshalb wird die Mitte verschwinden.« Er spricht von einem Phänomen, das Ökonomen und Soziologen seit Jahren beobachten: Das Billigsegment – Aldi, H&M, IKEA – wächst. Aber: Der Luxus – Hermès, Prada, teure Einbauküchen – wächst auch. Sicher, wirtschaftliche Abschwünge verschonen auch diese Branche nicht, 2009 sanken auch hier die Umsätze. Den Reichen, die in der Krise – zumindest auf dem Papier – teilweise Milliardenverluste erlitten, saß das Geld nicht mehr so locker. Die Folge: Einbrüche von Bulgari bis De Beers, und das Frühstück bei Tiffany fiel magerer aus.

Doch das sind Zwischentiefs, die an der langfristigen Tendenz wenig ändern. Grundsätzlich bewerten die meisten Marktbeobachter die Aussichten der Luxusbranche als sehr positiv. In der Konsequenz wird zwischen Billig und Teuer die Mitte zerrieben – wie Opel, wie Hertie, wie die Kaufhäuser von Arcandor, die Mitte 2009 in Existenznot gerieten; Arcandor meldete Insolvenz an. Das, was einst als Gelsenkirchener Barock den kleinsten gemeinsamen Nenner bildete, steht längst auf der roten Liste bedrohter Konsumarten.

Sagenhafte 98 Prozent aller Deutschen kaufen mittlerweile mehr oder weniger regelmäßig bei einem der großen Discounter ein. Allein der weltweite Umsatz von Aldi ist zwischen 2000 und 2010 von gut 32 Milliarden auf fast 60 Milliarden Euro gestiegen. In Deutschland musste der Billigheimer im ersten Halbjahr 2009 zwar Umsatzeinbußen hinnehmen – angesichts der Marktdurchdringung wenig erstaunlich. Doch weltweit, prognostizieren Handelsexperten, wird der Siegeszug weitergehen. Nicht nur bei Aldi, sondern bei allen Discountern. Am anderen Ende der Skala bewiesen Edelkonzerne wie LVMH (Louis Vuitton, Moet & Chandon) oder Marken wie Hermès, wie man ohne allzu große Schrammen durch turbulente Zeiten kommt. Trotz schwierigen Umfelds konnten beide im Krisenjahr 2008 noch zulegen.

Das Pendeln zwischen Billig und Luxus hat Methode. »Hybrider Konsument«, so haben Marketingexperten das leicht schizophrene Kaufverhalten getauft, dem wir tagtäglich folgen: Sachen, die notwendig sind, uns aber nicht am Herzen liegen, kaufen wir billig beim Discounter, im Netz oder gebraucht.[6] Für andere Dinge, über die wir uns als Person definieren oder die wir näher an uns heranlassen, geben wir freudig Unsummen aus. Morgens Aldi, abends Armani. Der hybride Konsum ist das Pendant zum Individualisierungsschub, wie er im vorangehenden Kapitel beschrieben wurde. So wie sich die Milieus stärker ausdifferenzieren, so ist auch die Einkaufs- und Produktwahl geradezu explodiert. Die »Multioptionalität« offeriert eine Vielzahl von Chancen, unsere Persönlichkeit durch das ganz besondere Shopping zu betonen. »Früher hatten die Menschen einfach keine Wahl, heute ist das Auswählen ein Dauerzustand«, erklärt Nordström.

Das Leben als Konsument ist wie von IKEA entworfen: Es kommt in flachen Paketen zur Selbstmontage; die beigelegte Bauanleitung ist von konsequenter Dürftigkeit. Wir müssen selbst die Bereiche definieren, in denen wir das Perfekte anstreben. Dabei gilt es, eine begrenzte Menge Kaufkraft möglichst optimal einzusetzen. Die veränderten Konsumgewohnheiten und die Demokratisierung des Luxus, von der gleich noch zu sprechen sein wird, bilden damit die zweite wichtige Ursache für den Drang zur Perfektionierung.

Das Ringen um Individualität per Einkaufswagen – es zeigt sich etwa, wenn Kjell Nordström bevorzugt Easyjet fliegt und das gesparte Geld lieber in Unmengen modischer Taschen von Mandarina Duck investiert oder in sein Haus in Stockholm, dessen minimalistisch-edler Bauhaus-Stil immer wieder in Architekturzeitschriften auf doppelseitigen Hochglanzstrecken zu bewundern ist.

Es zeigt sich, wenn mein Freund Jan, der als Unternehmensberater 150 000 Euro im Jahr verdient, seine Möbel bei IKEA kauft und seinen Kühlschrank mit Produkten von Penny bestückt. Und dann als Saxofonist und begeisterter Musikhörer für seine Hi-Fi-Anlage 10 000 Euro zahlt, ein ordentlicher Batzen davon für die ausgefeilte Verkabelung, die verhindern soll, dass sich auf dem Weg vom Verstärker zu den Boxen ein Teil des kostbaren Klangs von Louis Armstrong verflüchtigt.

Oder wenn passionierte Teetrinker ihre speziellen Oolong- und Sikkim-Mischungen eigens vom Händler ihres Vertrauens aus China und Nepal importieren und für gut 1 000 Euro einen Filter einbauen lassen, auf dass schnödes Leitungswasser nicht die Duftnoten zerstöre.

Die Nachkriegszeit war geprägt von der Bedürfnisökonomie, die siebziger und achtziger Jahre von einer Durchsättigung, die jedoch wenig individualisiert war. Die Massenflucht aus dem Mainstream setzte mit voller Wucht in den Neunzigern ein und kreierte einen Konsum, in dem der Erlebniswert von Gütern gegenüber dem Gebrauchswert an Bedeutung gewann. »Experience over possessions«, um es mit Sting zu sagen. Ziel dieser »Erlebnisorientierung«, schrieb der Soziologe Gerhard Schulze vor gut 15 Jahren, ist die unmittelbare Suche nach dem sofortigen Glück. So wenig wie nie zuvor in der Geschichte dient Einkaufen heute dem Stillen elementarer Bedürfnisse. Viel stärker ist es zu etwas geworden, womit wir unsere Identität schärfen. Nur konsequent also, dass wir diesen Akt ständig optimieren.

Man hört also nicht nur einen Song, sondern sucht das perfekte Hörerlebnis. Man kauft nicht irgendein Auto, denn schließlich ist Volkswagen zu spießig, BMW zu protzig und Mercedes zu altväterlich, wohingegen der Volvo irgendwie unorthodox und intellektuell wirkt.

Für 99 Cent nach Mailand, aber Salz aus dem Himalaja: Wie der Smart Shopper an seiner Persönlichkeit feilt

Zur Hyperindividualisierung des Konsums ist in den vergangenen Jahren ein zweiter Trend getreten, der den Drang zur Einkaufsoptimierung antreibt: die Demokratisierung des Luxus. Denn die Multioptionalität hat unseren Bewegungsspielraum als Kunden nicht nur in die Breite erweitert, sondern auch in die Tiefe. Luxus ist nicht mehr dem kleinen Promille an der Spitze vorbehalten; zumindest in seinen Ausläufern ist er mittlerweile für jedermann erschwinglich. Und wenn etwas theoretisch erreichbar ist, will man es auch haben.

Dass elitäre Güter irgendwann auch breiteren Volksschichten zur Verfügung stehen, ist ein klassischer ökonomischer Prozess. Schon in früheren Jahrhunderten wandelten sich feudale Vermögen in bürgerliche – die einst abgeschottete höfische Lebensart wurde Teil der Patrizierkultur. Kaffee und Gewürze, früher seltene Schätze, für die man Expeditionen um die halbe Welt schickte und Kriege anzettelte, sind durch den Welthandel zu Massenware geworden.

Neu sind jedoch die Intensität dieser Entwicklung sowie die gezielte Forcierung durch die Luxuskonzerne selbst. Wenn Karl Lagerfeld für H&M designt, ist das weder Zufall noch außergewöhnliches Entgegenkommen des Meisters. Es ist nüchterne Strategie. Mit gezieltem Marketing lenken Luxusgüterhersteller wie LVHM oder Gucci die Aufmerksamkeit von den Produkten auf den sie umgebenden Zauber. Und schaffen gleichzeitig Luxus für die Massen, indem sie neben für die meisten unerschwinglichen Kleidern viele Accessoires wie Handtaschen, Schals oder Parfüms auf den Markt werfen, damit auch Kunden mit durchschnittlichem Budget an der Luxusfantasie teilnehmen können. So sollen nicht weniger als 40 Prozent aller Japaner ein Produkt von Louis Vuitton besitzen. Die Strategie geht auf: »Soft luxury goods« wie Accessoires sind meist deutlich weniger von wirtschaftlichen Flauten betroffen als die »hard luxury goods« wie Uhren oder Schmuck. Das Prinzip funktioniert an beiden Enden der Preisskala: Praktisch jede Produktkategorie verfügt heute über eine Luxusausgabe – und fast jede Luxusausgabe über preiswertere Accessoires. So entstanden »Masstige« (Massenartikel mit Prestigecharakter wie der VW Touareg) und »Dis-tige« (Kreuzung aus Discount und Prestige wie etwa »Lagerfeld goes H&M«).

Die Kunden greifen freudig zu, passt es doch zu ihrem eigenen Hybrid-Verhalten. Sie fliegen für 99 Cent nach Mailand in die Oper und für wenig mehr nach New York, wo sie sich mit dem aktuellen Donna-Karan-Kostüm eindecken. Knauserig auf der einen Seite, verwöhnen sie sich an anderer Stelle mit einem Hauch von Exklusivität.

Der Unternehmensberater Michael J. Silverstein hat diese Strategie des »Trading down« (an einer Stelle bewusst weniger ausgeben) beziehungsweise »Trading up« (um sich anderswo etwas Besonderes zu gönnen) 2003 als Erster beschrieben. In seinem Buch erzählt Silverstein von Jake, einem 34 Jahre alten Bauarbeiter, der 50 000 US-Dollar im Jahr verdient und lange auf ein 3 000 US-Dollar teures Schläger-Set der Golfer-Edelmarke Callaway spart – obwohl er für ein Drittel des Preises qualitativ ebenbürtige Eisen hätte erstehen können. »Die Menschen sind bereit, einen deutlichen Aufschlag von 20 bis 200 Prozent zu zahlen für Produkte und Dienstleistungen, die in ihrer Wahrnehmung ein

Plus an Lebensqualität bringen – und in emotional weniger wichtigen Kategorien zu sparen«, bilanziert Silverstein.[7] Um 10 bis 15 Prozent pro Jahr wachse dieses neue Luxussegment, das sich direkt aus der oben beschriebenen »Erlebnisorientierung« speist. Allein in den USA machten Trading-up-Käufe 2006 mit rund 750 Milliarden US-Dollar ein Fünftel der Konsumausgaben aus, in Europa gehörten drei von vier Konsumenten zu den Up-Gradern, fand die Boston Consulting Group heraus. Der Trend wird weiter wachsen, vor allem in Schwellenländern wie China, Russland und Indien, während in Europa und den USA Trading down zunehmen wird. Der Luxusmarkt mit seinem weltweiten Volumen von knapp 180 Milliarden US-Dollar profitiert vom Wunsch nach dem Besonderen – und von der Öffnung nach unten, die jedem erlaubt, ein Stück vom perfekten Leben zu erwerben.

Genau darum geht es, wenn die junge Sparkassen-Kundenberaterin ihre Lebensmittel bei Aldi kauft, aber alle zwei Wochen im Sterne-Restaurant einkehrt: um die Perfektionierung der Konsum-Performance, die Optimierung des Projekts Ich. Das ist nicht nur möglich, weil sich Luxus demokratisiert und Konsum ausdifferenziert haben. Es ist, wichtiger noch, sozial erwünscht. Denn der Kunde versteht sich nicht mehr als passiver und bequemer Dulder, zufrieden mit dem, was man ihm vorsetzt. Er ist kritisch, informiert und stets auf der Suche nach dem optimalen Gegenwert für sein Geld: Beim Discounter einzukaufen ist kein Zeichen für Armut mehr, sondern ein Ausweis von Cleverness. Der »Smart Shopper« regiert. Weil aber keiner gern als Idiot dasteht, wächst der Anspruch, den Einkauf zu perfektionieren. Es ist der Wunsch nach dem optimalen Moment: sich etwas Besonderes gönnen, um etwas Besonderes zu sein.

Konsum entwickelt sich nach einem Vier-Phasen-Modell: Auf den Kampf ums Überleben folgen die Entdeckung der Qualität, danach der Wunsch nach Bequemlichkeit und schließlich die Sehnsucht nach Individualität. Diese Sehnsucht verfügt heute nicht nur über mehr Konsumfelder als je zuvor, auf denen sie agieren kann. Sie ist auch, wie beschrieben, durch den volksnahen Luxus leichter zu stillen – und treibt dadurch wiederum die Selbstoptimierung voran.

Gleichzeitig wird genau das zum Problem: Wenn alle sich den Weekender von Louis Vuitton und die Rolex kaufen können, dann taugen sie nicht mehr, um aus der Masse hervorzustechen. Deshalb muss »etwas Besonderes« nicht gleich besonders teuer oder label-trächtig sein. »Smart Shopping« ist nicht nur Schnäppchenjagd; vor allem ist es der Aufbau einer Persönlichkeitsmarke. Der bourgeoise Bohemien zum Beispiel, der wohlhabend ist und sich zugleich irgendwie unorthodox fühlt, wird sich angeekelt von den protzigen Statussymbolen der alten Elite abwenden. Ein »Bobo« wird niemals für Hunderte Euro Kaviar kaufen, er ist schließlich kein Parvenü. Vielleicht aber für 500 Euro Bio-Dünger vom Bauern seines Vertrauens, schließlich kann man so viel falsch machen mit den jungen Pflänzlein.

Aus der vierten Konsumstufe ist so ein beständiger Kampf um den intensivsten Augenblick geworden, nicht nur für die Bobos, sondern quer durch die Gesellschaft. Nicht selten wird Luxus dadurch neu definiert. Statt großer Marken ist das Nachhaltige, Unverfälschte wichtig (siehe das Kapitel »Abenteuer Alltag«). Salz aus dem Himalaja beispielsweise oder in Thailand maßgefertigte Anzüge – aus gutem englischem Tuch zwar, aber dennoch vergleichsweise günstig im Preis. Oder edler Grappa, *formerly known as* Tresterschnaps, aber das klang irgendwie nicht kosmopolitisch genug.

Ob wuchtige Wurzelbürsten bei Manufactum oder die ganz persönliche Lieblings-Cerealien-Variante aus rechnerisch 566 Billiarden Möglichkeiten bei MyMuesli – dieser Drang nach Perfektion im Detail lässt Webplattformen für Handgemachtes boomen und Manufakturen erblühen. Sogar der Metzger um die Ecke hat in trendigen Metropolen-Stadtteilen wieder Hochkonjunktur. Die Autoren des einflussreichen Buchs *Marke Eigenbau* riefen darüber bereits den »Aufstand der Massen gegen die Massenproduktion« aus und prophezeiten, dass Masse künftig die Summe der Nischen sein wird.[8]

Der Eigenbau, das perfekt personalisierte Produkt, ist die mächtigste Waffe im Kampf um Individualität durch Konsum, die wirksamste Droge für die Sucht nach der »power of cool«. Von Henry Ford ist noch das Diktum überliefert, der Kunde könne sein Auto in jeder Farbe bekommen – vorausgesetzt, sie sei schwarz. Dieser Leitsatz industrieller Massenproduktion ist Geschichte. Die Zukunft gehört maßgeschneiderten Artikeln. Kjell Nordström nennt das die »Do it yourself«-Welt: Jeder muss sie sich zurechtzimmern. Mainstream ist out. Erfolg hat, wer einmalig ist, und sei es nur, dass er die schönsten Tagliatelle-Muster aus seiner Nudelmaschine zwirbeln kann. Es ist anstrengender geworden, ein Konsument zu sein. Das Himalaja-Salz lässt grüßen.

Für das Streben nach Perfektionierung bedeutet das: Einerseits ist es heute leichter, etwas Besonderes zu sein, indem man auf besondere Weise konsumiert. Die Warenwelt hat sich extrem ausdifferenziert, bis hin zur »Marke Eigenbau«; der Luxus wurde demokratisiert und lässt die perfekten Momente wieder ein Stück näher rücken.

Andererseits erhöht dies erneut den Druck, auch tatsächlich in einem Bereich besonders zu sein. So wachsen die Ränder, die Mitte schrumpft. Verschwunden ist sie nicht, die Sache ist nur die: Keiner will mehr dazugehören. Das gilt für den Einkauf ebenso wie für soziale Positionen. Und führt zu einem permanenten Vergleichen mit anderen.

Fluch des Vergleichs

Die Statusangst der Mitte, die Äpfel in Nachbars Garten
und warum die Gärten plötzlich überall sind

Der angestrengte Versuch, sich per Konsum eine Aura der Exklusivität
zuzulegen, entbehrt nicht einer gewissen Ironie: Auf der Konsumseite
schrumpft die Mitte, weil keiner mehr dazugehören mag. Auf der Sta-
tusseite dagegen soll das »Trading up« demonstrieren, dass wir uns
»etwas leisten« können, dass wir noch dazugehören zu dieser mythi-
schen Gruppe – der gesellschaftlichen Mitte. Schon ihre soziodemogra-
fische Lage weist darauf hin, dass das Streben nach Optimierung in der
Mittelschicht besonders ausgeprägt ist. Es gilt, sich nach unten mit Sta-
tusmarkern abzugrenzen und gleichzeitig zu versuchen, nach oben
den Aufstieg zu schaffen. Ob möglichst frühe Förderung der Kinder,
Wahl der Universität, Karrieredenken oder Konsummuster – auf allen
in diesem Buch beschriebenen Feldern der Perfektionierung tut sich
die Mitte besonders hervor. Ihre Motive hierfür ergeben sich mit kühler
Logik aus ihrer gesellschaftlichen Sandwichposition: das Risiko des Ab-
sturzes nach unten minimieren und gleichzeitig die gestiegene Zahl
der Optionen stetig auf Chancen zum Aufstieg abzuklopfen. Als Konsequenz resultiert ein fortwährender Zwang, sich zu verbessern. Oder
zumindest nicht abzurutschen, denn diese Gefahr ist größer geworden,
was die Optimierungsbemühungen zusätzlich verstärkt. Auf den Wirt-
schaftsseiten der Zeitungen und Magazine wird der Mittelschicht seit
einigen Jahren das Totenglöckchen geläutet. Die Mitte, heißt es,
»schrumpft«, sie »erodiert«, sie »hat Angst«.

Statistisch wird die Mittelschicht definiert als Personen, die zwischen 70 und 150 Prozent des Medianeinkommens verdienen, das gemäß der Definition des Deutschen Instituts für Wirtschaftsforschung 2006 bei gut 16 000 Euro netto pro Person und Jahr lag. (Andere Definitionen gehen von einem durchschnittlichen monatlichen Medianeinkommen pro Haushalt zwischen 2 600 und 5 000 Euro aus.) Nach gewissem Anstieg und langer Stabilität (siehe das Kapitel »Moving up«) sank der Mittelschichtsanteil zwischen 2000 und 2006 von 62 auf 54 Prozent.[9] Gleichzeitig wuchsen die Ränder oben und unten um rund 23 Prozent. Zudem nahm die Zahl der Vollbeschäftigten drastisch ab, während immer mehr Menschen im Niedriglohnsektor arbeiten. Die Banken- und Wirtschaftskrise, die Ende 2007 als Finanzkrise begann, ließ zudem Aktienpakete, Altersvorsorge und sonstiges Vermögen der Mitte zusammenschnurren. Ohne ein Mindestwachstum von drei Prozent, warnen die Berater von McKinsey in ihrer Studie »Deutschland 2020«, werde dann weniger als die Hälfte der Bevölkerung noch ein Einkommen auf Durchschnittsniveau haben.

Ein ganzes Universum, ruhend auf den Grundpfeilern von Reihenhaus, Golf und Thailand-Urlaub, würde in den Untergang gerissen. Das Aufstiegsversprechen der »nivellierten Mittelstandsgesellschaft«, mithin der ökonomische Gründungsmythos der alten Bundesrepublik, ist brüchig geworden. Die gesättigten Volkswirtschaften, schreibt die »Wirtschaftswoche«, »können ihr Wachstums- und Wohlstandsversprechen nicht mehr aufrechterhalten«.

In Wahrheit allerdings war die Mittelschicht schon immer eher ein Versprechen als Realität. Die bürgerliche Mitte des 19. Jahrhunderts war ein heterogener Haufen, zusammengehalten nur durch das, was sie nicht war: nicht adlig, nicht Bauern, nicht Pfaffen. Die moderne Mitte, entstanden durch Industrialisierung und den Aufstieg des Dienstleistungssektors, war von Anfang an geprägt durch eine gewisse Schizophrenie, die der Publizist Siegfried Kracauer 1930 beschrieb: Die Angestellten fühlten sich von Bildung, Status und Lebensstil dem Bürgertum zugehörig, lebten aber de facto in einer proletarischen Existenzform. Aus dem Spannungsfeld zwischen kultureller Exklusivität und materieller Zugehörigkeit resultiert das eigentlich Definierende der

Mittelschicht: der Glaube an den sozialen Aufstieg. Immerhin ist der Anteil der Spitzenverdiener an der Bevölkerung zwischen 2000 und 2006 von knapp 19 auf deutlich über 20 Prozent gestiegen. Das macht Hoffnung.

Aufstiegschance – das bedeutet auch: Absturzrisiko. Besorgt registrieren Statistiker, dass die Abwanderung aus der Mittelschicht seit einiger Zeit häufiger nach unten als nach oben erfolgt. Dem Glanz der (theoretischen) sozialen Beförderung tut das zunächst keinen Abbruch.

Wenn aber, wie gezeigt, die Reichen reicher und die Armen ärmer werden, zugleich gesellschaftliche Dynamik und die Zahl der Optionen drastisch zunehmen, dann ist es mit der Gemütlichkeit vorbei. Dass eine gute Ausbildung einen Arbeitsplatz garantiert, dass die Firma, die Millionengewinne schreibt, keine Mitarbeiter entlässt – diese Gewissheiten gelten nicht mehr. Vor diesem Hintergrund sind die Zahlen zur Erosion der Mittelschicht so bedeutsam wie das Siebtel eines Eisberges, das aus dem Wasser ragt – die übrigen, weitaus wichtigeren sechs Siebtel sind die gefühlten Gefährdungen, die dumpfe Ahnung, dass sich etwas verändern könnte, und das auch noch zum Schlechten. Der »Druck des Statuserhalts« ist heute deutlich größer als noch vor ein, zwei Jahrzehnten, insbesondere im akademischen Milieu. Nach Erhebungen des »Sozio-Ökonomischen Panels (SOEP) ist allein seit dem Jahr 2000 der Anteil derjenigen in der Mittelschicht um elf Prozent gestiegen, die sich »große Sorgen« um ihre Zukunft machen. Wirtschaftsflauten verstärken diesen Trend weiter. Bücher wie »Wer arbeitet, ist der Dumme« geben davon beredtes Beispiel.

So ist in der Mitte, wenn schon nicht die reale, wohl aber die gefühlte Mobilität riesig, nach oben wie nach unten. Hier wird am erbittertsten gefochten um den Erhalt und Ausbau des eigenen Status – sei es beruflich, im privaten Konsum oder bereits für die nächste Generation, die in Edel-Kindergärten und Privatschulen geschickt wird. Und weil die große Mehrheit der Deutschen noch immer zur Mittelschicht gehört (oder sich ihr zugehörig fühlt), sind ihre Einstellung, ihr Leistungsethos und ihr Drang zur Perfektionierung des eigenen Lebens prägend für das ganze Land.

Bronze macht glücklicher als Silber – aber neidgelbe Nachbarn bringen die Wirtschaft nach vorne

Natürlich ist das Bedürfnis, ein besseres Leben zu führen als andere, weder ein Privileg der Mittelschicht noch eine Erfindung des 20. Jahrhunderts. Man sieht das an den hässlichen kleinen Geschwistern des Verbesserungsstrebens, dem Neid und der Eifersucht, die so alt sind wie die Menschheit selbst – und ebenso lange geächtet. Doch die beiden dunklen Gefühle sind nicht nur die »Schamteile der Seele« (Friedrich Nietzsche). Sie bilden auch das Betriebsgeheimnis dynamischer Volkswirtschaften. Neid setzt Rivalität in Gang und mit ihr Innovation und Unternehmergeist. Man könnte sagen: Wer Neid fördert, schafft Wohlstand. So wie bei Calvin Klein, der sich als Kind verstohlen an den Schaufenstern der Luxusboutiquen vorbeidrückte – und später ein eigenes Modeimperium schuf.

Mag Neid also etwas zutiefst Menschliches sein – die Sorge um den eigenen Status ist es nicht. Sie ist vielmehr ein Phänomen moderner westlicher Gesellschaften. Die Statussorge stellt den dritten wichtigen Faktor dar, der das Streben nach Perfektion antreibt. Nicht nur, dass wir, je wohlhabender eine Volkswirtschaft ist, umso mehr zu verlieren haben. Wir wissen auch heute viel mehr über das Leben anderer, erfolgreicherer Menschen als früher. Vor 200 Jahren war jedem klar, er würde sein Leben lang auf seinem sozialen Rang bleiben. Heute hat jeder die Möglichkeit, mehr werden zu können, als er ist. Es ist diese Mischung aus ur-kapitalistischer Meritokratie und sozialdemokratischer Chancengleichheit, die im 20. und 21. Jahrhundert das Streben nach Glück und gleichzeitig die Angst vor dem Scheitern befeuern – kurz: die entfesselte Dynamik moderner Statuskämpfe. »Es ist heute genauso unwahrscheinlich, dass wir so wohlhabend werden wie Bill Gates oder die Beckhams, wie es früher unmöglich war, so reich zu werden wie Ludwig XIV. Bloß halten wir es paradoxerweise für leichter. Und leiden umso mehr«, sagt der britische Philosoph Alain de Botton.[10] Sein Buch *Statusangst* traf den Nerv einer Zeit, in der selbst biedere Bausparkassen mit dem Slogan warben: »Ihre Nachbarn: neidgelb. Ihr neuer Pool: azurblau. Ihre Finanzierung: Wüstenrot.«

Sicher, so de Botton, die Erfolge anderer inspirieren uns (und liefern den Schmierstoff für die marktwirtschaftliche Dynamik). Doch sie deprimieren uns auch. In einer Welt unbegrenzter Möglichkeiten ist Scheitern peinlich. Es ist, wie der amerikanische Soziologe Richard Sennett bemerkt, »das große Tabu der Moderne«. Mit zuweilen bizarren Folgen wie der, dass die Gewinner von Bronzemedaillen meist glücklicher sind als Silbermedaillen-Träger. Denn die Zweiten konzentrieren sich auf die Spitze (»Beinahe hätte ich Gold gewonnen«), während die Drittplatzierten froh sind, es überhaupt aufs Treppchen geschafft zu haben. Eine Erkenntnis, die der Sportartikelhersteller Nike prompt ummünzte in den so aufrüttelnden wie potenziell niederschmetternden Slogan: »You don't win silver, you lose gold.«

Das Beispiel zeigt, dass die Statusangst noch ganz andere Ausmaße hat als von de Botton beschrieben. Tatsächlich nämlich sind die meisten Menschen nicht neidisch auf den Reichtum von Bill Gates oder Formel-1-Manager Bernie Ecclestone, der sich in London ein 5 500 Quadratmeter großes Anwesen mit goldenen Wasserhähnen sowie einer Garage für zwanzig Autos zulegte – und das zwischenzeitlich teuerste Eigenheim der Welt wieder verkaufte, weil seiner damaligen Frau Slavica die Inneneinrichtung des Palasts nicht passte. Nein, wir sind neidisch auf den Mercedes des Nachbarn oder die Beförderung eines Kollegen, der doch auch nicht klüger ist als wir selbst.

Statussorgen, das haben Neidforscher herausgefunden, brauchen einen Bezugspunkt – Bill Gates oder Paris Hilton sind einfach zu weit weg von unserer Lebenswelt, als dass sie unser Selbstbild gefährden könnten. »Es neidet der Bettler den Bettler und der Sänger den Sänger«, schrieb schon der griechische Dichter Hesiod. Es neidet sogar der Superreiche den Superreichen. Obwohl Geld »für den Lebensstil ab fünf Milliarden US-Dollar keine Rolle mehr spielt«, wie der auf die emotionale Unterstützung äußerst Wohlhabender spezialisierte New Yorker Psychotherapeut Byram Karasu feinsinnig bemerkt, achtet auch die oberste Spitze penibel darauf, ob nicht der andere die längere Yacht, den dickeren Deal gemacht, das blondere *trophy wife* erobert hat.

Untersuchungen aus Großbritannien zeigen, dass die Zufriedenheit von Menschen mit ihrem Arbeitsplatz signifikant sinkt, wenn das Einkommen von Kollegen, mit denen sie sich vergleichen, steigt. Ähnliches gilt für Nachbarn, Freunde, alte Bekannte. »Unsere Zufriedenheit hängt umgekehrt proportional vom Wohlstand unserer direkten Umgebung ab«, sagt Harvard-Professor Erzo Luttmer. Binnen sieben Jahren befragte er 10 000 Amerikaner zweimal über ihr seelisches Wohlbefinden. Das Ergebnis: Je größer der Wohlstandsunterschied zu den Nachbarn war, umso näher rutschte das Selbstbild in den emotionalen Keller, Ehepaare stritten dann häufiger um Geld oder Hausarbeit. Der Effekt ist mittlerweile sogar medizinisch bewiesen: Die Begegnung mit Menschen eines höheren Sozialstatus' verursacht unangenehme Erregungszustände im autonomen Nervensystem, Blutdruck und Herzschlag steigen an. Statusnachteile äußern sich im Körper durch einen Mangel an dem Neurotransmitter Serotonin – was zu Schlafstörungen und erhöhter Aggressivität führt.

Rang und Status sind ein Gut wie jedes andere – deshalb sind wir sogar bereit, dafür zu bezahlen, dass andere nicht mehr davon haben, wie ein legendäres Experiment an der amerikanischen Harvard University zeigt. Die Probanden sollten wählen zwischen einer Welt, in der sie selbst 50 000 Dollar im Jahr verdienen (und alle anderen nur 25 000), oder einer, in der sie 100 000 Dollar erhalten – aber alle anderen 200 000. Die große Mehrheit entschied sich für die erste Variante – und verzichtete auf 50 000 Dollar. So mächtig ist die Angst, von einst Gleichgestellten deklassiert zu werden. Um es mit einem Bonmot des amerikanischen Autors Gore Vidal zu sagen: »Jedes Mal, wenn ein Freund von mir Erfolg hat, stirbt ein kleiner Teil von mir.«

Neulich waren wir zur Hochzeit eines guten Freundes eingeladen. Vor dem Essen führten Braut und Bräutigam durch eine PowerPoint-Präsentation, in der sie die Gäste vorstellten. Wie bei vielen unserer Bekannten hatten sich Freunde aus verschiedensten Lebensabschnitten angesammelt: alte Schulkameraden, Kommilitonen, die Kumpels aus dem Jahr in London, Praktikumsbekanntschaften und Arbeitskollegen aus diversen Jobs. Die kleine Zeitreise war überraschend kurzweilig, weil wir die meisten Freunde des Brautpaars bei anderen Gelegenheiten kennengelernt hatten und nun erfuhren, was aus ihnen geworden war: Anwälte, Landtagsabgeordnete, Zahnärzte, Lehrer. Es war spannend, aber mitunter auch deprimierend. Wie kann dieser Jan schon Partner in einer Kanzlei sein, wo er doch so alt ist wie ich? Und seit wann hat Julia ihre eigene Praxis? Da war sie wieder, die Angst um den eigenen Status, irgendwo zwischen Bellini-Aperitif und Hochzeitstorte.

Noch vor einigen Jahren wären die Statussorgen kurz nach der Trauung vergessen gewesen. Aus den Augen, aus dem Sinn. Denn der kleine Stich, den Gore Vidal so plastisch beschreibt, erledigte sich lange von selbst: Menschen neigen dazu, Freunde im gleichen sozialen Milieu zu suchen, mit ähnlichem Bildungshintergrund, Jobs und Einkommen. Da hat einer mal ein paar PS mehr im Auto, aber im Großen und Ganzen bewegt man sich auf gleichem Level. Ob der Klassenkamerad mittlerweile als Schönheitschirurg ein Vermögen verdient, das erfuhr man höchstens per Zufall. Was ich nicht weiß, macht mich nicht heiß.

Nun, diese Zeiten sind vorbei. Nicht nur ist der Druck, »etwas aus seinem Leben zu machen«, durch die vervielfachten biografischen Optionen, die Aufstiegschancen und Abstiegsrisiken der Mittelschicht gestiegen, nicht nur bekommen wir via Fernsehen und Zeitschriften Rollenvorbilder aus der Welt der Schönen und Reichen in rauen Mengen in unsere Wohnzimmer geliefert.

Etwas anderes hat eine viel extremere Auswirkung auf das Bedürfnis, uns mit anderen zu vergleichen. Es hat das Streben nach Perfektion erst zu der allumfassenden Totalität anschwellen lassen, die in diesem Buch besichtigt wird: Die technischen Möglichkeiten, zuvorderst das Internet, machen es uns so einfach wie nie, jederzeit den Vergleich mit nahezu jedem Menschen auf der Welt zu starten. Sah man Schulfreunde früher höchstens beim Klassentreffen, erlauben es uns heute soziale Netzwerke wie Xing oder Facebook, die beruflichen und privaten Bewegungen sämtlicher Menschen, mit denen wir jemals in Kontakt getreten sind, nahezu lückenlos zu verfolgen. Xing bietet dafür sogar eigens eine Funktion auf, die uns freundlicherweise über jeden Jobwechsel eines unserer Kontakte informiert.

Und nicht nur das: Um ganz sicherzugehen, wo wir uns auf der sozialen Leiter befinden (und den Vergleich nicht nur der Zufallsauswahl von Kommilitonen und Schulkameraden zu überlassen), bieten uns

Rankings aller Art, vom Gehaltsspiegel über beliebte Urlaubsziele bis hin zu den »Dreihundert Top-Talenten von morgen«, weitere Möglichkeiten, den eigenen Marktwert exakt zu bestimmen.

In der Soziologie beschreibt eine Größe – »Dunbar's number« – die Zahl der Menschen, mit denen wir gleichzeitig stabile soziale Beziehungen pflegen können. Von denen wir also wissen, wer sie sind, wo sie wohnen, welche Jobs sie haben und mit wem sie verheiratet sind. Diese Zahl liegt bei rund 150 – und ist längst obsolet. Ähnlich wie sich das Wissen über Daten und Fakten jedes Jahr potenziert – Hans Magnus Enzensberger illustrierte das anhand des Beispiels der Friseuse im 20. Jahrhundert, die derart große Mengen an Schlagertexten, Werbeslogans, Kochrezepten und Klatsch im Kopf abgespeichert hat, dass sie, was die Menge des gespeicherten Wissens angeht, den Vergleich mit dem Universalgelehrten Philipp Melanchthon nicht scheuen muss –, so vervielfacht sich auch die Menge der Leute, die wir kennen und mit denen wir uns vergleichen können.

Mit voller Wucht greift jetzt das von dem US-Psychologen Stanley Milgram benannte »Kleine-Welt-Phänomen«, laut dem jeder Mensch jeden beliebigen anderen Menschen über durchschnittlich sechs Ecken kennt. Mittlerweile, schätzen Soziologen, liegt die Zahl der Menschen, die wir zu unserem Netzwerk zählen, eher bei 1000. Nicht jedem schreiben wir Weihnachtskarten oder rufen an, wenn sie Geburtstag haben (obwohl uns Xing mit sturer Freundlichkeit auch daran erinnert). Aber wir kennen sie, wir haben sie in unserem Kontaktverzeichnis, und wenn wir wissen wollen, wie weit sie es im Leben schon gebracht haben, genügen wenige Mausklicks, und wir sind schlauer. Und beruhigter oder frustrierter, je nachdem.

Schulkumpels, Praktikumsfreunde, Kommilitonen, Kollegen, Freunde von Freunden – die biografische Mobilität lässt uns eine Vielzahl von Menschen kennenlernen, die alle eines gemeinsam haben: Zu einem bestimmten Zeitpunkt waren wir mit ihnen auf einer Stufe, waren Schicksalsgenossen, hatten gleiche Chancen: gleichzeitig im Hörsaal, im Praktikum, in der neuen Firma angefangen. Dann entwickeln sich die Wege auseinander, der eine steigt schneller auf, der andere langsamer – und dank Xing & Co. sind wir jederzeit auf dem Laufenden. Das

Vergleichen, das Schielen auf den Status der anderen und die Sorge um den eigenen sind zum Dauerzustand geworden.

Was die Mitte als soziale Schicht ausmacht, ist nun für jeden Einzelnen Realität: die Möglichkeit aufzusteigen, die Gefahr abzustürzen und dazwischen der permanente Abgleich mit anderen. Das erhöht die Angst vor dem Risiko und den Ansporn, Chancen zu suchen und wahrzunehmen. Es erhöht den Druck zur Optimierung.

Sieh! Mich! An!

Das Web 2.0 und die Kultur der Selbstinszenierung

»Broadcast Yourself!«
youtube.com

Die Ehe, sagt Woody Allen, sei »der Versuch, zu zweit mit den Problemen fertig zu werden, die man alleine nie gehabt hätte«. Ungefähr so muss man sich auch das Verhältnis zwischen dem Streben nach Optimierung auf der einen sowie sozialen Netzwerken auf der anderen Seite vorstellen. Das Web 2.0 hat nicht nur, wie gezeigt, die Möglichkeiten des sozialen Vergleichs ins nahezu Unendliche potenziert und damit den Druck auf den Einzelnen erhöht, sein Leben zu optimieren. Einfach, weil er öfter, schneller und direkter vor Augen geführt bekommt, wie man es besser machen könnte. Gleichzeitig offeriert das Medium die Lösung für dieses Problem, indem es uns eine Fülle von Chancen gibt, etwas Besonderes zu sein. Ruhm zu erlangen.

Plötzlich ist Exklusivität für jeden erschwinglich und erreichbar. Nach den Gesetzen der Optimierung bedeutet das aber auch, und dies ist der vierte Hauptmotor für das Streben nach Perfektion: Exklusivität ist ein Muss. Wer nicht unterhält, findet nicht statt. Gerade weil es so leicht geworden ist, aus der Masse herauszuragen, sich via Netz als besonders sexy, witzig oder talentiert zu präsentieren, verwandelt sich die Möglichkeit, sich zu vergleichen und in irgendetwas perfekter zu sein als andere, im Handumdrehen in einen Imperativ. Der Nachweis der eigenen Existenz wird jetzt per Google geführt.

Dabei fing alles ganz bieder an. Der Mann, der den Deutschen *social networking* im Internet schmackhaft machte und damit ihre Möglichkeiten zum sozialen Vergleich in ungeahnte Höhen katapultierte, sieht weder aus wie ein kontaktbegeistertes *party animal* noch wie ein Revolutionär. Lars Hinrichs, Sohn eines Hamburger Bäckers und Gründer des Online-Netzwerks Xing, trägt am liebsten unauffällige Kleidung und spricht mit hanseatischer Bedächtigkeit. Als Xing Ende 2006 an die Börse ging, brachte das dem Portal 75 Millionen Euro ein, und im August 2009 hatte Xing mehr als acht Millionen Mitglieder. Doch wer Hinrichs in den ersten Jahren nach der Gründung in den kargen Büros am Hamburger Gänsemarkt gegenübersaß, gewann den Eindruck, als sei ihm der Erfolg seiner Idee selbst ein wenig unheimlich. Tapfer lächelnd erzählte Hinrichs, der 2008 zum bedeutendsten Web-Gründer Deutschlands gewählt wurde, dann von seinem Vorsatz, bei jeder Veranstaltung, jeder Party mindestens zwei neue Leute kennenzulernen. Es klang wie eine Mathe-Hausaufgabe. Was nicht weiter erstaunlich war, denn der Erfolg von Xing beruht eigentlich auf einem großen Missverständnis.

Hinrichs hatte sich eine Business-Plattform vorgestellt, ein Freigehege für Manager, talentierte Berufseinsteiger und Selbstständige, wo Menschen mit kaufmännischer Nüchternheit Ideen, Begabungen und Kontakte austauschen. Entstanden ist etwas anderes: Sicher, Jobs und Netzwerktipps wechseln hier auch den Besitzer, doch in erster Linie ist Xing zu einem gigantischen Telefonbuch geworden, das seinem Urahn aus Papier zwei Dinge voraushat: Es aktualisiert sich selbst, ist wesentlich umfangreicher und kinderleicht zu bedienen. Dies ist die Funktion, die die sozialen Vergleichsmöglichkeiten so krass erweitert hat. Zum anderen bietet das Portal bis dahin ungeahnte Möglichkeiten, sich zu präsentieren: Ob klassisch mit Passfoto und tabellarischem Lebenslauf oder exotisch durch Gründung einer Gruppe wie »Vogelspinnen und andere Wirbellose« – der Eigenwerbung sind keine Grenzen gesetzt. Dies ist die Funktion der Web-Netzwerke, die das Streben nach Optimierung erst so richtig losgetreten hat: Sie sind Plattformen der Selbstdarstellung. Dass ausgerechnet der nüchterne Analytiker Hinrichs den bunten Markt der vielen Egos in Deutschland zum Blühen brachte, entbehrt dabei nicht einer gewissen Ironie.

Mittlerweile hat Xing seine Position als Marktführer unter den sozialen Online-Netzwerken abgegeben. Virtuelle Treffpunkte wie My-

Space, Facebook, YouTube sind vorbeigezogen, andere Spielplätze wie Wikipedia, Twitter und Qype dazugekommen. Nicht zu reden von über 100 Millionen Blogs. Ihre Zahl verdoppelt sich alle sechs Monate, jede Sekunde in jeder Minute an jedem Tag entsteht ein neuer. Allein während Sie diesen Absatz gelesen haben, sind zehn neue gestartet.

Sicher, viele von ihnen gehen wieder ein oder finden so viel Beachtung wie der berühmte Sack Reis, der in China umfällt. An dem historischen Novum, dass nun nicht mehr nur Politiker, Popstars und Redakteure, sondern jeder und jede Gelegenheit hat, Meinungen, Vorlieben und physische Vorzüge einem Millionenpublikum vorzustellen, ändert das aber nichts. Unter dem Logo »Web 2.0« wurde die Idee des Mitmachnetzes deshalb zum durchschlagenden Erfolg.

2005 überschritt die Zahl der Internetnutzer weltweit die Milliardengrenze, 2009 waren es 1,5 Milliarden, bald schon werden es doppelt so viele sein. Technische Fähigkeiten sind nicht vonnöten; jeder, der eine Maus bedienen kann, ist eingeladen mitzumachen. Ein neuer virtueller Raum ist entstanden, in dem wir uns jenseits von Familie und Job positionieren, quasi neu erfinden können – frei von sozialem Stand, Beruf, Aussehen und all den anderen Dingen, die uns sonst sofort einen Stempel aufdrücken.

Die für die Offline-Welt charakteristische Trennung zwischen Fakt und Fiktion, zwischen Wirklichkeit und Simulation ist teilweise aufgehoben: Als Blogger, als Avatar, bei Facebook agieren wir als unser eigener Schöpfer, ganz nach Gusto. Wer würde sich nicht perfekt erschaffen wollen, wenn er die Möglichkeit dazu hätte? So ist eine unendliche Spielwiese für die Optimierung des eigenen Ich entstanden.

Dass diese Wiese nicht mehr von Informations- und Meinungsprofis fein säuberlich geordnet wird wie ein Schrebergarten, passt nicht jedem. Als »Kult des Amateurs« bezeichnet der Web-2.0-Kritiker Andrew Keen sauertöpfisch die Tatsache, dass der aktive Nutzer zugleich Rezipient und Produzent (kurz: »Produser«) ist. Schon 2006 wählte das *Time Magazine* nicht George W. Bush oder den Papst oder Apple-Chef Steve Jobs zur Person des Jahres. Sondern: SIE! *Sie* kontrollieren das Informationszeitalter, *Sie* beherrschen Wikipedia und YouTube, *Sie* erschaffen sich mit jedem Mausklick selbst. Keen gefiel das nicht, und in

seinem populär gewordenen Buch startete er einen furiosen Rundum-
schlag gegen den »digitalen Mob«. Dieser zerstöre mit seiner Gratis-
Downloaderei Musik- und Medienindustrie, verbreite wie besessen
Pornografie und fragwürdige politische Inhalte und unterminiere
überhaupt mit seiner Weisheit der Vielen die schöne althergebrachte
abendländische Kultur.[11]

Vor lauter kulturpessimistischer Raserei übersieht Keen den entscheidenden Punkt: Der überwältigenden Mehrheit der User geht es
nicht darum, politische Debatten zu beeinflussen oder kulturelle Er-
rungenschaften zu schleifen. Sondern schlicht um sich selbst. Stellte
man früher blaue Haare oder »Peace!«-Aufkleber in der U-Bahn zur
Schau, lässt sich heute im Web ein ganz neues Ich aufbauen – und so
effizient vermarkten, wie es vorher nur Konzerne und Werbeagenturen
konnten. Und das mit einem Minimum an Aufwand und Geld.

Schon unter den 15- bis 17-jährigen Internetnutzern in den USA sind
laut einer Umfrage 70 Prozent der Mädchen und 57 Prozent der Jungen
in Online-Kontaktnetzwerken aktiv, jeder zweite von ihnen täglich
oder mehrmals täglich. Dabei dreht es sich, wie gesagt, nur an der Oberfläche um soziale Kontakte. In Wahrheit stellen soziale Netzwerke eine
Tabula rasa dar, auf der wir nach Herzenslust mit Lieblingsfilmen, Lieb-
lingsbüchern, Ferienfotos und klugen Sentenzen Eigenwerbung betreiben können. Ganz nach dem Slogan von YouTube, wo hundert Millionen Nutzer jeden Tag mehr als 1,2 Milliarden Videos abrufen und jährlich viele Millionen neue einstellen: »Broadcast Yourself!« Der Drang
zur Selbstdarstellung wachse stetig, meint Chris DeWolfe, Mitbegrün-
der der mehr als 220 Millionen Mitglieder starken Plattform MySpace:
»Die Leute wollen, dass man sie kennt. Und am liebsten wollen sie berühmt sein.«

Auch unter den Bloggern ist nach einem Bericht der New York Times
jeder Zweite aktiv, um über Erfahrungen aus seinem Leben berichten
zu können. Dass Hunderte von Bloggern den US-Wahlkampf 2008 veränderten, die Nachrichtenzyklen beschleunigten und Barack Obama
mit zum Sieg verhalfen, ist eher Ausnahme als Regel – auch wenn die
klassischen Medien kurzerhand ein neues politisches Zeitalter ausrie-
fen. Das beliebteste Bloggerthema weltweit ist nicht etwa der Nahost-

Konflikt oder die Frage, ob es ein Leben nach dem Tod gibt – nein, es sind Katzen. Dicht gefolgt von Ferienreisen.

Sicher, es gibt die nachrichtliche und politische Bedeutung der Netzwerkmedien. Die spektakuläre Wasserlandung eines Jets auf dem Hudson River vor New York – Twitter meldete sie als Erstes. Und bei den Massendemonstrationen im Iran im Juni 2009 verständigten sich die Protestierer per Facebook oder Twitter und übermittelten über diese Kanäle auch Bilder aus dem abgeschotteten Land. Doch die große Politik, sie bleibt bislang eine Ausnahme. Meistens gilt: Wenn das WLAN erst mal steht, wenn man die Lieblingssites abgesurft und bei Amazon und Ebay eingekauft hat, dann wird schnell klar, dass das Wichtigste im Netz nicht Nachrichten oder Erkenntnisse sind, sondern Selbstdarstellung. Auch auf Blogs und soziale Plattformen trifft zu, was Michel Foucault einst über die Meditation oder das Schreiben formulierte: Es seien »Technologien des Selbst«, also »Praktiken, mit denen die Menschen nicht nur die Regeln ihres Verhaltens festlegen, sondern sich selber zu transformieren, in ihrem besonderen Sein zu modifizieren und aus ihrem Leben ein Werk zu machen suchen (...)«[12.]

In ist, wer drin ist: So entblößen sich Millionen selbst – mal im Online-Tagebuch, mal mit trotzig-verschämten Nacktfotos vor der heimischen Schrankwand in Eiche rustikal. Dienste wie Twitter oder Jaiku lassen statt gelegentlicher Updates eines Profils einen endlosen Strom kleiner Nachrichten über die eigene Befindlichkeit strömen. Meldungsschnipsel, Stimmungsmomente, immerfort.

Zum ersten Mal begegnet uns hier ein Muster, das uns durch das gesamte Buch begleiten wird: Der vom Optimierer selbst erwartete Nutzen ist oft ungewiss oder fällt deutlich geringer aus als erhofft. Doch von seinen Perfektionierungsstrategien profitieren zunächst und ganz direkt andere Spieler im Markt. Wie auch in diesem Fall, denn der Kult ums Individuum nährt eine ganze Industrie, wie die Summen zeigen, die für social networks gezahlt wurden: Rupert Murdoch legte vor Jahren für MySpace 580 Millionen US-Dollar auf den Tisch, Google für YouTube 1,65 Milliarden US-Dollar, und für gerade mal 1,6 Prozent an Facebook musste Microsoft im Herbst 2007 240 Millionen US-Dollar zahlen. Sicher, die Inhalte sind frei und daher kaum für Profit geeignet, wie Risikokapitalisten offen zugeben. Dennoch profitieren die Konzerne vom Drang zur Selbstdarstellung – statt auf Inhalte setzen sie auf das Aggregieren und Filtern derselben und auf die Dienstleistungen drumherum. Indem sie die Vorlieben der Nutzer auskundschaften und zielgenau Werbung schalten. Oder die Profilierungsfreude der User nutzen und sie kostenlos Anwendungen schreiben, Werbespots drehen oder kreative Ideen sammeln lassen. Oder die schiere Masse und ihre komplexen Verbindungen für virales Marketing nutzen. Wir werden im Kapitel »Von der Himmelsmacht zur Managementaufgabe« noch genauer auf die Geschäftsmodelle eingehen.

Dieser Versuchsaufbau, in dem der kostenfreie Austausch von Inhalten gepredigt und gleichzeitig mit der von den Massen der Amateure gelieferten Daten und der von ihnen benötigten Infrastruktur Millionen verdient werden, erinnert an den Goldrausch im 19. Jahrhundert: Nicht die Goldgräber wurden reich, sondern die Hersteller von Schaufeln und Sieben. »Du armes Arschloch, mach nur deinen Quatsch mit deinem abgefahrenen freien Content, wir machen inzwischen mit dem, was du dafür brauchst, das große Geld«, beschreibt der niederländische Internet-Vordenker Geert Lovink die Einstellung.[13]

Das Versprechen, das die Geschäfte am Laufen hält und das den Drang zur Selbstinszenierung befeuert, erinnert an die Parole vom sozialen Aufstieg, dem Gründungsmythos der Bundesrepublik: Längst nicht allen gelingt er, doch die, die es schaffen, sind Vorbilder und Antreiber für alle anderen. Sie sind der Schmierstoff, der das System am Laufen hält.

Talent träumt von Karriere, wird entdeckt, findet Fans und schießt an die Spitze – dieses Märchen wird mittlerweile in der Version 2.0 erzählt, ohne den Umweg über Plattenkonzerne oder Talentscouts. Wie bei den Bands »Arctic Monkeys« oder »Gnarls Barkley« etwa, deren plötzlicher Auftritt in der Entertainment-Arena auf plebiszitartigen Downloads gründet. Oder wie bei Ingrid Michaelson, die Lieder ihres selbst produzierten Albums auf ihre MySpace-Seite stellte, wo eine Musikagentin auf die Kindertheaterleiterin und Kellnerin aufmerksam wurde und sie an Universal Records vermittelte. Aber auch wie die zu Recht längst vergessene »Grup Tekkan«, deren amüsant stümperhaftes

Video »Wo bist du, mein Sonnenlischt?« Platz 12 der deutschen Single-Charts erreichte, trotz nachgewiesener Talentfreiheit.

Die meisten Stars von des Netzes Gnaden sind nach den vielzitierten Warholschen 15 Minuten Ruhm auch schon wieder im dunklen Loch des Vergessens verschwunden. Ihr Aufstieg aber zeigt: Neben die Waren- und Finanzökonomie ist in den vergangenen Jahren eine neue, mächtige Wirtschaftsform getreten – die »Ökonomie der Aufmerksamkeit«, wie sie der Philosoph Georg Franck bezeichnet. Im Netz sind klassische Ressourcen – Papier, CD-Rohlinge et cetera – quasi bedeutungslos geworden; jedes Produkt, sei es Software, Musik, Text oder Film, kann beliebig reproduziert und weitergereicht werden. Hingegen ist Aufmerksamkeit eine äußerst knappe Ressource – denn wenn alles frei verfügbar ist, bemisst sich der Wert streng nach der Nachfrage.

Wie alle Güter, deren Menge begrenzt ist, wird Aufmerksamkeit deshalb gehandelt und hat ihren Preis. In den hochtechnisierten Zivilisationen rückt sie, nachdem der Kampf ums physische Überleben ausgestanden ist, als produktive Ressource ins Zentrum. Der Königsweg zum Erfolg in ihr führt über den Bekanntheitsgrad. Mit paradoxen Folgen: Der Gewinn, den Großverdiener in Sachen Aufmerksamkeit kassieren – die sogenannten »Prominenten« –, resultiert nicht nur aus ihrer erbrachten Leistung (das sogar in den seltensten Fällen), sondern auch und vor allem aus dem Faktum ihrer Bekanntheit selbst. Ihre Schwächen werden als Enthüllungen, ihre Fehltritte als Skandale gehandelt. Das ist, wie Paris Hilton und Verona »Blubb!« Pooth zeigen, nicht unbedingt neu. Nur: So viele Hiltons, Pooths und andere Pseudostars gab's noch nie. Franck kommentiert: »Der Kapitalismus der Aufmerksamkeit trägt zweifellos närrische Züge.« Klassischen ökonomischen Theorien folgend schließt Franck daraus: »Wer reich an Beachtung ist, wird allein deswegen reicher; wer arm an Beachtung ist, ist schon deshalb arm an Chancen.«[14]

Die Schlussfolgerung ist zwar naheliegend, trifft aber auf die Ökonomie der Aufmerksamkeit gerade nicht zu. Natürlich gibt es die Tom Hanks und die Boris Beckers, aber da sind auch Paul Potts und Grup Tekkan. Sie zeigen, dass nicht mehr nur der eine Weg zum Ruhm existiert, sondern unendlich viele. Wo es früher eine CD gab mit Stücken, deren Zahl und Reihenfolge vorgegeben war, regiert heute der iPod mit Speicherkapazität für Zehntausende Lieder und einer Unzahl an Kombinationsmöglichkeiten für die ganz persönliche Playlist des eigenen Lebens. Etwas Besonderes sein, perfekt sein in einem kleinen Bereich, das ist durch das Internet nicht nur zu einem Imperativ geworden – sondern auch zu einer ganz realen Option. In einer individualisierten Ökonomie kann jeder König in seiner Nische werden.

Aufmerksamkeit als ultimative Währung: Die Ranking-Kultur in der Best-of-Gesellschaft

Der Autor Chris Anderson hat die ökonomischen Veränderungen durch das Web in seiner Theorie des »Long Tail« beschrieben, nach der ein Anbieter im Internet auch mit Nischenprodukten gute Gewinne machen kann. Der Name der Theorie leitet sich von der Ähnlichkeit der Verkaufsgrafik mit einem langen Schwanz ab: Trägt man auf der X-Achse die Produkte – etwa eines Buchhändlers – nach ihrer Rangfolge in der Verkaufsstatistik ab und auf der Y-Achse die Zahl der verkauften Einheiten, dann zeigt sich zunächst, kaum überraschend, dass der neue Harry Potter den Löwenanteil der verkauften Bücher ausmacht. Doch weiter hinten auf der X-Achse folgen viele weitgehend unbekannte Bücher, die dennoch ihr Publikum finden. Im konventionellen Geschäft würde ihre Lagerhaltung zu viel kosten, als dass es sich lohnen würde, sie parat zu haben. In der Online-Wirtschaft sind diese Kosten vernachlässigbar, zudem wurden die Produktionsmittel demokratisiert – mit der Folge, dass jeder Musik, Videos oder andere Inhalte selbst produzieren und damit in einer Nische, irgendwo gegen Ende des langen Schwanzes, Erfolg haben kann.

Die Long-Tail-Theorie gilt jedoch nicht nur für reale Produkte. Noch viel mehr liefert sie ein Erklärungsmodell, warum das Internet den Druck des Vergleichs einerseits erhöht hat – und andererseits die technischen Mittel bereitstellt, dem Druck zu begegnen: indem man in einer Nische, und sei sie noch so klein oder absurd, perfekt ist. Die überwiegende Zahl der Weblogs, Videos und Podcasts liegt im Long Tail. Sie hoffen, Weltmeister in einer Disziplin zu werden – und vielleicht irgendwann auf der X-Achse nach vorne klettern zu können und über die Nische hinaus bekannt zu werden. Aufmerksamkeit ist die Währung, größtmögliche Individualität das Mittel der Wahl: Wie draußen in der Offline-Welt mit ihren bedruckten Textilien jedes Hemd ein Statement ist, so ist online jeder Eintrag auf der Facebook-Seite ein Satz in einem Bewerbungsgespräch, jeder Blog ein Manifest.

Wie wichtig die Inszenierung des Ich geworden ist, zeigte sich, als Xing vor einiger Zeit personalisierte Werbung auf den Mitgliederprofilen schaltete – und einen Proteststurm entfachte: Die Nutzer sorgten sich nicht etwa, dass ihre Daten weitergegeben wurden – das war das Denken der Achtziger mit ihren Protesten gegen die Volkszählung. Nein, sie wollten vermeiden, dass auf ihrem Profil Reklame auftaucht, die ihre fein ziselierte Selbstdarstellung stören könnte – etwa die Werbung eines Konkurrenzunternehmens.

»Die extreme Ausdehnung der sozialen Netzwerke hat einen Zwang zur Individualisierung und Selbststilisierung zur Folge«, sagt Jan Schmidt. Der Medienforscher am Hamburger Hans-Bredow-Institut ist Mitte Dreißig, Schnellredner und selbst via Facebook, Xing und eigenem Blog ständig in der virtuellen Manege unterwegs. Wenn er wissen will, ob sich der Film »Der DaVinci-Code« auf Pro7 lohnt, twittert er seine Freunde an und erhält binnen Minuten Antwort. Natürlich könnte er sie auch anrufen, aber mit Twitter erhält er in kürzester Zeit Dutzende Antworten. Als ich ihn treffe, arbeitet Schmidt gerade an einem Buch über die persönliche Öffentlichkeit von Menschen im Internet. »Wir nutzen virtuelle Netzwerke zum Identitätsmanagement, um uns selbst zu profilieren«, sagt Schmidt.[15]

Natürlich ist das so eine Sache mit der Exklusivität, wenn noch zehn Millionen andere im gleichen Portal unterwegs sind, aber es geht ja nicht um das Sich-Herausheben durch die Community, sondern innerhalb der Community. Der Rang eines Menschen in seinem Netzwerk, das ergab eine Studie der Harvard University über 1 700 Facebook-Profile von Studenten, wirkt sich auf alle wichtigen Bereiche des Lebens aus: Wie gesund jemand ist, wie glücklich, wie erfolgreich im Beruf, wie viele Partner er hat. »Heute geht es nicht mehr darum, 15 Minuten berühmt zu sein, sondern von 15 Leuten gekannt und als besonders wahrgenommen zu werden«, erläutert Schmidt. Aufbauend auf der Welle politischer Korrektheit der achtziger Jahre, allerdings ohne deren kritischen Negativismus, ist Individualität zum gesellschaftlichen Imperativ geworden und das Internet zur Ego-Kammer: Sei du selbst, jetzt!

Vielleicht war die Angst, in der Masse unterzugehen, ein Leitmotiv der westlichen Gesellschaft des 20. Jahrhunderts. Das 21. Jahrhundert bringt uns die Technik, uns stets neu zu entwerfen, unsere Identität zu managen. Und damit den Zwang, ständig besser zu werden, individueller. Ein engagiertes Mitglied der neuen Best-of-Gesellschaft.

Die Logik der aufmerksamkeitsbasierten Ökonomie verlangt nach permanenter, immer neuer Bestätigung: Jemand muss uns bescheinigen, dass wir etwas Besonderes sind. Am deutlichsten wird dieser Mechanismus bei den Blogs als sichtbarstem Ausdruck einer Kultur, die auf jeder Ebene Prominenz verlangt und erzeugt: Wer viel von sich preisgibt, wird interessant, er wird in anderen Blogs erwähnt und mit Kommentaren überhäuft. Die Empfehlung der Website »Fockblogs« ist bezeichnend: »Veröffentliche deine Meinung, verlinke wie verrückt, schreibe weniger, 250 Worte sind genug, setze dynamische Überschriften, schreibe mit Leidenschaft, baue Listen mit Aufzählungen ein, redigiere deinen Eintrag, sorge dafür, dass er leicht zu erfassen ist, schaffe einen konsistenten Stil, übersäe den Artikel mit Keywords.«[16] Wer in ist und wer nicht, wird in zahllosen Hitlisten erfasst, von den Twitter-Charts, die messen, wie viele »Follower« ein Twitterer hat (Top-Namen wie Ashton Kutcher, Britney Spears oder CNN versammeln viele Hunderttausende hinter sich), bis hin zu den Deutschen Blogcharts. Die technischen Möglichkeiten des Webs fördern eine Kultur des Rankings, die alles nach Klicks und Hits bemisst. Das banalste Kriterium für Kompetenz wird hier gefeiert – die schiere Häufigkeit. Das Schielen auf die Charts, der ständige Vergleich wiederum befeuert die Sucht nach Perfektion nur noch weiter – so nährt sich das System der Selbstinszenierung selbst.

Womit wir auf ein gravierendes Problem stoßen: Wenn allen die gleichen Werkzeuge zur Verfügung stehen, alle demselben Ideal hinterherjagen, das zudem nur rein quantitativ definiert wird, dann wird das ursprüngliche Ziel der Optimierung – Herausragen – verfehlt. Auch dieses erste große Dilemma der Optimierung wird uns im weiteren Verlauf dieses Buches noch häufig begegnen.

Die ersten Bands, die übers Netz groß wurden, die ersten Twitterer, sie waren noch etwas Besonderes; für ihre vielen Nachfolger hat das Publikum meist nur noch ein Gähnen übrig. Vielleicht können sie sich irgendwo am Ende des »Long Tail« einnisten, aber die Frage ist doch, ob sich dafür der ganze Aufwand lohnt. Es ist wie bei den sozialen Netzwerken: Das mechanische Kontaktesammeln bringt lauter pseudoindividuelle Freundschaftseinträge, weil Quantität nach außen viel schneller demonstriert werden kann als die Qualität »echter« Beziehungen. Es entsteht eine monströse Kontakteliste, die für nichts wirklich steht und auch in sich nichts Besonderes ist, weil alle anderen ähnliche Listen haben. Die Perfektionierung des eigenen Ich droht ins Leere zu laufen: Je »besonderer« man sein will durch möglichst viele, möglichst besondere Internetkontakte und Selbstpräsentationen, desto gleichförmiger wird man, denn alle anderen haben das gleiche Ziel und die gleichen niedrigschwelligen Mittel, sie zu erreichen. *Das Leben des Brian* (»Wir sind alle Individuen«) lässt grüßen.

Wir sind am Ende des ersten Buchteils angelangt, in dem die vier großen Treiber des Optimierungsstrebens dargestellt wurden: die – theoretisch – offene und individualisierte Gesellschaft des 21. Jahrhunderts, die Demokratisierung des Luxus, die gestiegenen Möglichkeiten sozialen Vergleichens und die durch das Web 2.0 erblühte Ökonomie der Aufmerksamkeit. All diese Entwicklungen stellen Chancen dar, uns selbstbestimmter und freier zu entfalten. Aber die Chancen erhöhen auch den Druck, sie zu nutzen. Der zweite Teil des Buches zeigt, wie sich der Perfektionsdrang in sämtlichen Lebensbereichen ausprägt, wer davon profitiert und warum wir selbst nicht immer den erwarteten Nutzen einfahren können – sondern oft Gefahr laufen, uns in den Paradoxien der Perfektion zu verheddern.

Die Symptome

Lebensmanagement von der Wiege bis zur Bahre

Früh übt sich, mit Mozart und Chinesisch

Very important Babys und die Entdeckung der Schule
als Bootcamp

»Persönlich bin ich immer bereit zu lernen,
obwohl ich nicht immer belehrt werden möchte.«
Winston Churchill

Die Suche nach Perfektion zieht sich durch alle Bereiche unseres Lebens. Ausnahmslos, ohne Ansehen von Geschlecht, Schicht oder Alter, buchstäblich von der Wiege bis zur Bahre. Die beschriebene Individualisierung, die quälende Lust am Vergleich mit anderen und der konstituierende Slogan der westlichen Welt (»Du kannst alles schaffen, wenn du es nur wirklich willst!«) haben uns eine neue Perspektive beschert, aus der wir unsere Biografie betrachten. Es ist die Perspektive des Beraters, der uns drängt, unsere verborgenen Potenziale zu heben. Für den Berater – der im Alltag die Gestalt eines Coachs, eines Ratgeberbuches oder die eines Jurymitglieds einer Castingshow annimmt – ist nichts »einfach so«. Nichts ist jemals fertig, sondern höchstens eine mehr oder weniger günstige Ausgangslage für weitere Schritte.

Der Startschuss dazu fällt spätestens am Tag eins unseres Lebens. (Eigentlich ist das schon zu spät, immerhin soll das Vorlesen antiker Dramen im Original während der Schwangerschaft wahre Wunder bewirken.) Am Beginn einer Reihe von Jahren also, die man ehedem (in chronologischer Reihenfolge) mit dem vergnügt-stumpfsinnigen Betrachten von Entenmobiles, sinnlosem Aufeinanderstapeln bunter Klötzchen und später dann mit dem Bau von Staudämmen und Baumhäusern sowie dem Lesen diverser TKKG- oder Hanni&Nanni-Bände verdaddelte, nachdem man die lästigen Hausaufgaben in einer Viertelstunde hingehuscht hatte. Die Rede ist von der Kindheit in einer veralteten Version, wie sie der Dichter Gottlob Wilhelm Burmann beschrieb: »Noch bin ich ein Kind / noch fühl ich nur Unschuld und Freuden / Und weiß nicht was Leiden / Und Kümmernis sind. / (...) / Ich kenne noch nicht / Des Lebens betäubende Sorgen / Die Nacht und der Morgen / Hat Freud im Gesicht!«

Freud im Gesicht? Was will uns der Dichter damit sagen? Da ist nicht nur die Sprache antiquiert (Herr Burmann lebte im 18. Jahrhundert); nein, die ganze Denke – das »mindset«, wie wir heute sagen – kommt geradezu erschreckend gestrig und naiv daher. Würde Herr Burmann heute auf die Straße treten, das Radio oder Fernsehen anmachen oder eine beliebige Zeitung aufschlagen – das Gefasel von »Unschuld und Freuden« wäre ihm schneller vergangen, als man »Frühförderung« sagen kann.

Nie gab es in Deutschland weniger Kinder, und nie war die Sorge um sie so groß. Die *Bild-Zeitung* beruhigt besorgte Eltern, indem sie erklärt, »was bei meinem Kind in welchem Alter normal« ist, Bestseller warnen davor, dass »unsere Kinder Tyrannen werden«, »neue Väter« schreiben dutzendweise Bücher über Freud und Leid der Vaterschaft, als wäre diese eine Erfindung des 21. Jahrhunderts, sogar hartgesottene Proll-Komiker wie Atze Schröder nennen ihr Programm »Mutterschutz«. Selbst das schönste Kinderprivileg – spielen – wird zur erzieherischen Leistungsschau, die in den Anleitungen gepriesen wird wie ein Aufbaupräparat für Spitzensportler. »Fördert die Auge-Hand-Koordination« heißt es da, »erhöht die Lernmotivation« oder, ganz staatstragend, »mit Pädagogen entwickelt«. Einfach nur spielen, da hätte man bei Herrn Burmann vielleicht noch mal ein Auge zugedrückt. Heute geht das gar nicht mehr. Damit sie nicht von anderen abgehängt werden, muss das Heranwachsen der Kinder optimal gesteuert werden.

Gleich auf der ersten Station unserer Reise durch das perfektionierende Universum tobt die Optimierung besonders heftig. Dafür gibt es zwei wichtige Ursachen. Erstens: In der Einleitung wurden die drastisch gewachsenen Möglichkeiten beschrieben, die uns für die Gestaltung unseres Lebens offen stehen. Diese Parole vom möglichen sozialen Aufstieg ist der Kitt, der die Gesellschaft zusammenhält und gleichzeitig die Optimierung antreibt. Wie gezeigt, existiert aber eine beachtliche

Kluft zwischen der Parole und der Realität, in der die tatsächliche soziale Mobilität weit geringer ist als gefühlt. Als Brücke über diese Kluft ist die Bildung in den Fokus gerückt. Damit kann man, so das gesellschaftliche Credo, gar nicht früh genug anfangen, und deshalb zeigt sich das Streben nach Perfektion in der Kinderwelt so dramatisch. So werden aus Müttern und Vätern Familienmanager, die im Projekt Familie wie Unternehmer ihrer selbst agieren – ein Leitbild, das zum neuen gesellschaftlichen Leitmotiv geworden ist, wie die folgenden Kapitel zeigen. Der Nachwuchs ist das wichtigste Investitionsobjekt des Familienunternehmers: Wir geben dir größtmögliche Unterstützung, damit du durch deine Leistung zeigst, wie gut wir als Eltern sind.

Zweitens verbirgt sich hinter den launigen Bekenntnissen von Vätern in den Vierzigern und Atze Schröders Zoten eine harte Wahrheit: Die Familie wird idealisiert und als Kuschelzone gegen die feindliche Umwelt in Szene gesetzt. Damit bekommt Elternschaft eine völlig andere Bedeutung als zu der Zeit, als man Kinder »sowieso« hatte. Die neue Norm ist die »verantwortete Elternschaft«, die Kinder nur dann in die Welt setzt, wenn man sich gut um sie kümmern kann. »Elternschaft wird als zunehmend schwieriger zu bewältigende Gestaltungsaufgabe wahrgenommen«, formuliert es die Wissenschaft vornehm. Anders ausgedrückt: Es ist die Hölle.

Der gesamte Komplex zwischen Geburt und Abitur ist zu einer Mischung aus Wettrüsten und Leistungsschau geworden. Schlimme Krisen drohen, wenn Leander zwei Wochen später krabbelt als vom Erziehungsratgeber vorgesehen, denn selbstverständlich ist Leander hochbegabt. Zur Einschulung, in meiner Kindheit ein eher vernachlässigenswertes Ereignis, schalten die Großeltern eine Annonce in der Lokalzeitung; der Tag selbst wird akribisch durchgeplant wie ein Besuch des amerikanischen Präsidenten. Der Drang zum Superlativ zieht sich dann durch die ganze Schulzeit, bis zu Abifeiern, die gerne mal Zehntausende Euro kosten und in großen Freizeitparks absolviert werden und nicht mehr in der örtlichen Grillhütte.

Vor allem für die Eltern der unter Druck geratenen bürgerlichen Mitte wird Erziehung so zur Abschottungsstrategie nach unten und idealerweise zum Vehikel für den Aufstieg nach oben. Soziologen sprechen von »Statuspanik«. Wo andere Blockflöte spielen, spielt Leander Saxofon. Leander kickt nicht, er spielt Tennis oder besser noch Polo. Und wenn er als Kind davon träumt, später Müllmann zu werden, treiben ihm die Eltern diese Flausen schnell aus. Sie wollen, dass »etwas aus ihm wird«, Ingenieur zum Beispiel oder Arzt. Da ist man gesellschaftlich anerkannt und verdient nicht schlecht.

Ihr Motto: Jetzt bloß keine Chance zur besseren Ausbildung der Kinder versäumen. Gerade diese Sandwichposition zwischen dem Drängen von unten und der zumindest theoretischen Möglichkeit, nach oben alles zu erreichen, verschärft den Druck. Er nimmt die verunsicherten Eltern im Kinderprojekt von zwei Seiten in die Zange:

- Der Bildungsdruck definiert Bildung als Ticket für Aufstieg und Erfolg. So bewerten überwältigende drei von vier Eltern den Schulabschluss ihres Kindes als »persönlich sehr wichtig«. Verstört durch die PISA-Ergebnisse ist die Auffassung Konsens geworden, dass der zeitliche Korridor für die richtige Weichenstellung äußerst eng ist. Es gilt, keine Chance auszulassen, um Söhne und Töchter fit für den drohenden globalen Wettbewerb zu machen – sonst ist der Zug abgefahren. Schulische Belange dominieren den Familienalltag, Bildung wird verstärkt privat eingekauft.
- Der Erziehungsdruck resultiert aus der allgemeinen Forderung, möglichst viel Zeit mit den Kindern zu verbringen. Damit kollidiert er mit dem Totalitätsanspruch, den auch die Arbeitswelt für sich erhebt (siehe das Kapitel »Karriereturbo mit Fehlzündung«). Oft wird der Effekt noch verstärkt durch eine finanzielle Komponente, da das Geld, das in private Bildungsanbieter investiert wird, auch irgendwo herkommen muss. Die eigentliche Erziehung ist deshalb pragmatisch, kurzfristig und situationsorientiert. Paradoxerweise verstärkt die Flut der (einander nicht selten widersprechenden) Ratgeber das Gefühl der Verunsicherung noch. Dennoch ist die Faszination von Titeln wie *Jedes Kind kann Regeln lernen* ungebrochen: 2008 hat sich der Markt für Elternratgeber nahezu verdoppelt. Allein die Psychologin Annette Kast-Zahn kommt mit ihren Büchern auf eine Gesamtauflage von 1,6 Millionen.

In Kindergarten und Schule lernt man fürs Leben, heißt es. Doch wie es scheint, lernt man nicht genug für das Leben im 21. Jahrhundert. Bei vielen Eltern mag das nur ein vages Gefühl sein, doch die Lebenslaufforschung bestätigt es: Subjektiv sind Biografien offener geworden, sozialer Aufstieg einfacher. Sozialstrukturell allerdings ist der Lebensweg auch heute noch von einer Reihe nur schwer verrückbarer Determinanten abhängig, zu deren wichtigsten tatsächlich Bildung zählt. »Verrate mir deinen Bildungsabschluss, und ich sage dir, welche Art von Beruf du ergreifst, wie viel du verdienst, wen du heiratest und wie gesund du sein wirst«, fasst der Erziehungswissenschaftler Jürgen Baumert den Forschungsstand zusammen.[17] Es wird also gefördert, so gut und so früh wie eben möglich, um den perfekten Start ins Leben zu garantieren.

Seit zudem die Hirnforschung zur wissenschaftlichen In-Disziplin geworden ist und beinahe im Wochenrhythmus neue Erkenntnisse ausspuckt, ist sie – und mit ihr eine Schar selbsternannter Neurodidakten – zum Sekundanten einer aufstrebenden Frühförderindustrie geworden. Ihr Credo: In den ersten Jahren ist die Rendite von Investitionen in die eigene Bildung am höchsten. Es geht um das Vernetzen von Synapsen, um die Koordination von rechter und linker Gehirnhälfte, um Zeitfenster für optimales Lernen, die sich auf mysteriöse Weise öffnen und erschreckend schnell wieder schließen. Es geht darum, dass Säuglinge bis zum Ende des ersten Lebensjahres alle hundert Phoneme der Weltsprachen unterscheiden können – und danach nie wieder. Im Grunde geht es aber immer um eines: dem Nachwuchs einen Startvorteil zu verschaffen in dem Rattenrennen, das Eltern für die Zukunft erwarten. Jedes vierte Kind bis acht Jahre wird mittlerweile zur Fördertherapie geschickt. Das Zauberwort heißt Chancenmaximierung. »Studien zeigen, dass eher aufs Gymnasium kommt und besser bei PISA abschneidet, wer in der Krippe war«, sagt Christina Anger vom Kölner Institut der deutschen Wirtschaft (IW). Diesen Effekt wollen viele Eltern mit zusätzlicher Förderung potenzieren.

Von diesem Drang profitiert eine boomende Branche. Im Bereich Frühpädagogik gilt Deutschland als der am schnellsten wachsende Markt weltweit. 125 Milliarden gieriger Gehirnzellen warten schließlich in den ersten drei Lebensjahren auf Kost – welche gutmeinende Mutter brächte es übers Herz, ihnen diese zu verweigern? Wer als Schwangere glaubt, es genüge, auf Marlboros und Prosecco zu verzichten, macht sich der Beihilfe zum Karrieremord schuldig. Es gibt keine Entschuldigung mehr, jetzt, wo auch der letzte Hinterwäldler auf der Schwäbischen Alb begriffen hat, dass das Hirn gerade in der Zeit vor der Einschulung Höchstleistung bringt – wenn man es denn nur lässt.

Das Drama des begabten Kindes: Wo Leander überall seine Potenziale ausschöpfen könnte

Der Markt bietet alles, was für einen erfolgreichen Start in die Globalisierung notwendig ist: Englischkurse etwa von Happy Young Learning, Starchild English oder vom Marktführer, den Helen-Doron-Sprachzentren, wo Babys wohlig glucksen oder schlafen und dennoch binnen drei Monaten 550 englische Wörter aufsaugen. Im Jahr 2007 gingen 23 000 Kinder hierher, ihre Zahl verdoppelte sich jährlich, alle paar Wochen eröffnete eine neue Filiale. Wer Englisch zu old-fashioned findet, kann sein Kind am China Coaching Center ja Chinesisch lernen lassen.

Sprachen sind aber nicht alles. Mithilfe von »Baby Einstein«, »Baby Bach« oder »Baby Shakespeare«, von Walt Disney auf DVD oder CD gebannt, können sich die Kleinen, angeleitet von niedlichen Stoffhasen, mit den großen Kulturgütern vertraut machen.

Mit dem derzeit wohl ehrgeizigsten Förderprogramm allerdings wartet das amerikanische Unternehmen Fastrackids auf, das 2007 mit einer Filiale in Berlin startete. »Ist Ihr Kind darauf vorbereitet, in unserer sich ständig verändernden Welt Erfolg zu haben?«, heißt es auf der Homepage listig, ein Appell an die Urangst der 21-Century-Parents, die wichtigste Zeit im Leben ihrer Kinder mit Sandkasten und schnöden Malbüchern zu verplempern. Der Lehrplan des Bildungskonzerns dagegen liest sich wie eine Mischung aus gymnasialer Oberstufe und Traineeprogramm in einem internationalen Konzern: Mathematik, Technologie, Kreativität, Astronomie, Rhetorik und Kreativität sollen die Drei- bis Sechsjährigen lernen. Dazu Ökonomie (»Sie nehmen an einer imaginären Marktstudie teil und denken sich eine Werbestrategie aus«) sowie das Fach »Ziele und Lebensstrategien«. Das komplette Angebot für zwei Jahre kostet 3 000 Euro, abschrecken lassen sich davon nur wenige. Denn, so Angelika Mensler-Bielka, Geschäftsführerin von Fastrackids, »wir wollen den Kindern einfach die bestmöglichen Voraussetzungen mitgeben. Zwischen drei und sechs Jahren sind sie besonders aufnahmefähig, diese Phase wollen wir optimal nutzen.« Sogar in den Pausen wird keine Zeit verdödelt: Zur Auflockerung hüpfen die Kleinen um die Bänke herum, immer linker Ellbogen, rechtes Knie, rechter Ellbogen, linkes Knie, so werden beide Gehirnhälften aktiviert. Das kann nie schaden.

Trotz hochtrabender Firmenphilosophie und technischem Schnickschnack ist der Unterricht dann doch sehr bunt. »Hallo, ich bin ein Kreis, es ist so schön, euch kennenzulernen«, quäkt in Mathematik eine Stimme aus dem Lautsprecher, und in der Technologiestunde erzählen zwei Comictiere, was eigentlich ein Mikroskop macht.

Einst galten Lokführer, Polizist oder Müllmann als die Traumberufe der ganz Kleinen – bei Fastrackids bereiten sich nun Fünfjährige auf den Traumjob Manager vor. »Tomorrow's leaders« sollen hier laut Eigenauskunft ausgebildet werden, die Führungskräfte von morgen. Das Ziel: schnell, klug, mobil. Fastrackids unterrichtet weltweit in rund vierzig Ländern, mit den gleichen Inhalten und den gleichen Methoden, damit Kinder bei einem Umzug von München-Grünwald nach Peking oder New York keine Nachteile haben. Der Konzern hat den Ehrgeiz globalisiert.

Lernforscher streiten noch darüber, ob das Wissensbombardement, das über Säuglingen und Kleinkindern niedergeht, diese tatsächlich klüger werden lässt. Für die Wissenschaft ist das sicher eine spannende Frage, doch in Wahrheit geht es gar nicht (nur) darum, die Kinder klüger zu machen – sondern die Eltern glücklich. Viele Frauen in der Mittelschicht geben für ihr Kind ihren Beruf zumindest zeitweise auf; die Leidenschaft, die früher in den Job gesteckt wurde, wird nun ins Kind investiert. Und dieses Zurücktreten soll sich wenigstens lohnen. Dazu passt der Befund, dass eine wachsende Zahl von Eltern ihre Kinder für hochbegabt hält – auch wenn der tatsächliche Anteil von Kindern mit einem IQ jenseits der 130 Punkte konstant bei rund 2 Prozent liegt. Ein hochbegabtes Kind ist in manchen Kreisen ein Prestigesignal wie ein Designer-Sofa. Ein gefundenes Fressen für Psychologen, die Intelligenzdiagnostik anbieten (für 250 Euro und mehr), oder für Privatschulen, die besonders intensive Förderung versprechen.

Die Frühförderung erhöht also nicht nur – vielleicht – den Bildungsstand der Kleinen, sie steigert auch das Selbstwertgefühl der Eltern. Es wird signalisiert: Wir kümmern uns, wir nehmen unsere Verantwortung ernst – im Unterschied zur Unterschicht, die ihre Brut mit Zuckercola vor die Glotze packt. Es ist ein Statussymbol, wie einst ein Mercedes, nur dass dieses viel subtiler funktioniert, wie eine Zeitbombe, die erst in einigen Jahren die volle Wucht der Detonation entfaltet. Dann, wenn sich Leander (der bei Fastrackids war) und Kevin (der in dieser Zeit zum Experten für das Programm auf RTL II gereift ist) um ihre Arbeitsplätze bewerben.

Bisweilen allerdings entfalten die Statussymbole ihre Distinktionskraft schon wesentlich früher, etwa in den Luxuskinderkrippen, die in den vergangenen Jahren entstanden sind. In Einrichtungen wie der frühklassizistischen »Villa Ritz« in Potsdam steht nicht schnödes Sandkastenspiel auf dem Programm, sondern mehrsprachige Betreuung, Bionahrung, Musizieren auf Orff-Instrumenten, Yoga und Chinesischunterricht.

Ein ähnliches Angebot halten die »Little Giants Learning Center« bereit, hier ist offensichtlich schon der Name als Marschbefehl zu verstehen. Mit kreativem Kindertanz und Feinmotorikübungen, die auf das Schreiben vorbereiten sollen, werden die Kids auf die harte Auslese der globalisierten Welt vorbereitet. Sogar die Musikuntermalung beim Frühstück folgt einem Konzept: Mozart gilt als kreativitätsfördernd, während Bach im Ruf steht, das mathematische Verständnis zu trainieren. Dass all das bei den Privaten seinen Preis hat – die Gebühren betragen leicht das Mehrfache einer städtischen Einrichtung und erreichen nicht selten 1 000 Euro und mehr im Monat –, schreckt kaum jemanden ab, die Nachfrage übersteigt oft das Angebot. Waren Kindergärten also lange Orte, an denen der Nachwuchs möglichst zuverlässig und unfallfrei beaufsichtigt werden sollte, gelten sie heute als erste Sprosse auf der Karriereleiter. Entsprechend schnellte der Markt, der vom Optimierungsstreben der Eltern profitiert, in den vergangenen Jahren nach oben: Die Zahl der privat-gewerblichen Kindertageseinrichtungen (also ohne die privat-gemeinnützigen wie etwa von kirchlichen Trägern) stieg laut Statistischem Bundesamt von rund 200 im Jahr 2002 auf knapp 700 im Jahr 2008.

Der elterliche Wunsch, die Startchancen ihrer Kinder zu erhöhen, ist natürlich höchst verständlich. Die Frage ist, warum er dazu führt, dass private Einrichtungen so stark profitieren. Denn eins ist allgemein anerkannter Konsens unter besorgten Eltern: Das staatliche Angebot reicht längst nicht mehr aus. Bildung ist zu wichtig, als dass man sie überforderten Halbwüchsigen in der städtischen Tageskrippe oder unmotivierten Lehrerbeamten an öffentlichen Schulen überlassen könnte. Der Nachwuchs soll funktionieren. Also machen Väter und Mütter, die – wie beschrieben – auch beim »Projekt Kind« als Unternehmer ihrer selbst agieren, genau das, was jeder Firmenlenker tun würde: Sie suchen das beste Angebot, sie vergleichen, sie wählen aus, sie optimieren ihr Investment.

Dass private Anbieter in diesem Prozess immer beliebter werden, mag zum Teil an ihren klassischen Stärken liegen: besseres Betreuungsverhältnis, intensivere Förderung, eigene Turnhallen und Musikräume, Essen vom Biobauern statt aus der Tiefkühltruhe. Der Run auf die Privaten hat aber eine zusätzliche mentale Ursache, die direkt aus dem Perfektionsgedanken selbst entspringt: Beide, private Anbieter und Eltern, betrachten Bildung und Erziehung als etwas, das es laufend zu optimieren gilt. Sie befriedigen die elterliche Sehnsucht, ihr Kind möge etwas Besonderes sein und verdiene besondere Förderung. Diese Förderung ist eine Leistung, die sie anbieten – und für die sie Geld nehmen. Umgekehrt sind Eltern keine nervigen Störer mehr, sondern Kunden. Wenn ihnen etwas nicht passt, können sie sich per E-Mail beschweren – und dann ändert sich meist auch etwas. Staatlichen Kindergärten ist diese marktwirtschaftliche Perspektive oft noch fremd.

Was Hänschen nicht lernt ... Die Wunderwaffen in der Chancenschlacht

In den privaten Schulen, der nächsten Stufe, ist der individualistische Ansatz sogar noch ausgeprägter. »Wir wollen jeden Schüler ganz speziell nach seinen Begabungen fördern, wie es das klassische Schulsystem in dieser Intensität oft nicht leisten kann«, erklärt Celia Budge, die Leiterin der privaten Phorms-Schule in Hamburg. Budge kommt aus England, sie trägt Perlenohrringe und braunen Pullunder zu braunen Haaren, sie ist eine nette Dame mit einem Schuss gutmütiger Oma. Doch ihr Konzept ist komplett der Zukunft zugewandt: Der Name »Phorms« leitet sich etwas umständlich von »Form« und »Metamorphose« ab und soll die maßgeschneiderte Entwicklung kleiner Wesen zu aufgeweckten Hochleistern symbolisieren – innerhalb klarer Strukturen und fest definierter »Meilensteine«. Unabhängige Lerner mit kritischem Blick, Selbstvertrauen und unternehmerischen Fähigkeiten will die Schule laut Homepage formen, denn »nur so begegnen sie den Anforderungen des 21. Jahrhunderts auf Augenhöhe«.

Phorms-Gründer Alexander Olek erzählt Journalisten gern die Geschichte, wie er (faul, aber intelligent) unter dem staatlich-deutschen Schulsystem gelitten und trotz späterer Promotion ein miserables Abi hingelegt habe, weshalb er im August 2006 die erste Phorms-Schule in Berlin startete. 2009 gab es bundesweit schon mehr als ein halbes Dutzend Schulen, meist Grundschulen, zunehmend auch Gymnasien. In München standen 2 000 Kinder auf der Warteliste, in Frankfurt 1 000. Der Andrang auf das Konzept ist groß: Ganztagsunterricht, kleine Klassen mit je zwei Lehrern, statt Schiefertafel ein »smart board« mit Touchscreen und Internetanschluss, Laptop-Zugang für jeden Schüler, dazu Wahlfächer wie Konzert und Chor, Spanisch oder Mandarin, Gehirnjogging, Bildhauerei oder Theater. Umgangssprache ist Englisch, statt Frontalunterricht gibt es kleine Lerngruppen, und jeder Schüler signalisiert mit Ampelkarten, ob er alles verstanden hat.

In den Klassenräumen herrscht ein gemütliches Chaos aus Kuscheltieren, Pulten und Stiften. Die kleine Nina liest in der Ecke, während Frederick Wörter mit »ch« sucht (»Das Dach hat ein Loch«). Nachher beim gemeinsamen Mittagessen werden sie Mozart hören, weil seine Musik oft sechzig *beats per minute* hat, was exakt dem Ruhepuls entspricht. Wenn das Kindergeplapper die Musik übertönt, hebt ein Schüler die Hand, und alle beruhigen sich etwas. Jeden Morgen gibt es eine »assembly«, in der aktuelle Probleme diskutiert werden; die Disziplin wird durch ein Bonussystem mit Sternen zum Aufkleben befördert. Einen »silver star« gibt es etwa, wenn ein Kind ein anderes tröstet oder die Klasse als guter »line leader« sicher in die Pause führt. »Höflichkeit, Kleidungs- und Tischsitten sind uns wichtig«, sagt Budge. »Wir vermitteln traditionelle Werte mit modernen Methoden.«

Disziplin statt Heidschibumbeidschi, dazu aber Lob statt Rohrstock: Das ist ein Mix, der die bildungsorientierte Mittelschicht aus Ärzten, Anwälten, Ingenieuren und Journalisten fasziniert, ebenso wie der Leistungsansatz, der das Konzept prägt: Die kleinen Bewerber müssen Aufnahmetests machen; die Lehrer werden regelmäßig bewertet und erhalten bei guten Resultaten einen Bonus – undenkbar an Staatsschulen. »Gute Erziehung sollte messbar sein und wirtschaftlich belohnt werden«, sagt Budge. Wenn Qualitätsmaximierung das Ziel ist, dann ist Geld nun mal der beste Treibstoff.

Da ist es nur konsequent, wenn Phorms auch Gewinne erwirtschaften will. Die Schulgebühren sind nach Einkommen gestaffelt und betragen etwa für die Grundschule zwischen 70 und 850 Euro. Aber das ist nicht das Entscheidende. Eigentlich müssen Privatschulen gemeinnützig sein, doch Olek hat ein hübsches Schlupfloch gefunden: Über den einzelnen (gemeinnützigen) Schulen steht als Mutter eine Aktiengesellschaft, die ihnen Geld leiht, Dienstleistungen verkauft – und Gewinn machen darf. Für die Gründung sammelte Olek Kapital bei Privatinvestoren, mittelfristig plant er eine Rendite von rund 7 Prozent. Denn Phorms will nicht nur vierzig weitere Schulen gründen und ins Ausland expandieren; die Kette bietet auch Dienstleistungen rund um die Schule an – IT-Services, Fortbildungen, Schuluniformen. In ein paar Jahren, so der Plan, soll jeder, der Phorms hört, an Bildung denken. Eine Marke wie Cambridge oder der Klett Verlag.

Mit dem modernen Konzept und dem Anspruch, auf dem Optimierungswunsch der Eltern ein Geschäftsmodell zu errichten, stehen die

Phorms-Anstalten stellvertretend für den beispiellosen Triumphzug, den die Privatschulen in den vergangenen gut 15 Jahren absolviert haben. 2009 gab es rund 3000 allgemeinbildende private Schulen in Deutschland, seit 1992 ist ihre Zahl um mehr als 50 Prozent gewachsen – und jedes Jahr kommen hundert neue dazu. Selbst die allzu großer Bildungsbeflissenheit unverdächtige *Bild-Zeitung* veröffentlichte die »Große Service-Serie« zum Thema, und in den neuen Bundesländern, wo sich die Zahl der Privatschulen seit 1992 nahezu verfünffacht hat, mussten schon staatliche Schulen schließen, weil zu viele Schüler privatisierten. Besuchten 1992 nur knapp 5 Prozent der Schüler eine allgemeinbildende private Einrichtung, waren es 2007 fast 7,5 Prozent (also rund 700 000 Schüler); allein in den zehn Jahren zwischen 1995 und 2005 ist ihre Zahl um fast 30 Prozent gestiegen. Vor allem private Grundschulen können sich vor Anmeldungen oft kaum retten, manche haben zehnmal mehr Bewerber als Plätze. »Nach PISA nehmen die bildungsnahen Schichten nicht mehr einfach hin, was ihnen der Staat bietet«, sagt Bildungsforscher Helmut Klein vom Institut der deutschen Wirtschaft (IW), »sie vermuten bei den Privaten höhere Kompetenz zur Optimierung des Potenzials ihrer Kinder.«

Je nach Art der Schule liegt das Schulgeld zwischen 50 und mehr als 1000 Euro im Monat. Zwar befinden sich vier von fünf Privatschulen in kirchlicher Trägerschaft (auf Platz zwei liegen die Waldorfschulen), doch gerade das Restsegment wächst besonders kräftig. Und häufig weiß man dort, wie eben bei Phorms oder der Frankfurter Metropolitan School von Ex-Investmentbanker Peter Ferres (Schauspieler-Schwester Veronica sitzt im Beirat), dass man mit der Ressource Kind auch Geld verdienen kann. Zumal wenn der Staat nach einer Anlaufphase die Schulen als »Ersatzschulen« anerkennt und, je nach Bundesland, Zuschüsse in Höhe von 70 bis 90 Prozent der Kosten zahlt, die für Schüler einer staatlichen Schule anfallen. Wenn das nicht reicht, aber gleichzeitig die Gesetze aus Gründen der sozialen Gerechtigkeit höhere Gebühren verbieten, werden die besser Betuchten unter den Eltern auch gerne nachdrücklich zu »Spenden« aufgerufen.

Die Kombination aus neuem Leistungsethos und gestiegenen Ansprüchen an die Penne zeigt sich auch im Run auf die Internate. Ihre

Zahl wächst zwar nicht so stark wie die der privaten Schulen, doch ihr Kundenkreis und Image hat sich geändert: weg von reinen Eliteinstituten oder Verwahranstalten für reiche Problemfälle, hin zu Optimierungsstätten für die Mittelschicht. Der Rohstoff Kind soll veredelt werden, und wo ginge das besser als auf Salem, St. Blasien im Schwarzwald oder Gut Haubinda, wo schon das lichte Fachwerk, die von den Schülern selbst beschnittenen Obstbäume und die anspruchsvollen Lehrpläne Selbstständigkeit und Pflichtbewusstsein zu atmen scheinen. Gut 40 000 Schüler besuchen bundesweit rund 250 Internate, nur jedes vierte befindet sich in öffentlicher Trägerschaft. Kostenpunkt: zwischen 300 und 3 000 Euro im Monat, plus Taschengeld und Reisekosten. Zunehmend populärer werden auch Top-Drillanstalten im Ausland, wie das britische Eton (rund 30 000 Euro im Jahr) oder das Collège Beau Soleil (60 000 Euro Schulgeld im Jahr inklusive Nebenkosten), die mit straffem Tagesplan, bunt gemischten Nationalitäten und üppiger Lehrausstattung den Nachwuchs vorbereiten auf den Berufseinsatz in der Operation globale Karriere. Rund 5 000 Deutsche drücken allein in britischen Internaten – den beliebtesten – derzeit die Schulbank.

Wer nun glaubt, den Imperativ der Optimierung ganz lässig an einer staatlichen Lehranstalt aussitzen zu können, wird enttäuscht werden. Weil immer mehr Gymnasiasten Abitur machen (derzeit rund 25 Prozent eines Jahrgangs), steigen auch hier die Ansprüche: Die Nachhilfezahlen explodieren, der Stress unter Schülern wächst, der Stoff aus 13 wird jetzt in 12 Jahren durchgepaukt – Grund auch hier: das Ausbügeln des Wettbewerbsnachteils. Die Klagen von Schülern und überforderten Eltern gehen regelmäßig durch die Presse. Was dabei meist unter den Tisch fällt: Das Grundprinzip der Optimierung wird kaum in Frage gestellt. Gerade die Eltern, die am lautesten über den gestiegenen Druck klagen, zweifeln am wenigsten am Konsens, dass Bildung – und ihre Perfektionierung – eine mächtige Waffe im sozialen Wettbewerb ist. Sie haben nur Angst, dass sie in dem Wettbewerb verlieren. Und antworten mit der nächsten Optimierungsumdrehung.

So ist es für die ganz schlauen Schüler längst üblich, im Rahmen eines »Frühstudiums« schon während der Schulzeit an der Uni Vorlesungen zu besuchen und Scheine zu machen. Für alle anderen gilt: Wer an der Uni etwas werden beziehungsweise überhaupt erst einmal angenommen werden will, tut gut daran, schon während der Schulzeit mal ein Jahr ins Ausland zu gehen, Schülersprecher zu werden und sich diverse Zusatzqualifikationen sowie das entsprechende außerschulische Engagement draufzuschaffen.

So wie die 16-jährige Nadine, weiß-rosa gestreifter Pullover, schmale goldene Uhr, lange schwarze Haare und ein paar helle Sommersprossen, die ich beim »Girls Day« im Spiegel-Verlag kennenlernte. Nadine singt im Chor, spielt Tennis, ärgert sich, wenn eine Klassenarbeit nur mit »Gut« bewertet wird, und hat gerade von Polo zu Lacrosse gewechselt, »weil man da schneller Fortschritte macht«. Als ich sie traf, hatte ihr Vater gerade vorgeschlagen, ihr Französisch mit einer Privatlehrerin aufzubessern, die zu ihr nach Hause kommen sollte. Das Problem ist nur: Nadines Terminkalender ist jetzt schon so voll wie der eines Spitzenpolitikers, selten kommt sie vor eins ins Bett, steht aber eisern um sechs Uhr morgens auf. »Manchmal frage ich mich, ob das nicht doch zu wenig Schlaf ist in meinem Alter«, sagt sie kokett mit dem selbstbewussten Habitus eines Menschen, der es buchstäblich seit Kindesbeinen gewohnt ist, alles im Griff zu haben. Wertvolle Lebenszeit zu vergeuden, das kommt für sie und viele ihrer Altersgenossen nicht in Frage. Lieber feilen sie zielbewusst an ihrer Persönlichkeit. So werden die Optimierungsstrategien der Eltern an den Nachwuchs weitergereicht.

Der Creaming-Effekt oder warum Gras zwar nicht schneller wächst, wenn man daran zieht – aber mehr Gewinn abwirft

Ob Säuglingspflege, Kindergarten oder Schule – der Start ins Leben hat sich also gewandelt von einem Stadium, das mit einer Mischung aus Blauäugigkeit und Langeweile abgesessen wurde, zum ersten – und angeblich wichtigsten – Abschnitt im Parcours des Lebens. Die Angst, die Nachkommen könnten später den Anschluss verpassen, treibt die elterliche Perfektionierungsmaschine an. Wie jede Investition ist auch die in den Nachwuchs eine Wette auf die Zukunft – niemand kann genau vorhersagen, ob und in welchem Ausmaß sie sich auszahlt. Bis dahin allerdings wird etwas anderes maximiert – die Umsätze der kleinen Industrie, die sich rund um das Investitionsobjekt Kind gebildet hat.

Da sind Schulbuchverlage wie Klett, die in das boomende Privatschulgeschäft einsteigen, um ihr wegen sinkender Schülerzahlen schwächelndes Kerngeschäft zu stützen. Mit seinem »Klett College« ist der Verlag auch aktiv im stark wachsenden Markt für Nachhilfe – ebenso wie der Dudenverlag und Cornelsen mit seinem »Studienkreis«, der an mehr als tausend Standorten Lernzentren unterhält. Weil ständiges Optimieren allgemein anerkannt ist, gilt Nachhilfe nicht als Makel, sondern als kluge Investition. Tatsächlich sind vier von fünf Freizeitbüfflern gar nicht versetzungsgefährdet – sie wollen trotzdem bessere Zensuren. Die Optimierung erreicht auch hier gewaltige Ausmaße: 4000 private Institute wie den »Studienkreis« oder die »Schülerhilfe« gibt es in Deutschland, eine Million Schüler nimmt Nachhilfe in Anspruch, der Gesamtmarkt setzt Schätzungen zufolge zwischen 1 und 3 Milliarden Euro im Jahr um. Wie andere an der Nachsitzfreude der Schüler verdienen, zeigt exemplarisch die Franchise-Kette »Schülerhilfe«: Rund 70 000 Schüler bescherten ihr und den Partnern 2008 einen Umsatz von 85 Millionen Euro – mehr als 30 Prozent Steigerung gegenüber 2004. 2007 übernahmen Finanzinvestoren für mehr als 500 Millionen US-Dollar den Pädagogikkonzern »Educate«, zu dem auch die »Schülerhilfe« gehört – und befahlen zweistellige jährliche Wachstumsraten.

Da sind die Privatschulen, die zwar offiziell keinen Gewinn machen dürfen, diese Regelung aber auch umgehen können, wie das Beispiel Phorms zeigt. Und da sind die Unmengen an Frühfördereinrichtungen und -angeboten wie Pekip, Kinderyoga und Musikerziehung. Dazu Ketten wie das »Science-Lab«, das naturwissenschaftliche Experimentierstunden ausrichtet, oder der japanische Anbieter Kumon, wo Kinder bei laufender Stoppuhr Mathe pauken. Allein der Disney-Konzern setzt mit seinen »Baby Einstein«-, »Baby Bach«- und anderen Baby-Produkten jedes Jahr gut 200 Millionen US-Dollar um. Und wenn die zu Fördernden älter werden, versiegt der Geldstrom keineswegs: Internats-Coachs wie die Münchner Euro-Internatsberatung fordern bis zu 20 Prozent einer Jahresgebühr als Provision, das sind schnell mehrere tausend Euro.

Da sind weiter, ein wenig versteckt, aber umso effizienter, Unternehmen, die mit Frühförderung kein Geld verdienen wollen – im Gegenteil, sie spenden noch große Summen dafür. So unterstützen Siemens, SAP und McKinsey das »Haus der kleinen Forscher«, in dem Erzieher in Naturwissenschaften geschult werden. Banker unterrichten Wirtschaft an Berliner Schulen; die Unternehmensberater der Boston Consulting Group (BCG) spornen Schüler der Klassen 10 bis 13 im Projekt »Business@school« zu eigenen Geschäftsideen an und helfen beim Erstellen eines Business-Plans. Solche Initiativen zur schulischen Förderung durch Firmen wachsen rasant. Das ist freundlich von den Unternehmen und sehr gemeinnützig – tatsächlich profitieren sie natürlich davon, wenn die Schüler möglichst früh die begehrten ökonomischen und naturwissenschaftlichen Grundlagen lernen, von denen später so viel abhängt und die die Firmen ihnen sonst mühsam und kostenintensiv beibringen müssten. Und wenn der eine oder andere intelligente Jugendliche im Rahmen der Förderprojekte die Vorzüge der sponsernden Firmen kennenlernt – umso besser.

Und nicht zuletzt profitiert – der Staat. Laut einer Studie des Instituts der deutschen Wirtschaft verzinsen sich klug eingesetzte staatliche Gelder für frühkindliche Förderung mit einer Rendite von 8 Prozent – durch weniger Arbeitslose, mehr Abiturienten, mehr hoch qualifizierte Jobs, mehr Steuereinnahmen. Für die gesamte Volkswirtschaft liegt die

Rendite gar bei 13 Prozent – da kann man verstehen, warum Siemens, McKinsey und andere so fleißig die Schulen besuchen. Zudem profitiert der Staat bereits jetzt (und nicht erst in ferner Zukunft durch die Bildungsrendite), weil er den anerkannten privaten Schulen nicht immer die volle Fördersumme auszahlt – die öffentlichen Haushalte werden dadurch um fast 2,5 Milliarden Euro entlastet.

Wir haben jetzt gesehen, wer alles vom Optimierungsstreben rund um Kindheit und Schule profitiert. Aber war da nicht noch was? Ach ja, die Geförderten selbst. Immerhin ließe sich einwenden: Wenn bei all der Frühförderung, dem Drill in der Schule, den Internaten, der Nachhilfe und der Mathematik für Säuglinge ein paar Leute mitverdienen, dann ist das doch kein Beinbruch. Hauptsache, Leanders Chancen in der globalen Konkurrenz verbessern sich.

Genau das ist alles andere als sicher. Dass außer der Bildungsindustrie selbst auch ihre kleinen Kunden in dem versprochenen Ausmaß profitieren, ist nicht bewiesen. Zahlreiche Bildungsforscher und Neurobiologen kritisieren etwa die Lernmethoden vieler frühkindlicher Sprachschulen als »Reizüberflutung« und »völlig absurd«. Bislang liegen keine Erkenntnisse vor, dass das frühe Englischpauken dem Nachwuchs Vorteile im Spracherwerb sichert. Generell sei die Vorstellung vieler Eltern, sie müssten die Architekten der Kindergehirne sein, »der reinste Wahnsinn«, sagt die Zürcher Lernforscherin Elsbeth Stern.

Einen »geradezu narzisstischen Stellenwert« habe das Kind in der Gesellschaft erlangt – nicht immer zu seinem eigenen Vorteil, kritisiert der Psychiater und Bestsellerautor Michael Winterhoff. Für viele der »very important babys« ist es nicht unüblich, noch im Krabbelalter einen vollen Sozial- und Lernplan zu haben, mit zwanzig Monaten zum Französischunterricht, zur Musiktherapie oder ins Fitnessstudio gebracht zu werden. »Generation Rücksitz« spottet der *Spiegel* über die rastlos Herumkutschierten. Soziologen nennen das überdrehte Herumschwirren der Eltern in der Hoffnung auf die bestmögliche Forderung »Over-Scheduling« oder »Helicopter-Parenting«. Und warnen davor, der Nachwuchs drohe dadurch unselbstständig und ängstlich zu werden – und nicht unbedingt klüger.

Denn Gras wächst auch nicht schneller, nur weil man daran zieht.

Kleinkinder erfassen die Welt nicht abstrakt, sondern spielerisch-experimentell. Sie müssen Dinge bis zum Ende untersuchen können – auch wenn es sich gerade um den großen Zeh handelt. Wenn da plötzlich jemand mit dem ABC wedelt, stört er wichtige Entwicklungsschritte. Und Albert Einstein hat weder von Fastrackids noch von Early English je gehört – der Großphysiker war angeblich ein dickliches Kind, das gern still in der Ecke saß und nichts tat.

Der Forschungsstand ist also uneindeutig, und das gilt auch für die Privatschulen. Zwar sind nach einer Allensbach-Umfrage zwei Drittel der Deutschen überzeugt, diese eröffneten ihren Kindern bessere Bildungschancen. Tatsächlich bringen Privatschulen im Verhältnis zur Schülerzahl in einigen Bundesländern oft deutlich mehr Abiturienten hervor als staatliche Anstalten; im internationalen Vergleich liegen die Schülerleistungen meist signifikant höher als an Staatsschulen.»Wettbewerbliche Schulsysteme erreichen bessere Leistungen mit weniger Geld«, konstatiert der Münchner Bildungsexperte Ludger Wößmann, der die Effizienz von Privatschulen in mehreren Ländern untersucht hat.[18] Allerdings liegt insgesamt die Abiturquote mit 86,1 Prozent an privaten Gymnasien nur unwesentlich höher als an staatlichen (85,9 Prozent). Auch das Vorurteil von den kleineren Klassen hält einer Überprüfung nicht stand: In Wahrheit waren laut einer Untersuchung der Statistischen Bundesämter die Klassen in den Privatschulen sogar etwas größer als in den staatlichen. Und gerade die staatliche Grundschule ist moderner, als viele glauben, der Frontalunterricht vielerorts abgeschafft, in fast allen Bundesländern steht Englisch ab Klasse drei auf dem Stundenplan, im internationalen Leistungsvergleich landen die deutschen Schulen im oberen Viertel.

Vor allem aber ist da noch der »Creaming Effect«, also die Konzentration leistungsfähiger und motivierter Schüler aus wohlsituierten Elternhäusern an Privatschulen: Rechnet man diesen sozioökonomischen Hintergrund der Eltern heraus, schnurrt der Vorsprung der Privaten drastisch zusammen beziehungsweise ist kaum noch sichtbar, erklärt IW-Bildungsforscher Klein. Im Bereich der Haupt- und Realschulen schneiden die Privaten dann zwar oft immer noch besser ab. Ironischerweise jedoch nicht bei den Gymnasien – also genau dort, wo sich der Bildungsehrgeiz der Mittelschicht besonders heftig austobt.[19]

Einen ähnlichen ironischen Schlenker vollführt die Frühförderungs-euphorie ausgerechnet da, wo sie besonders modern und international daherkommt. Fastrackids etwa ist in Dutzenden Ländern rund um den Globus aktiv. Das verspricht Internationalität und Weltläufigkeit – bedeutet aber auch, dass die kleinen Chinesen, Inder und Russen exakt gleich gefördert werden. In China etwa üben sich Fünfjährige bereits in Managementtechniken wie Präsentation oder Diskussion; jeder Jugendliche wächst im Bewusstsein auf, mit 1,5 Milliarden Menschen zu konkurrieren. Der Wettbewerbsvorteil, den der kleine Leander aus München bei Fastrackids erworben zu haben glaubt, ist da ganz schnell wieder futsch.

Ein Vorteil ist eben nur dann einer, wenn die anderen ihn nicht haben. So machen die Frühförderung und die neue Lust am Bildungsdrill ein grundlegendes Problem des Strebens nach Perfektionierung deutlich: Optimierung ist wie Wettrüsten. Man muss immer weitermachen, sonst ist der Vorsprung weg. Oder wie es Nadine beim Girl's Day sagte. »Wenn alle auf die Stühle steigen, fällt gar nicht mehr auf, dass man selbst oben steht.« Plötzlich ist das »Oben-Stehen« gar nichts mehr wert, weil es so inflationär geworden ist. Es ist ein grundlegender Widerspruch des Strebens nach Optimierung, dem wir im Verlauf des Buches noch häufig begegnen werden.

Es ist sogar noch schlimmer: Die individualisierte Gesellschaft bietet nicht nur schier unendliche Möglichkeiten zur Optimierung – sie fordert sie auch ein. Wer in der Schlacht um die beste Chancennutzung nicht mithält, hat deshalb nicht nur verloren. Er gilt auch als zu Recht gescheitert, weil er im »fairen« Wettbewerb versagt und somit selbst für sein negatives Schicksal verantwortlich ist. Den Kindern, die heute mit fünf Monaten Englisch lernen, dürfte das – bei aller Frühintelligenz – kaum bewusst sein. Die Studierenden aber, auf der biografischen Achse die nächste Etappe, auf der sich der Drang zum Optimieren Bahn bricht, machen gerade die Erfahrung, was es eigentlich bedeutet, wenn es wirklich um die Wurst – sprich: um einen guten Job, ein gutes Leben – geht. Und sie begreifen, siehe Stühle und Oben-Stehen, dass perfekt nicht immer gut ist. Von diesem Paradox handelt das nächste Kapitel.

Generation Lebenslauf

Wie das Studium zur Zertifikatemaschine wurde

»Ja, mach nur einen Plan
Sei nur ein großes Licht!
Und mach dann noch 'nen zweiten Plan
Gehn tun sie beide nicht.«

Bertolt Brecht, Dreigroschenoper

Naturfans aus dem Ruhrgebiet schätzen das Eifelstädtchen Daun wegen seiner dichten Wälder, gut beschilderten Wanderwege und der Mineralquellen, an denen sie ihre Trinkflaschen kostenlos mit frischem Wasser auffüllen können. Für Teenager in den neunziger Jahren dagegen stellte sich die Attraktionsdichte als recht überschaubar dar. Es gab eine Disco, zwei Eisdielen (»Fontanella«) und das »Dauner Maar«, einen idyllisch gelegenen Vulkansee, in dem wir hervorragend Mädchen untertauchen konnten. Darüber hinausgehende Vergnügungen waren nur mit dem Bus erreichbar: das Kino in Bitburg (45 Minuten), das Einkaufszentrum in Koblenz (knappe Stunde), das Theater in Trier (knappe Stunde, aber schönere Strecke).

Wir wussten: Immer, wenn wir in einen Bus des örtlichen Transportunternehmens Ganser stiegen, stand Großes bevor. So auch an diesem Frühjahrsmorgen Anfang der Neunziger, an dem es nach Mainz ging, ins »Berufsinformationszentrum« (BIZ). Wir waren 17, 18 vielleicht, in unseren Walkmen liefen Kassetten von Dire Straits – und den richtigen Beruf zu finden, das stand ungefähr an 823. Stelle unserer Prioritätenliste. Natürlich gab es auch in meiner Klasse die Typen mit Hartschalenkoffer und Taschenrechneruhr von Casio, die schon seit zehn Jahren wussten, dass sie später »Leitender Angestellter« werden wollten. Doch die meisten beschäftigten sich auf der Busfahrt zum ersten Mal mit ihrem persönlichen Karrieredesign. Ich wollte Kriegsminister werden, mein bester Freund Lukas »Sexguru«.

Das BIZ in Mainz gab sich alle Mühe, unsere Träume nicht zu zerstören. In abgegrabbelten Mappen fanden sich allerlei wunderliche Berufe. Aber weil wir weder »Fachagrarwirt/in – Klauenpflege« noch Diätküchenleiter/in« werden wollten, fuhren wir unverrichteter Dinge zurück und gingen im Maar schwimmen. Weitere Anstrengungen betreffs künftiger Karriere hielten wir für unnötig. Schaun mer mal. Ein Beruf, ein Job, das würde sich alles finden. Und siehe da: Es klappte.

Heute käme niemand mehr auf die Idee, »Sexguru« als Berufsziel zu nennen. In den lichten Räumen der privaten Kölner Berufsberatung scheint die Lage ernst, auch wenn sich immergrüne Topfpflanzen und abstrakte Kunst an den hohen Wänden alle Mühe geben, eine entspannte Atmosphäre entstehen zu lassen. »Kernfindung«, 2005 gegründet, bietet Begabungsanalysen und Coaching zur Berufsfindung. Der Stundensatz ist dem Kundenkreis angepasst – Akademiker, Unternehmer, die gehobene Mittelschicht sucht für ihren Nachwuchs Entscheidungshilfe bei der Wahl des Studienfachs. »Viele sind verunsichert und fürchten, später keinen Job zu kriegen, wenn sie das Falsche studieren«, sagt Beraterin Andrea Böttcher. Doch längst nicht nur schlechte Schüler bitten um einen Termin; gerade die Guten wissen, was sie können, und haben Angst, nicht das Maximale aus ihren Talenten zu machen. Andere unterschätzen sich. Und alle versuchen, eine Balance zu finden zwischen ihren eigenen Wünschen und dem, was der Arbeitsmarkt fordert.

Nina würde in dieses Kundenprofil passen: Einserkandidatin, gut in Mathe und Physik, eine schlaksige 18-Jährige mit braunem Strubbelhaar und Levis 501, die drei Monate vor dem Englisch-Abi noch einen *native speaker* zum Üben sucht. Nina will Wirtschaftsingenieurin werden oder Juristin, sie ist unsicher, was die klügste Wahl und die beste Uni ist.

Nina ist keine Streberin, sie geht nicht mit einem Hartschalenkoffer zur Schule, sondern mit einem abgeschabten »Eastpak«-Rucksack, an den sie einen »Monrose«-Sticker geheftet hat; daneben haben ihre

Freundinnen nette Sätze gekritzelt und mit Herzchen verziert. Ganz so, wie es die Mädchen in Daun gemacht haben. In einer Sache aber unterscheidet sich Nina radikal von ihnen: Sie denkt intensiv über ihre berufliche Zukunft nach. Es gibt so viele Möglichkeiten, so viele mögliche Fehler. Ihre Eltern unterstützen sie, egal was sie studiert. Nina sagt, dass ihr das wenig hilft: »Ich frage lieber Experten nach ihrer Einschätzung.« Eine vernünftige, strategische Entscheidung, und das ist das Irritierende. Die Mädchen damals im Maar waren klug, öko, sensibel, kumpelig, sexy. Nur eins waren sei nicht: strategisch und vernünftig. Wir Jungs natürlich auch nicht. Nur die mit den Taschenrechneruhren.

Anna-Lena und Wilhelm von Humboldt sind keine Freunde: der Student 2.0, strategisch und pragmatisch bis in die Knochen

Dass Schüler wie Nina bereits ihr Leben planen wie ein Feldherr seine Schlacht, zeigt das Ausgreifen des Optimierungsstrebens auf das Studium, die nächste biografische Stufe nach Kindheit und Schule. Das Ausloten der Möglichkeiten, um die beste Ausbildungsrendite zu finden, ist eine typische Perfektionierungsstrategie. Wieder begegnet uns hier das Leitbild des Selbstunternehmers. Nur, dass die Studenten seit einigen Jahren nicht mehr mühsam an dieses Leitbild gewöhnt werden müssen – die meisten haben es bereits verinnerlicht. Die Konsequenzen, die die Wahl von Studienfach, Uni und Praktika haben können, sind ihnen in einer Gnadenlosigkeit bewusst, die sie von vorangehenden Generationen drastisch abhebt. Deren Sorglosigkeit und Selbstständigkeit sind Geschichte. Die Gegenwart ist straff und effizient. Das Studium wird systematisch optimiert. Ziel: umwegloser Erwerb passgenauen Wissens, ein Zertifikat über die eigene »employability« als Eintrittskarte in den Arbeitsmarkt.

Wie jede Revolution brauchte auch die des Studiums Anführer – das waren, wenig überraschend, die Firmen, die dringend Nachwuchs benötigen. Und Bildungspolitiker, die Unis so umbauten, dass dieser schneller bereitsteht. Die Revolution räumte mit Missständen auf. Mit praxisferner Lehre, unmotivierten Profs und Endlos-Studenten, die trotz zwanzig Semestern Philosophie immer noch nicht wissen, was die Welt im Innersten zusammenhält. Oder wie sie die Miete zahlen sollen.

Schließlich brauchte die Revolution noch ein Volk. Die Bologna-Reform, Bachelor und Master, die Exzellenz-Initiative – all das ist ja nur die Infrastruktur. Das Entscheidende passiert in den Köpfen. Hier wartet eine dicke Überraschung: Von der Öffentlichkeit lange kaum wahrgenommen, haben die Studierenden selbst einen radikalen Mentalitätswandel hinter sich. Die meisten musste man nicht zwingen, im Gegenteil: Ergeben, bisweilen sogar freudig nahmen viele die neuen, strengeren Strukturen im Bachelor-Studium an.

Die Frage ist, ob die Studentenschaft damit zu den Gewinnern gehört. Oder ob die Optimierung sie in eine perfektionistische Falle laufen lässt. Ob sie also die Kinder sind, die von Revolutionen bekanntlich gerne gefressen werden.

Klar, es gibt sie noch, die Bummeltypen mit in langen Asta-Sitzungen gestähltem Sitzfleisch. Doch die Mehrheit ist: vernünftig. Strategisch. Das Gesetz von Angebot und Nachfrage haben sie nicht nur verstanden – sie begrüßen es wie ein Stadion den Rockstar.

Zwar freute sich *Zeit Campus* noch im Jahr 2008: »Ausgerechnet die Generation Lebenslauf entdeckt plötzlich, dass privates Glück wichtiger sein kann als eine steile Karriere.« Doch die zitierte Studie zeigte lediglich: Die Freude am privaten Glück ist nur eine weitere Perfektionsschleife: Außer der Karriere ist den Studenten jetzt *auch* die Familie wichtig. Denn die übrigen Umfragezahlen sprachen weiterhin eine klare Sprache: 78 Prozent wollen Anerkennung im Beruf erwerben, fast jeder Zweite eine leitende Funktion übernehmen.

»Wir fragen: Was will der Markt? Und dann liefern wir das«, meint Nina. Sie spielt gerne Klavier, zwischenzeitlich überlegte sie, Musik zu studieren. Doch das Zerrbild des arbeitslosen Künstlers schreckte sie ab. Später will sie ein großes Haus, sie braucht Platz für den Flügel. Wahrscheinlich wird sie deshalb Jura wählen, eine Kopfentscheidung: »Ich will mitnehmen, was ich kann, da bin ich bekennender Egoist.«

Seit 25 Jahren waren Studenten nicht so ehrgeizig und gleichzeitig so zufrieden mit ihrem Studium wie heute. Das ergab eine Umfrage aus dem Jahr 2008, die Forscher der Universität Konstanz alle drei Jahre im Auftrag der Bildungsministeriums durchführen. Ergebnis: Erstmals seit Einführung der Studie 1983 beurteilten Deutschlands Nachwuchsakademiker alle zentralen Bereiche – Qualität der Inhalte, Aufbau des Studiums, Veranstaltungen, Betreuung – überwiegend positiv. Im Gegenzug wollen sie schneller studieren: Jeder Dritte gab an, intensiv für die Uni zu arbeiten – 2001 waren es noch 25 Prozent. Und war 2001 nur der Hälfte der Befragten ein gutes Examen wichtig, legen mittlerweile zwei Drittel großen Wert darauf.[20]

Sicher, es gab kleinere Aufstände; 2009 wuchs der Unmut. Mitte des Jahres gingen mehr als 200 000 Schüler und Studierende in achtzig Städten auf die Straße, um gegen Bachelor und Turbogymnasium zu protestieren. Die Feuilletons waren begeistert: Die unpolitische Generation schien endlich das Aufbegehren zu lernen. Doch die Freude war zumindest verfrüht. Denn einmal abgesehen davon, dass die Demo-Reihen vielerorts dann doch ziemlich licht waren, entfachte sich der Frust der Studenten nicht an der Unireform als solcher, sondern an den Mängeln bei ihrer Umsetzung. Zu vollgestopft mit Paukstoff und Prüfungen sei das Curriculum, der Stress zu hoch, das Pensum nicht zu schaffen. Im Klartext: Auch wenn der Bachelor viele seiner Ziele verfehlt hat (etwa weniger Studienabbrecher) und zum Teil bereits nachgebessert wird – an der Grundidee der Reformen, schneller und effizienter zu studieren, den Blick auf die Wirtschaft und die eigene »employability« gerichtet, rüttelte kaum jemand. Auch wenige Studierende. Es war vor allem die Angst, im neuen, optimierten System nicht mehr mithalten zu können, die ihren Protest befeuerte.

Was ist da passiert seit Anfang der Neunziger, als der Plural von »Praktikum« noch umstritten war (»Praktikas«), weil nur unverbesserliche Streber mehr als eines absolvierten? Die Frage, die oft scherzhaft gestellt wurde (»Lebst du für dich oder für den Lebenslauf?«), darf mittlerweile als beantwortet gelten. Dank Menschen wie Anna-Lena, die an einem sonnigen Frühsommertag im Präsidentenzimmer der privaten Zeppelin University in Friedrichshafen sitzt, aber keinen Blick auf den blauschimmernden Bodensee verschwendet, auf dem die Sonne glitzert und junge Enten Fangen spielen. Die 21-Jährige, Rücken durchgedrückt, die langen blonden Haare säuberlich im Nacken zum Knoten geschlungen, hat sich für das Master-Programm beworben – nach Abitur (Schnitt: 1,2) und Bachelor (»sehr gut«) der nächste logische Schritt in ihrem Aufstiegsszenario: »Nur mit Bachelor sind die Jobs, die ich mir vorstelle, nicht zu erreichen.«

Anna-Lena trägt Perlenohrringe zu hellgrauem Kostüm und rosa Bluse, sie sieht aus wie ein Fotomodell, das die perfekte Bewerberin darstellen soll. Überhaupt kann man sagen, dass für sie bislang alles nach Plan gelaufen ist. Sie war Schülersprecherin und in der Theater AG, hat Praktika bei einer Steuerkanzlei, einem Konsumartikler, einer Unternehmensberatung und amnesty international absolviert. Ihr Hobby ist Ballett. Ein Sport, bei dem der Körper mit eiserner Disziplin in wunderschöne, irgendwie unnatürliche Verrenkungen gezwungen wird. Vielleicht ist es kein Zufall, dass Anna-Lena sich dafür entschieden hat. »Ich ziehe durch, was ich mir vorgenommen habe, ich will mein Leben nicht verbummeln«, fügt sie noch hinzu. Dann betritt Präsident Stephan Jansen den Raum. Das Bewerbungsgespräch beginnt.

Jansen ist Ende dreißig. Nach einem akzeptablen, wenn auch nicht außergewöhnlichen Abi (1,6) machte er eine Banklehre in der hessischen Provinz. Dann studierte er Wirtschaftswissenschaften in Witten/Herdecke, in New York und Tokio, promovierte mit »Summa cum laude«, gründete und leitete das »Institute for Mergers and Acquisitions« in Witten/Herdecke, war unter anderem als Berater bei der Daimler-Chrysler-Fusion tätig. Er bekam Angebote von Investmentbanken, die Königsklasse – hätte er angenommen, könnte er heute Millionen verdienen. Stattdessen entschied er sich zu forschen, Bücher zu schreiben, statt Bilanzen zu lesen. »Die Wissenschaft reizt mich einfach mehr«, sagt er. Nach wissenschaftlichen Stationen in Stanford und Harvard erhielt er das Angebot, die Zeppelin University aufzubauen. Mittlerweile genießt sie einen guten Ruf, ist begehrt. Zwischendurch hat Jansen ein paar kleine Firmen mitgegründet, ist Mitglied in diversen Aufsichtsräten und Beraterkreisen von Bundesministern; sein Leben hat einige scharfe Wendungen genommen, sein Aufstieg ist beachtlich.

Aber: Strategisch war er nicht. Jansen hat immer das gemacht, woran er am meisten Spaß hatte, deshalb war er gut darin.

Nun sitzt er Anna-Lena gegenüber, einer Vertreterin der Generation Lebenslauf. Kühlen Blicks haben die Jungrealisten das Drauflos-Studieren entsorgt. Die Bereitschaft zu harter Arbeit ist ihnen selbstverständlich, aber sie muss reinpassen ins vorgefasste Karrieredesign. Nüchtern bis zur Selbstaufgabe planen sie das eigene Fortkommen. »Zielorientiert« nennt die 15. Shell-Jugendstudie die Jungrealisten, und das ist noch stark untertrieben.

Es sind Ultra-Pragmatiker, die strategisch denken und knallharte Kosten-Nutzen-Rechnungen aufstellen auf dem Weg nach oben. Konservative Werte wie Fleiß, Ehrgeiz und Familie stehen hoch im Kurs. Als ideologiefreie »Ego-Taktiker«, die ihr Leben als Managementaufgabe begreifen, beschreibt Klaus Hurrelmann, Leiter der Shell-Studie, die Studenten. Was der Bielefelder Jugendforscher aber gar nicht unsympathisch findet: »Die wollen immerhin etwas bewegen, sind weniger selbstverliebt und eher bereit, sich anzupassen.«

Panik trotz langfristig guter Aussichten: Wie aus einer Drohkulisse das Diktat der Effizienz wurde

Nina, Anna-Lena und viele andere: Sie liefern, wovon sie denken, dass die Unternehmen es wollen. Nicht mal jeder dritte Student glaubt, seine Ansprüche im Job realisieren zu können. Angst geht um: 2007 bewerteten 65 Prozent der Studenten ihre Aufstiegschancen als schlecht – der höchste bis dato gemessene Wert. Aber sind die Aussichten wirklich so trübe? Oder hat die Perfektionierung tiefere Ursachen?

Zunächst einmal spielt das selbstunternehmerische Ideal eine wichtige Rolle. Der Wunsch, das Beste aus sich zu machen, führt gerade bei denen mit guten Chancen zum Drang, ja kein Potenzial verfallen zu lassen. »Dort, wo Effizienz, Planung und Kontrolle zu allein gültigen Leitprinzipien werden«, schreibt Bildungsreformer Konrad Schily, »darf man sich nicht wundern, wenn die Studierenden effizient, kontrolliert und geplant mit ihren geistigen und zeitlichen Ressourcen umgehen.«[21]

Angst ist in mehrfacher Hinsicht ein starker Motor für den vorauseilenden studentischen Gehorsam. Sie ist nicht nur, aber auch das Resultat eines apokalyptischen Trommelfeuers von Wirtschaftsverbänden, Politikern und Karriereratgebern. Ihre Botschaft ist stets die gleiche, und sie dockt nahtlos an die Maxime des optimierenden Selbstunternehmers an: Du kannst alles schaffen, aber es wird verdammt hart. Früher war ein Studium ein Privileg für wenige, heute besteht scharfe Konkurrenz unter vielen. Und: Die Konkurrenz kommt nicht mehr nur aus Bielefeld und Nürnberg, sondern aus Kapstadt und Schanghai. 33 Millionen Absolventen aus Schwellen- und Entwicklungsländern stehen halb so viele Hochqualifizierte aus der Ersten und Zweiten Welt gegenüber. Noch einmal Schily: »Von vielgesichtigen Ängsten getrieben, in irgendeiner Form den Anschluss zu verpassen, beschränkt sich die aktuelle Studentengeneration in großen Teilen darauf, sich systemkonform zu verhalten.« Denn einfach gut zu sein ist längst nicht mehr genug. Du brauchst »passion to perform«, um »Leistung aus Leidenschaft« zu bringen (Deutsche Bank), musst »das Spiel gestalten, anstatt nur mitzumachen« (McKinsey). Musst schneller sein, flexibler, aufgeweckter als die anderen.

Wer kein Top-Abi, Top-Examen, Studium in Rekordzeit inklusive Auslandsaufenthalt, prestigeträchtige Praktika, soziales Engagement (gut: Einsatz für Randgruppen; schlecht: Politik), MBA oder Promotion mitbringt, der kann das Geld fürs Bewerbungsfoto gleich sparen.

Das klingt hart. Bloß: Es ist nicht die ganze Wahrheit. Tatsächlich sind die Berufsaussichten für Akademiker nach wie vor vergleichsweise rosig. Ein Studium lohnt sich. Immer, und immer noch. Die Arbeitslosenquote von Akademikern liegt stabil unter 4 Prozent; nach manchen Studien beträgt sie zehn Jahre nach dem Examen gar nur 1 Prozent. Selbst wenn die Zahl der Erwerbslosen 2010 auf rund fünf Millionen steigen sollte, wie manche Experten befürchteten – Akademiker wären weit unterdurchschnittlich betroffen; sie tragen mit großem Abstand das geringste Risiko, ohne Job dazustehen. In einer Umfrage unter Wirtschaftswissenschaftlern und Ingenieuren zeigten diese sich denn auch optimistisch: Nur ein Viertel der Nachwuchsmanager und nur 12 Prozent der Ingenieure machten sich Sorgen um ihren künftigen Job. Zugegeben, die Zahlen wurden erhoben, bevor die Wirtschaftskrise 2008 ihre ganze Wucht entfaltete. In einer Folgestudie 2009 gingen mehr als die Hälfte der Befragten davon aus, dass es schwer sein werde, einen Arbeitsplatz zu bekommen, obwohl sich bereits eine Konjunkturwende andeutete. Der Abschwung verdüsterte die Joblage also kurzzeitig auch für Akademiker – allerdings weniger als für Nicht-Studierte. Und die langfristige Tendenz ist ohnehin eindeutig: Seit Jahren haben viele Unternehmen Probleme, ausreichend Fach- und Führungskräfte zu finden. So fehlten etwa im Frühjahr 2009 in Deutschland rund 50 000 Ingenieure – bis 2020 könnten es mehr als 200 000 sein. Die Personalberater von Kienbaum meldeten im Sommer 2009, trotz Krise sei der Bedarf an qualifizierten Absolventen weiter gestiegen. Der demografische Wandel wird die Lücke noch vergrößern, und das nicht nur bei den Ingenieuren, sondern quer durch die meisten Disziplinen. Schon jetzt gehen der deutschen Wirtschaft durch den Fachkräftemangel jedes Jahr fast 30 Milliarden Euro verloren.

Von konjunkturellen Zwischentiefs abgesehen, ist der Trend klar: Aus Bewerbern sind längst Umworbene geworden. Mit teuren Hochglanzanzeigen, mit Recruiting-Events in der Karibik oder in Kitzbühel, auf Messen und in den Vorlesungen der Unis buhlen die Firmen deshalb mittlerweile um den begehrten Nachwuchs.

Das Altern der Gesellschaft wird das Kräfteverhältnis weiter zugunsten der Absolventen verschieben. Bis zum Jahr 2020 werden doppelt so viele Studierte in Pension gehen, wie neue auf den Markt kommen, prognostizierte Norbert Walter, der Chefvolkswirt der Deutschen Bank. Rund 1,2 Millionen Akademiker werden dann in Deutschland fehlen, befürchtet McKinsey. Der »war for talents«, vor gut zehn Jahren ausgerufen, wird an Schärfe eher zu- als abnehmen.

Warum dann dieser Druck? Warum stimmen fast 90 Prozent der Studenten der Aussage zu, »der Leistungsdruck auf meine Generation« sei »enorm hoch«? Warum sinkt die Studiendauer seit Jahren – an baden-württembergischen Universitäten etwa zwischen 1990 und 2006 von 13,2 auf 10,1 Semester?

Die Antwort ist so simpel wie paradox – und wieder kommt sie von der Deutschen Bank. »Erfolg ist die Summe richtiger Entscheidungen«, so lautete vor einigen Jahren ein Werbeslogan des Kreditinstituts. Das ist sicher nicht falsch – aber bei Licht betrachtet klingt es seltsam bedrohlich. Denn im Umkehrschluss bedeutet es: Wer erfolglos bleibt, hat selbst Schuld. Hätte er halt bessere Entscheidungen treffen sollen.

Es ist wie mit der sozialen Mobilität im Kapitel »Moving up«: Die Möglichkeiten sind immens, aber die Risiken ebenfalls. Angesichts von Horrorgeschichten über Dutzende erfolgloser Bewerbungen oder unbezahlte Praktikums-Marathons scheint es vielen Studenten nicht mehr ausgemacht, dass es ihnen einmal besser gehen wird als ihren Eltern. Diese Unsicherheit ist das prägende Element der »prekären Generation«. Laut *Spiegel* war die Hälfte der heute 20- bis 35-Jährigen schon einmal arbeitslos, jeder Fünfte hat fünf Praktika oder mehr absolviert. Für sie, aufgewachsen in der Sattheit und Sorglosigkeit der achtziger und neunziger Jahre, scheint der Wohlstandskokon bedroht – auch wenn es ihnen materiell gar nicht schlechter geht.

Da hilft scheinbar nur eins: Wie Unternehmensberater durchleuchten Studierende ihre Ausbildung, stets auf der Suche nach der nächsten Stellschraube. Vorhandene Ressourcen – Talent, Fleiß, Intelligenz – sollen maximale Rendite erwirtschaften: jeder Mensch eine Ich-AG.

Francis Bacon, das Unwort des Jahres 2004 und wie Bildung Rendite schafft: Wer profitiert vom effizienteren Studium?

Dass die »McKinsey«-Gesellschaft, wie sie der Journalist Dirk Kurbjuweit nannte, in den vergangenen Jahren auch die Bildung erreicht hat, das ist das eigentlich Neue. Die Klagen der Kritiker über das Bachelor-System klangen schrill: Abkehr vom Humboldtschen Ideal, das Studium kratze nur noch an der Oberfläche. »Macht Studieren dumm?«, fragte *Die Zeit* bang.

Schließlich galten Universitäten, ja Bildung allgemein, lange als idealistisches Gegenlager zur Ökonomie. Zwar hatte bereits Adam Smith, einer der Urväter der Wirtschaftswissenschaften, beobachtet: »Bildung erhöhte die Produktivität der Arbeiter im gleichen Maß, wie der Kauf neuer Maschinen oder andere Formen physischen Kapitals die Produktivität einer Fabrik erhöhten.« Und Francis Bacon, Lordkanzler von König James I., postulierte vor 500 Jahren: »Wissen ist Macht.« Doch Bacon war schließlich Brite, ein für Spleens berüchtigtes Volk.

In Deutschland, unter Dichtern und Denkern, hielt man sich lieber an Hermann Hesse, der schrieb: »Echte Bildung ist nicht Bildung zu irgendeinem Zwecke, sondern sie hat, wie jedes Streben nach dem Vollkommenen, ihren Sinn in sich selbst.« Zumal sich Bacon später in gewisser Weise diskreditierte, als er beim Versuch, tote Hühner durch Ausstopfen mit Schnee haltbar zu machen, an Lungenentzündung starb.

Schon die Industrialisierung brachte aber eine erste Ahnung, dass die säuberliche Trennung – Hochgeistiges hier, schnödes Geldverdienen da – in der Praxis nicht galt. Seit Mitte des 20. Jahrhunderts gewannen wirtschaftliche Argumente in der Bildungspolitik endgültig an Gewicht: Bildung rückte als Ressource wie Wasser oder Infrastruktur in den Blick.

Denn Bildung verbessert das »Humankapital«, vulgo die Mitarbeiter. Forscher wie Gary Becker, Theodore W. Schultz oder Robert M. Solow erhielten für ihre Arbeit an der Humankapitaltheorie den Wirtschaftsnobelpreis; besonders das »Solow-Modell« wird gern zitiert, um Wirtschaftswachstum zu erklären. Danach ist der einzig langfristig relevante Faktor für das Wachstum einer Volkswirtschaft der technische Fortschritt, getrieben durch einen hohen Bildungsstand.

Für uns heute gilt das in besonderem Maße. Niemals zuvor, das zeigte etwa der Stanford-Ökonom Paul Romer, war Humankapital – obwohl 2004 als »Unwort des Jahres« geschmäht – so entscheidend wie in der Wissensgesellschaft des 21. Jahrhunderts, in der sich das Wachstum allmählich von Rohstoffen und Energie abkoppelt und seinen wichtigsten Motor in der Verarbeitung von Informationen findet.

Die längste Zeit also war Bildung vor allem eine schöne Sache – nun ist sie Teil der Wirtschaft. Einfacher ausgedrückt: Wenn Anna-Lena keinen Master macht, dann geht ein Stück Wohlstand flöten.

Während andere Länder ihre Unis auf Wettbewerb trimmten, versackten deutsche Hochschulen in einer gigantischen Reformstau-Melange aus Mangel und überfüllten Hörsälen. Sie lockten lange zu wenig Studienanfänger an – 1993 etwa nur 26 Prozent eines Jahrgangs, viel weniger als im OECD-Mittel. Sie waren zu behäbig und produzierten zu viele Abbrecher – nur jeder Fünfte schloss 2005 ein Studium ab (OECD-Schnitt: fast 36 Prozent). Die Abbrecher kosten: Rechnet man private Investitionen und entgangene Einkommen dazu, beträgt der »gesamtwirtschaftliche Schaden« fast 8 Milliarden Euro, klagte der Essener Stifterverband.

Das und dann auch noch PISA – die Republik war im Daueralarmzustand. Schließlich profitiert auch der Staat von klugem Humankapital mit einer Bildungsrendite von rund 10 Prozent: Es gibt weniger Korruption und Kriminalität, dafür mehr Gesundheit, Lebenserwartung und Wertschöpfung.

Besonders die Unternehmen wurden immer nervöser: Weil ihr Überleben davon abhängt, rasch kluge Köpfe in ausreichender Zahl für sich zu gewinnen, drängen sie seit vielen Jahren auf schnelleres und praxisnäheres Studieren. Wie sehr ihnen das Thema unter den Nägeln brennt, zeigte die hochkarätige Runde von Personalvorständen deutscher DAX-Firmen, die sich im Sommer 2008 in Berlin traf, um einmal mehr mit der »Bachelor Welcome«-Kampagne für den Turboabschluss zu werben, vor allem in den »MINT«-Fächern Mathematik, Informatik, Naturwissenschaften und Technik. Die Personalchefs appellierten an die Unis, die Lehrpläne weiter »zu verschlanken« und »berufsrelevante Schlüsselqualifikationen« zu vermitteln.

Stimmt schon: Das Hochschulsystem war dringend reformbedürftig. Und natürlich ist es klug, praxisnäher zu studieren und nicht blind und taub für Signale vom Arbeitsmarkt zu sein. Doch der drängendste Wunsch nach Reformen kam aus der Wirtschaft. Und die Firmen sind es auch, die zuerst und am sichtbarsten profitieren: Erstens gibt es mehr Absolventen – 2007 begannen bereits 37 Prozent eines Jahrgangs ein Hochschulstudium. Zweitens: Die begehrten Arbeitskräfte stehen einige Jahre früher zur Verfügung und hatten während des Studiums bereits intensiven Kontakt mit der Wirtschaft. Nachteil für die Bachelor-Studenten: In vielen Firmen hat nur ein Master-Abschluss den gleichen Wert wie früher Diplom oder Magister. Dafür aber sind, drittens,

Bachelors deutlich günstiger zu haben: Ihre Einstiegsgehälter lagen 2008 im Schnitt bei gut 38 000 Euro pro Jahr, die der Diplomierten und Master zwischen 41 000 und 43 000 Euro. Viertens sind die Turbostudenten nicht vorbelastet mit zu viel wissenschaftlichem Gedöns, sondern haben ein passgenaues Set an Basiskenntnissen und -fähigkeiten erworben, das den Firmen Raum lässt, sie zu formen. Schließlich, verrät der Personalvorstand eines Automobilkonzerns, seien die Arbeitsprozesse und -kulturen der Firmen längst zu komplex, als dass ein Absolvent sofort voll eingesetzt werden könne: »Besser ist, er hat nur ein Grundgerüst im Kopf – den Rest lernt er bei uns, on the job.«

So verwandelt sich Bildung im Bologna-Prozess in bedarfsorientierte Ausbildung. Das Ziel: zügiger studieren, zwei Fremdsprachen, Anwesenheitspflicht und Noten nach dem European Credit Transfer System (ECTS). Wissen soll weniger tief, dafür breiter sein. Und schnell draufgeschafft werden, um umweglos in den Job einzusteigen.

Leuchtturm statt Elfenbeinturm: Wie sich mit Bildung Geld verdienen lässt

Von dieser neuen Sichtweise könnte bald ein weiterer Spieler im erblühenden Bildungsmarkt profitieren: die privaten Universitäten. Rund 70 000 Studenten waren im Wintersemester 2007/08 an privaten Einrichtungen eingeschrieben, über 50 Prozent mehr als noch drei Jahre zuvor. Erfolgreich konnten die Privaten das Bild vermitteln, oft praxisnäher, effizienter und zielgerichteter auszubilden. Auch Anna-Lena hat sich bewusst für eine private Uni entschieden: »An der staatlichen ist zu wenig Zug drin, und der Praxisbezug ist zu gering. Außerdem macht sich das besser im Lebenslauf.«

Mit ihrer Meinung ist Anna-Lena nicht allein, vielen Personalchefs gelten Privatunis als Eliteausweis: Absolventen werden intensiver betreut, schließen im Schnitt ein Jahr früher ab – und verdienen besser. Alumni der Kaderschmiede »Otto Beisheim School of Management« bei Koblenz etwa konnten sich 2008 über durchschnittlich 85 000 Euro freuen, ihre Kollegen von der Uni Mannheim mussten sich mit 63 000 Euro begnügen. Nach fünf Jahren im Job, konstatiert die *Wirtschaftswoche*, ist das Gehalt von Privatabsolventen rund ein Drittel höher als das von Staatsstudenten.

Noch Mitte der Achtziger war Witten/Herdecke die einzige private Universität in Deutschland; heute kämpfen rund 120 akademische Privateinrichtungen um Studenten und deren üppige Gebühren zwischen 500 Euro monatlich und mehr als 50 000 Euro jährlich. Zwar lernen noch immer 96 Prozent der Studierenden in staatlichen Hörsälen, und mit den beschriebenen Reformen an den staatlichen Unis sind Nimbus und Innovationsvorsprung der Privaten zum Teil abgeschmolzen. Zudem steht ihre Finanzierung oft auf wackligen Füßen; die Wirtschaftskrise und mangelnde Nachfrage brachten einige ins Trudeln, manche wie die Rostocker Hanse-Universität mussten zumachen, Witten/Herdecke konnte nur knapp vor der Insolvenz gerettet werden.

Trotzdem, sagt Klaus Landfried, kann sich ein Studium an einer nichtstaatlichen Uni lohnen:»Private haben Zukunft«, bilanziert der langjährige Präsident der Hochschulrektorenkonferenz. Zwar drohte die Vorstellung, dass die Privaten in bildungspolitischer Sicht ein starkes Gegengewicht zu den Staatsunis sein könnten, mit dem Abschwung zu scheitern. Betroffen vom Geldmangel sind in schlechten Zeiten aber meist interdisziplinäre Projekte mit Forschungsambitionen wie Witten/Herdecke oder ehrgeizige Gründungen wie die Bruchsaler International University (IU), die im Sommer 2009 vor dem Aus stand.

Doch in den Nischen blühen weiterhin viele private Hochschulen, die sich von großen Visionen verabschiedet haben und den Fokus auf starke Praxisnähe und sehr engen Berufsbezug legen. Einige Business Schools, die auf günstige Wirtschaftsdisziplinen und hohe Gebühren setzen, gehören dazu oder Fachhochschulen, die zu Event-Managern oder »Bachelor in Fitnesstraining« ausbilden. Viele von ihnen schreiben nicht nur schwarze Zahlen, sondern gelten als begehrte Renditeobjekte. Ende 2008 sprach der Fachverband der Privathochschulen von mindestens zwei Dutzend Mitgliedern, die Gewinne erzielten.

Indem sie ausdrücklich auf ein breit angelegtes Curriculum verzichten und streng am Bedarf der Wirtschaft orientiert ausbilden, konsequent auf »employability« getrimmt, zeigt ihr Aufkommen zwei Dinge sehr deutlich: den Optimierungsdrang vieler Studenten, sich passgenau auf die Anforderungen der Unternehmen hinschneidern zu lassen, sowie die Tatsache, dass davon auch andere profitieren, weil Bildung eine Ware ist, deren Wert man messen und steigern kann.

Auf 2,2 Billionen US-Dollar schätzt die Investmentbank Merrill Lynch den weltweiten Bildungsmarkt. Markt, das heißt: War ein Studium einst eine Sache, die vom Staat überall in mehr oder weniger gleicher Qualität angeboten wurde, ein Produkt, so sexy, riskant und renditeschwach wie ein Bundesschatzbrief – so ist die Produktpalette heute extrem breit gefächert. Auf der Nachfrageseite sucht jeder das Angebot, von dem er sich die beste Rendite erwartet. Auf der Angebotsseite müssen die Hochschulen – wie in jeder Branche – um ihre Kunden, die Studenten, werben. Und das gilt längst nicht mehr nur für die privaten Unis. Auch die staatlichen Hochschulen werden inzwischen wie Konzerne gemanagt und für den Wettbewerb gerüstet. An ihrer Spitze stehen nicht mehr behäbige Gelehrte, sondern smarte Macher, die etwa in Baden-Württemberg konsequenterweise schon »Vorstandsvorsitzende« heißen. Aus Magnifizenzen werden Manager. Und in den akademischen Gremien sitzen Vertreter der Wirtschaft wie BMW-Vorstandschef Norbert Reithofer (TU München) und wachen über die richtige ökonomische Profilierung.

Nur wer schnell wächst und zur Marke wird, kann Studenten und Investoren für sich gewinnen. Unter den privaten Hochschulen ist dieser Mechanismus am klarsten entwickelt. Viele sind extrem diversifiziert, die Qualität ist sehr unterschiedlich. Gemeinsam ist ihnen aber der genaue Blick auf die Bedürfnisse der Wirtschaft. »Unser Ziel ist es, die Nachfrage aus den Unternehmen zu bedienen und Nachwuchsführungskräfte auszubilden, die leicht in den Arbeitsmarkt finden«, wurde etwa Peter Thuy 2008 in *brand eins* zitiert, Rektor der FH Bad Honnef.[22] Je industrienäher, desto profitabler: Mit ihrem Nischenkonzept macht die FH in der Provinz seit Jahren Gewinne – und wurde im Sommer 2007 nach einer Bieterschlacht von der Münchner Private-Equity-Firma Auctus gekauft mit dem Ziel, Rendite zu bringen. Andere kommerzielle Ketten wie AKAD oder SRH expandieren bundesweit.

Auch der weltgrößte Anbieter privater Hochschulausbildung, das US-Unternehmen Laureate Education (Umsatz: 1,1 Milliarden US-Dollar), hat sich im deutschen Uni-Markt eingekauft – nachdem Laureate 2007 von einigen Investmentgesellschaften für mehrere Milliarden US-Dollar geschluckt worden war. Die Holding betreibt Privatuniversitäten und Hochschulen in mehr als einem Dutzend Ländern. In klassischen Branchen an der Tagesordnung, markieren solche Käufe und Verkäufe im Uniwesen eine Zeitenwende: Private Bildung ist endgültig ein lohnendes Geschäft – Renditen von bis zu 10 Prozent gelten als möglich: Ist ein Student erst eingeschrieben, bleibt er auch – und zahlt mindestens sechs Semester Gebühren.

Es ist Zeit für eine kurze Zwischenbilanz: Im 21. Jahrhundert, in dem Wachstum und Wohlstand von möglichst klugem Humankapital abhängen, ist Bildung zu einem der wichtigsten Treiber der Wirtschaft geworden und hat sich darüber selbst ökonomisiert. Die Studierenden haben sich angepasst: Sie studieren schneller und effizienter, sie orientieren sich an den Wünschen der Wirtschaft.

Es geht, wie gezeigt, um viele Milliarden: Von dem studentischen Wunsch, möglichst schnell und möglichst optimal auf den Start ins Berufsleben vorbereitet zu werden, profitiert der Staat über eine höhere Bildungsrendite, einige private Anbieter ganz direkt über die Studiengebühren und schließlich die Masse der Unternehmen, weil sie schneller an passgenau ausgebildete Absolventen kommen. Bleibt die Frage: Profitieren auch die davon, die eigentlich im Mittelpunkt der ganzen Operation stehen sollten – die Studenten?

Die gute Nachricht lautet: Die meisten der rund zwei Millionen Studierenden glauben es zumindest. Dass Bildung zur Ware geworden ist, das mögen zauselige, *Zeit* lesende Oberstudienräte bei einem Glas Beaujolais bejammern – die pragmatische Generation stört sich daran nicht. An den Staatsuniversitäten hatten altgediente Asta-Veteranen Mühe, überhaupt so etwas wie Unmut über die Einführung von Studiengebühren zu entfachen. In den beschriebenen Protesten Mitte 2009 ging es dann zwar auch um Gebühren, und mehr als 70 Prozent der Studierenden votierten in Umfragen für ihre Abschaffung. Doch die Kritik entzündete sich, wie oben beschrieben, vor allem an der Verwendung der Gebühren; am Grundgedanken, dass Bildung ruhig kosten darf, wenn sie später dann auch etwas einbringt, wird nicht gerüttelt. Und wer an einer Privatuni studiert, betrachtet Gebühren ohnehin als gut angelegtes Startkapital für die eigene Bildungsrendite.

Ein Studium, das ist für die Generation Lebenslauf kein Herumbummeln und Abstürzen in Kneipen mehr, auch nicht an den Staatsunis. Es ist eine Investition in die Biografie, eine ziemlich teure sogar: 40 000 Euro kostet es samt Lebenshaltungskosten – das sind rund 200 iPods Classic oder fast ein Porsche Boxster ohne Extras. Deshalb muss die Investition ständig perfektioniert werden.

Das Curriculum-Projekt: Es gibt immer was zu tun – denn einfach nur gut ist leider ziemlich schlecht

Die Studenten haben die Optimierung der Bildung längst verinnerlicht – auch weil sie die Perspektive spiegelt, aus der sie selbst ihren Lebensweg betrachten. »Alles Tun wird auf die eigene Marktgängigkeit, die Verwertbarkeit im Lebenslauf hin abgeklopft«, sagt Jugendforscher Hurrelmann. Hunderte von Büchern, Zeitschriften und Unternehmensbroschüren hämmern ihnen tagtäglich ein, dass Spitzennoten und schnelles Studium gerade mal die erste Hürde sind, nicht mehr. Dass es niemals genug ist. Dass sie exzellente Soft Skills zeigen müssen, Kreativität und vor allem Leistungswillen.

Eine ganze Ratgeberindustrie mit Hunderten Millionen Euro Umsatz lebt von diesem Pimp-my-Curriculum-Trend, angefangen bei den Diplom-Psychologen Jürgen Hesse und Hans Christian Schrader, die in mehr als hundert Büchern in Millionenauflage (*Praxisbuch Small Talk*, *Das Bewerbungsgespräch*) vor mehr als 15 Jahren den Selbstvermarktungsdrang industrialisierten, bis hin zu Zeitschriften wie *Junge Karriere*. Stets wird der Leserschaft vor Augen geführt, dass sich auch auf den schönsten Werdegang immer noch eine Schippe drauflegen lässt. »Wir sind halt Lebenslauf-Huren«, meint ein Student lakonisch. Denn es gibt immer jemanden, der noch besser ist.

Und das ist der Punkt: Absolut betrachtet, das zeigen die Arbeitsmarktstatistiken deutlich, bestünde kein Grund zur Akademikerangst. Aber was heißt schon »absolut«, wenn es doch vor allem um Prestige geht, wie die regelmäßigen Umfragen unter Studenten nach ihrem Traumarbeitgeber zeigen: Unter den hundert beliebtesten Arbeitgebern, schreibt das *Manager Magazin*, finden sich kaum Mittelständler, auf den vorderen Plätzen dominieren Big Names wie Porsche, BMW, Adidas und Lufthansa. So entsteht Druck durch Vergleich: Wer sieht, was die Kommilitonen auf die Beine stellen, der will dahinter nicht zurückfallen. In Nachbars Garten sind die Äpfel eben immer größer. Auf dem globalisierten Arbeitsmarkt ist die Zahl der Äpfel explodiert – und der eigene sieht plötzlich ziemlich klein und schrumpelig aus. Diese Gruppendynamik bringt Ehrgeiz und Perfektionismus erst zu voller Blüte: Wenn alle noch einen Sprachkurs, noch ein Praktikum machen, dann muss man selbst das auch.

»Wir sind schon eine ichbezogene Generation«, hat Anna-Lena vor dem Bewerbungsgespräch festgestellt, »jeder will in Rekordzeit, mit Rekordnoten durch die Uni.« Insgesamt hat sie sich bei fünf privaten Hochschulen beworben, gleichzeitig fürs Examen gelernt und Praktikumsplätze recherchiert. »Manchmal frage ich mich, wie ich das Pensum noch steigern soll, wenn ich in einem richtigen Beruf bin«, sagt sie und schaut ironisch auf ihre schmale Festina-Uhr, als sei es deren Schuld, dass der Tag nur 24 Stunden hat, und lacht. Es klingt nervös.

Beinahe alles, was in Anna-Lenas Lebenslauf an Hobbys oder anderen, nicht direkt berufsqualifizierenden Dingen steht, fällt in ihre Schulzeit. Das Management des eigenen Lebens – es ist für viele Studenten ein Fulltimejob. Da bleibt keine Zeit für soziales Engagement oder für Politik – nur 37 Prozent interessieren sich laut Konstanzer Studierendensurvey überhaupt noch dafür, vor einem Vierteljahrhundert waren es noch 54 Prozent.

Es gibt Untersuchungen, wonach die Jugend gerade wieder den Idealismus entdeckt. Für ein Freiwilliges Soziales Jahr nach Afrika geht, bei Greenpeace mitarbeitet. Einmal abgesehen davon, dass die Veränderungen gegenüber früheren Studien in diesem Punkt eher marginal sind, rufen solche Thesen bei den Mitarbeitern von Umwelt- oder Sozi alorganisationen oft nur ein Lächeln hervor. Ein bitteres Lächeln. »Wir kennen die Leute, die kurz vorm Examen bei uns reinschneien. Die wollen, dass im Lebenslauf auch noch mal was Soziales auftaucht«, sagt der Deutschland-Chef einer großen Hilfsorganisation, der anonym bleiben möchte. Allzu oft ist Engagement für viele nur noch ein weiteres Juwel im auf Perfektion getrimmten Curriculum – auch Lebenserfahrung kann man sich kaufen. Die bestinformierte Generation seit Menschengedenken, für die Google zu jedem Argument zehn Gegenargumente ausspuckt, sieht schlicht nichts, was die Mühe lohnen würde – außer sich selbst. Sie ist so individualisiert, dass der Blick aufs eigene Schicksal gerichtet bleibt. Und wenn sie doch mal etwas bewegt, malt sie keine Transparente, sondern gründet eine Facebook-Gruppe. Daran zeigt sich auch, dass es so schlimm nicht bestellt ist um die »Generation prekär«: 60 Prozent bewerten zwar die Zukunft der Gesellschaft als »düster«. Ihre eigene Zukunft dagegen sehen 73 Prozent als »eher positiv«. Schließlich arbeiten sie mit aller Macht daran, sie zu optimieren. Aus dem Kampf für eine bessere Welt ist ein Kampf für ein besseres Ich geworden.

Lost in Perfection: Wenn der optimierte Lebenslauf zur Sackgasse wird

Höchstwahrscheinlich war das von Kritikern des Bologna-Prozesses gern zitierte Humboldtsche Ideal der ganzheitlichen, verwertungsfreien Bildung schon vor dem Bachelor eine Fiktion. Doch was Bologna nachweisbar geschmälert hat, ist die Zeit (und Lust) am außeruniversitären Engagement oder auch an einem Jahr im Ausland. Beides ist im Bachelor-Studium deutlich zurückgegangen. Die Zeit des Sich-Ausprobierens ist vorbei, an der Alma Mater 2.0 regieren Stechuhr, vollgestopfte Stundenpläne und Notendruck. Der Student des Jetzt betrachtet Studieren als Job, hetzt durch ein rigides System, im Kopf immer das Rabattmarkenheftchen. Nur 54 Prozent der Studenten sagen, dass es im Studium darum gehe, »eigene Ideen zu entwickeln«. Anfang der Neunziger glaubten das noch mehr als 60 Prozent. So wird aus der Gelehrtenrepublik ein Dienstleistungsunternehmen. Man kann das gut finden oder schlecht, aber darum geht es gar nicht. Dass der globalisierte Arbeitsmarkt Nachwuchs braucht und die Unis ihn liefern müssen, ist unstrittig. Möglichst jung, möglichst maßgeschneidert soll er sein, der Nachwuchs. Und die Studenten haben verstanden: Sie verzichten auf intellektuelles Experimentieren und aufs Weltverbessern, auf Erfahrungen jenseits von Credit Points und Praktikumszeugnis. Sie tun alles, um die Ansprüche perfekt zu erfüllen.

Was uns zu der Frage zurückbringt, ob denn die Turbostudenten wenigstens von ihrem Streben nach Optimierung profitieren. Wenn jemand keine Zeit oder kein Interesse für Politik oder Greenpeace aufbringt, ist das schließlich seine Entscheidung. Wenn er aber diese Entscheidung trifft, weil er sich möglichst perfekt für den Arbeitsmarkt positionieren möchte, dann wäre es doch immerhin schön, wenn das auch klappen würde.

Tut es aber oft nicht. Mit ihrem Ehrgeiz, den vermeintlichen Anforderungen der Unternehmen passgenau zu genügen, laufen viele Stundenten mit voller Kraft in die Perfektionismusfalle: Wenn es stimmt, dass wir lebenslang lernen müssen, dass Denken in komplexen Zusammenhängen die Schlüsselqualifikation des 21. Jahrhunderts ist – dann ist eine Optimierung, die sich an vermeintlich verbindlichen Karriereidealen orientiert, der falsche Weg. In wirtschaftlich schwachen Zeiten, wo es noch viel mehr darum geht, mit dem individuell Besonderen statt mit Mainstream-Wissen zu überzeugen, gilt das besonders. Die Generation Hesse/Schrader, sie tut exakt das Gegenteil von dem, was sie tun sollte.

Schwer zu glauben? Hier sind einige Gründe: In einer Umfrage des Deutschen Industrie- und Handelskammertages (DIHK) gaben die Firmen zu Protokoll, was sie von Absolventen erwarten: Fachwissen landete nur auf Platz fünf, viel wichtiger waren Teamfähigkeit und vor allem die Fähigkeit, selbstständig zu arbeiten. Zu schade, dass dies exakt jene Fähigkeiten sind, die sich schlecht in einen Stundenplan pressen lassen. Durch das durchgetaktete Studium, so bilanziert ein Hochschulforscher trocken, »bleibt weniger Zeit für Aktivitäten außerhalb des Lehrplans – obwohl gerade hier die Möglichkeit zur Weiterqualifizierung besteht«. In ihrem manischen Bemühen, sich mit Turbostudium auf der Schmalspur perfekt für den Arbeitsmarkt aufzustellen, schneiden sich die Studenten selbst ins Fleisch.

Wer brav und buchstabengetreu das abarbeitet, was ihm Karriereratgeber und Personalchefs vorbeten, der hat am Ende ein Bündel von Zertifikaten und Qualifikationen gesammelt, die alle anderen auch haben. Und dabei das verloren, was gerade in der Wissensgesellschaft entscheidend ist: Persönlichkeit, Kreativität, selbstständiges Denken. Wie tückisch die Sucht nach dem vermeintlich Besten sein kann, zeigt gerade das Thema Selbstständigkeit: Ausgerechnet an den Privatunis, wo Studierende quasi an die Hand genommen werden, bemängeln Personaler in diesem Aspekt gravierende Defizite.

Im Zimmer der Zeppelin University, wo Anna-Lena noch immer sitzt, herrscht mittlerweile drückende Stille. Am Morgen hatte man die Bewerber mit dem Bus nach Ravensburg gebracht. Besucht wurde eine Firma, die Büroeinrichtungen verleast und gleichzeitig eine Kunstsammlung mit mehreren hundert Gemälden besitzt. Die Master-Bewerber sollten Synergien zwischen beiden Bereichen entwickeln. Zweieinhalb Stunden lang saßen sie konzentriert über ihren Folien, aber keiner, nicht ein Einziger unter siebzig, hatte eine originellere Idee als »Imagepflege«. Jetzt bemüht sich Jansen um Fassung. »Wir haben Büro-Leasing«, sagt er langsam, als spräche er zu einem Zweijährigen und betont das Wort »Leasing«, »wir haben Hunderte Gemälde, die im Keller verstauben. Was fällt Ihnen dazu ein?«

Anna-Lena spielt an ihren Perlenohrringen, sie sieht jetzt aus wie ein waidwundes Reh. »Gemälde-Leasing« kommt ihr nicht in den Sinn. »Auf die Frage bin ich nicht vorbereitet«, erwidert sie. »Was wollen Sie denn von mir hören?«

Jansen sagt: »Es gibt kein Richtig oder Falsch. Ich will, dass Sie selbst überlegen.« Was ihn mehr als alles andere ärgert, fährt er fort, während Anna-Lena immer trauriger schaut: Keiner der Bewerber kam auf die Idee, in Ravensburg mit den Mitarbeitern der Firma zu sprechen, sie zu befragen, Informationen zu sammeln. Brav gingen die Bewerber vor Ort die Materialien durch, die Jansen auch in Friedrichshafen hätte verteilen können. Aber niemandem kam das komisch vor. »Die lernen das, was man ihnen sagt: schematische Tools, stures Anwenden, Rezepte statt Reflektion. Dabei verlernen sie, selbst zu denken«, sagt Jansen. Schon regt sich in vielen Unternehmen, die die Absolventen des Studiums light gar nicht schnell genug bekommen konnten, erste Ernüchterung. Lebenserfahrung fehle den neuen Turbostudenten, heißt es bei Lufthansa; anderswo mäkeln Manager hinter vorgehaltener Hand, es mangele an der Motivation, Probleme selbstständig anzupacken. »Alle lernen das gleiche formelhafte Multiple-Choice-Wissen, um möglichst schnell durch zu sein«, warnt Jansen. »Aber in einer sich immer schneller verändernden Welt ist es wichtiger, in Widersprüchen und Szenarien zu denken«.

Es ist doch so: Mangelt es der Welt von morgen etwa an Standards, an reproduzierbarem Wissen? An genormter Ausbildung oder an Leuten, die vorgegebene Muster rasch und präzise ausfüllen? Eher nicht. Woran es fehlt – und künftig noch viel stärker fehlen wird –, sind Menschen mit Köpfchen und Neugier. Die mit Kreuzungen, Sackgassen und Umleitungen umgehen können – und nicht nur mit Einbahnstraßen. Die komplex zu denken gelernt haben und ungewöhnliche Ideen entwickeln. Das lernt man nicht, indem man einen normierten Ausbildungskanon im Rekordtempo absolviert.

Das Gedeckter-Anzug-Paradox: Warum anders besser ist als perfekt

In seinem Buch *The Rise of the Creative Class* zeigt der amerikanische Ökonom Richard Florida, wie entscheidend Kreativität für wirtschaftlichen Erfolg ist. Was aber für Volkswirtschaften gilt, gilt in der wissensbasierten Ökonomie erst recht für den Einzelnen: Das Ausgefallene, das besondere Talent machen seinen Erfolg aus. Ausdrücklich misst Florida die Kreativität auch an der möglichst bunten Mischung der Bevölkerung (»Tolerance Index«): Kreativität bedeutet auch Vielfalt, das Herausstechen aus der Masse. Das Studium à la Bolognese mutet dagegen an wie die letzte große Schlacht des Industrialismus: Bildung wird standardisiert, die Credit Points erinnern ganz folgerichtig an klassische Industrienormen. Wer all sein Wissen und Talent daran setzt, sie zu erfüllen, wird dort versagen, wo die wirklichen Herausforderungen liegen: Innovation, unorthodoxe Lösungen, vernetztes Denken – exakt jene Felder also, auf denen Berufseinsteiger sich beweisen und aus der Masse herausragen könnten. Genau die Fähigkeiten, die Anna-Lena fehlen – trotz perfekter Biografie.

Das Streben nach dem idealen Lebenslauf, das möglichst breite Aufstellen, um ja keine Option zu verschließen, das macht aus den Studenten eine gestreamlinete, klonartige Masse, die sich selbst ihres wichtigsten Kapitals beraubt: der Einzigartigkeit. Ein DAX-Personalvorstand scherzt: »Wir nehmen alle möglichen Bewerber – vorausgesetzt, sie waren auf einer Business School, haben Consulting-Erfahrung und tragen gedeckte dunkle Anzüge.« Selbst Unternehmensberatungen, nicht gerade als Hort greller Vielfalt bekannt, klagen mittlerweile über »Bewerber mit dem immer gleichen Hintergrund«, wie Burkhard Schwenker, Chef von Roland Berger, sagt.

Sein Kollege Christian Veith sitzt oben in einem gläsernen Büroturm in der Düsseldorfer Innenstadt, inmitten von Kickertischen und Laptops, und betont, wie gern er auch Theologen oder Rentierforscher einstellt: »Nur die Hälfte unserer Mitarbeiter kommt aus den Wirtschaftswissenschaften«, sagt der Deutschland-Chef der Boston Consulting Group. »Spannend ist gerade die Kombination dieser Experten mit Talenten, die einen anderen Horizont haben. Die sind eher bereit, Herkömmliches in Frage zu stellen – sie haben das ja in ihrer Biografie getan, indem sie nicht den klassischen Berufsweg eingeschlagen haben, sondern zu uns gekommen sind«.[23] Die Begeisterung ausgerechnet der Consultants für Exoten ist jedoch mit Vorsicht zu genießen, wie wir im dritten Buchteil noch sehen werden.

Aber bereits an dieser Stelle zeigt sich deutlich, wie der Hunger nach Perfektion nahezu tragische Züge annimmt: Anstatt herauszufinden, was ihnen wirklich Spaß macht und worin sie wirklich gut sind, studieren viele zwischen 19 und 25 das, wovon sie sich die größten Chancen auf dem Jobmarkt versprechen – obwohl sie dafür vielleicht völlig ungeeignet sind. Gleichzeitig denken viele vor allem in Positionen und Hierarchien anstatt in Inhalten. Sie wollen später mal »was Strategisches machen« oder Jobs, »in denen ich Verantwortung übernehmen kann«. So wird das eigene Profil bis zur Unkenntlichkeit verwischt, heraus kommen Passepartout-Absolventen, die für alles und nichts stehen. »Sea of sameness« sagen Marketingexperten dazu. Der Hang zum Pragmatismus, die Bereitschaft, das zu tun, was gerade nachgefragt ist (und was deshalb alle tun), hindert daran, die eigenen Stärken auszunutzen. Gerade die Begabten unter den Studenten haben Angst, eines ihrer vielen Talente ungenutzt zu lassen, und wollen sich deshalb so wenig wie möglich festlegen. Es ist die bekannte perfektionistische Strategie, Risiken zu vermeiden. Genau dieser Modus wird jetzt zur Barriere auf dem Weg zu dem, was doch das eigentliche Ziel der Optimierung ist: herauszuragen aus der Masse. Denn das Risikovermeiden bedeutet auch, Entscheidungen zu vermeiden.

Auf die Frage, welchen Job sie anstrebt, zuckt Anna-Lena mit den Schultern. Unter ihren vielen Praktika hat sie keinen Beruf gefunden, der ihr gefällt. Die Steuerkanzlei – zu trocken. Der Konsumartikler? »Soll ich mein Leben lang Weichspüler verkaufen?« Es scheint, als ob die Wirklichkeit einfach nicht mithalten kann mit dem perfekt ziselierten Lebensplan. »Es war so viel Klein-Klein im Alltag, ich möchte aber etwas bewegen.« Nur: Was denn? Anna-Lena guckt ratlos, offensichtlich hat sie sich darüber noch nie Gedanken, sondern immer nur den nächsten Haken im Lebenslauf gemacht. Sich breit aufstellen, alles auf das große Ziel ausrichten – auch wenn das im dichten Nebel liegt.

Jansen will ihr eine Brücke bauen: Wenn Geld keine Rolle spielte, wenn sie frei wählen könnte, wie sähe dann ihr Leben aus? Doch die vermeintliche Hilfestellung verwirrt Anna-Lena noch mehr. Frei wählen? Ohne Kriterien von außen? Schule, Praktika, Bachelor – immer war sie top, hat Erwartungen überfüllt und übertroffen. Das Problem ist: Es gab immer Erwartungen, an denen sie sich orientieren konnte. Was sie selbst will, war selten Thema. »Frei wählen? Das ist doch ein Trick, oder?«, fragt sie und lächelt verschwörerisch. Jansen seufzt.

Die Sucht nach Perfektion – sie führt dazu, dass viele mehr wollen, als sie können. Und dass die, die wie Anna-Lena gute Noten und viele

Talente haben, die leistungsbereit und ehrgeizig sind, nicht wissen, was sie wollen. Weil sie stur das machen, von dem sie glauben, es sei gewünscht. Die Optimierung, von der so viele Spieler auf dem Bildungsmarkt profitieren, führt dazu, dass ausgerechnet die, die sich am härtesten abstrampeln, davon nicht den erhofften Nutzen haben.

Manche Soziologen sehen die Bedeutung von Bildung nicht primär in der Steigerung der Fähigkeiten, sondern in ihrer »Sortierfunktion«. Danach wirken Bildungseinrichtungen als Filter, die das Können von Studenten messen und in Form von Zeugnissen dokumentieren. Für den Marktwert wären dann in erster Linie die Signale von Bedeutung, die von diesen Bildungszertifikaten ausgesandt werden. Vielen Turbostudenten wäre zu wünschen, dass die Signaltheorie stimmt.

Wahrscheinlich ist das allerdings nicht. Eher wird eine gegenläufige Entwicklung die Zukunft bestimmen: Die forcierte Jagd nach Praktika und fuderweise Zusatzqualifikationen führen dazu, dass alle schon mal alles gemacht haben – aber selbst nicht wissen, was sie eigentlich tun wollen. Es droht die nächste Perfektionsfalle: Einzigartigkeit, seriell produziert, wird uniform. »Employability«, die rastlose Akkumulation potenziell notwendiger Fähigkeiten, ist deshalb ungefähr so wertvoll wie ein halb verdurstetes Pferd: Man sollte besser nicht darauf setzen.

Stattdessen wird künftig Einzigartigkeit den Takt vorgeben. Statt den Markt zu beobachten und sich wahllos Fähigkeiten anzueignen, die vielleicht wichtig sein könnten, wird eine Frage tatsächlich wichtig werden: Wer bin ich? Attraktivität auf dem Arbeitsmarkt wird weniger mit Qualifikationen zu tun haben, sondern mit Identität und Selbstbewusstsein. Eine schlechte Nachricht für Anna-Lena. Und für alle, die auf die Blaupause des perfekten Studiums vertraut haben.

Karriereturbo mit Fehlzündung

Warum harte Arbeit und gute Leistungen dem Chef
nutzen – und dem Aufstieg schaden

>»Eine Erfolgsformel kann ich dir nicht geben;
>aber ich kann dir sagen, was zum Misserfolg führt:
>der Versuch, es jedem recht zu machen.«
>*Herbert Bayard Swope*, Pulitzer-Preisträger

Über dezent gebräunter Haut trägt Jochen Zeitz Armani-Jeans und ein modisches Hemd. Der Puma-Chef sieht aus, als sei er gerade von drei Wochen Ausspannen in seinem Haus in Ostafrika zurückgekehrt. Tatsächlich warten zwei Videokonferenzen auf ihn, ein Mediaplaner-Treffen und ein Dutzend Telefonate mit Vertriebsleitern. So weit die Planung bis zu dem Punkt, den andere ihre Mittagspause nennen würden. Ein Wort, das in Zeitz' persönlichem Synonymwörterbuch hinter »Zeitverschwendung« auftaucht. Und Zeitverschwendung kann Zeitz nicht leiden. »Ich werde nervös, wenn nichts zu tun ist.«

Ich traf Zeitz vor einiger Zeit für eine Recherche über »Extremjobber«. So nennt das New Yorker Center for Work-Life-Policy Menschen, die rund um die Uhr erreichbar sind und mehr als sechzig Wochenstunden arbeiten. Berater, Anwälte, Ingenieure, die scherzen, sie nähmen sich jetzt mal einen halben Tag frei, wenn sie ausnahmsweise schon um 20 Uhr aus dem Büro gehen, und die sich im Hyatt ihre Blackberry-Hand massieren lassen. Mit zäher Ausdauer treiben sie die Wirtschaft voran – und ihre Zahl nimmt zu.

Zeitz ist ein Musterbeispiel. Er checkt seine Mails ab morgens um sechs, täglich, auch am Wochenende, im Urlaub. Die »Out-of-Office«-Funktion ist für ihn tabu, seine Antworten (»OK«) sind für ihre Prägnanz berüchtigt. Beim Joggen bespricht er sich mit Kollegen; im Fitnessstudio, eingerichtet zwischen den behäbigen Mahagoniwänden im ehemaligen Vorstandstrakt des Puma-Hauptquartiers in Herzogenaurach, grübelt er über neuen Projekten. Zeitz ist ein Effizienzjunkie, »always on sein ist doch selbstverständlich«. Als er die Puma-Geschäfte einige Jahre lang von Boston aus lenkte, erzählen Mitarbeiter ehrfürchtig, kombinierte er quasi die Arbeitszeiten beider Kontinente: Wer morgens um 9 Uhr aus Deutschland eine Mail schrieb, bekam wenige Minuten später Antwort.

Sicher, Zeitz ist Vorstandsvorsitzender eines Weltkonzerns; dass sich seine Arbeitszeiten leicht von denen des Sachbearbeiters im Finanzamt Duisburg unterscheiden, liegt auf der Hand. Doch sein Arbeitsalltag – und mehr noch: sein Arbeitsethos – hat mehr mit unserer eigenen Jobwirklichkeit zu tun, als uns auf den ersten Blick bewusst sein mag.

Extremjobber wie Zeitz stehen an der Spitze der Entwicklung hin zu einer Welt, die niemals schläft. Normalerwerbsbiografie und Achtstundentag – das sind Begriffe, so aktuell wie der Opel Kapitän. »Viel arbeiten ist hip, es hat Erlebnischarakter, ähnlich wie Extremsport«, sagt Gerd Günter Voß von der TU Chemnitz. Der Industriesoziologe nennt das den »entgrenzten Arbeiter, der sich stärker als Unternehmer fühlt, mehr Verantwortung übernimmt und deshalb mehr und zunehmend arhythmischer arbeitet«. Wie im Kapitel »Früh übt sich, mit Mozart und Chinesisch« angedeutet, entwickeln wir uns zum »Selbstunternehmer«, der sich, statt stumpf seine Stunden abzureißen, als seine eigene Firma begreift, deren Leistung er maximieren will. Das gilt für alle, für Topmanager wie für Sozialpädagogen, Architekten oder Chemiker. Auch der Kassierer bei Edeka muss sich heute »weiterentwickeln«.

Tatsächlich bricht sich der Drang zur Perfektion nirgends so drastisch Bahn wie im Beruf. Chinesisch und Geige im Kindergarten, Turbostudium und Spitzenpraktika – das alles sind nur biografische Etüden, bevor das echte Spiel beginnt. Wie in einem Brennglas bündeln sich in unseren Jobs die dominierenden gesellschaftlichen Trends:

- die sprunghaft angestiegenen Optionen und Vergleichsmöglichkeiten,

- der zunehmende Wettbewerbsdruck und der daraus resultierende Zwang zu ständiger Optimierung,
- die Idee, das eigene Leben als Projekt zu begreifen, aktiver zu sein, mehr Verantwortung zu übernehmen, selbstbestimmter zu agieren. Und damit erst recht im Beruf nicht mehr als »Arbeitnehmer« aufzutreten, sondern als Unternehmer unserer selbst.

Vom Job strahlen diese Entwicklungen wieder auf unser übriges Dasein aus. So wie unsere Schreibtische ins Internet und von dort ins Straßencafé an der Ecke gezogen sind, so ist die Idee mitgezogen, unser Leben selbst wie einen kleinen Betrieb zu organisieren. Soziologe Voß spricht von der »Vertrieblichung der Lebensführung«. Die Trennung beider Sphären ist längst aufgehoben.

Zeitz hat das früher begriffen als andere – was ihm auch half, seine Firma zu retten. Denn der Job als Puma-Chef, den er 1993 antrat, war ein Himmelfahrtskommando. Puma, das war so sexy wie Urlaub in Kärnten mit 17 und den eigenen Eltern. Wer etwas auf sich hielt, kaufte Adidas; Puma war für Nerds, die in der Marke ein ironisches Statement sahen, das nur leider außer ihnen selbst niemand verstand.

Zeitz machte aus der dösenden Raubkatze eine hippe Lifestyle-Marke, die DJs in New York und Rapper in L.A. vor den Kameras spazieren trugen. 2009 geriet Pumas kometenhaftes Comeback zwar ins Trudeln, zum ersten Mal nach 14 Jahren war ein Gewinnrückgang zu verbuchen. Dennoch: In den Jahren zuvor hatte Zeitz den Aktienkurs vervielfacht, das Markenimage komplett gedreht. Das Kunststück gelang ihm mit Kollektionen wie »96 hours«. Der Name stand für die Dauer einer interkontinentalen Geschäftsreise; in ihrer Mischung aus Freizeitdress und kühler Eleganz bündelten die Kleider ein Lebensgefühl, das in Arbeit nicht Broterwerb sieht, sondern eine Passion. Die Kollektion war nicht zu förmlich und nicht zu *casual*, sie changierte in der Mitte zwischen Konferenztisch und Cocktailglas, weil eine Trennung von Job und Freizeit ohnehin keinen Sinn mehr machen würde in einer Welt, in der man Sneakers im Büro und Anzüge auf Partys trägt. »96 hours« ist die Uniform des globalen Vielarbeiters, für den Arbeit Zuhause ist und Zuhause Arbeit. Damit gelang es Zeitz, sein persönliches Arbeitsethos mit einem Megatrend zu kombinieren – und zeigte, wie viel uns dann doch mit einem Topmanager verbindet.

Es ist schwer zu sagen, was Zeitz von Anna-Lena halten würde. Sicher ist, dass sie sich in »96 hours« pudelwohl fühlen würde – und auch in dem darin eingewebten Zeitgeist. Nach perfekt ausgerichtetem Studium wird sie im Job alles dransetzen, die perfekte Berufsanfängerin zu sein. Sie wird mobil sein, flexibel und überdurchschnittlich engagiert; keiner wird sie um 20 Uhr bitten oder gar anweisen müssen, die Präsentation rasch bis morgen fertigzustellen, denn das tut sie schon ganz von selbst. Stichwort Eigeninitiative. Für Anna-Lena dürfte die Kollektion auch »120 hours« heißen. Nur Duschen müsste sie zwischendurch mal. Aber dafür gibt es ja Lounges am Flughafen.

Das riecht verdächtig nach Strebertum? Mag sein. Aber mal ehrlich: So wie Anna-Lena ihr Studium angeht, so optimieren wir doch längst selbst unsere Jobs. Wir belegen abends einen Business-English-Kurs, weil das ja nie schaden kann. Wir checken im Urlaub Mails, weil etwas Wichtiges passiert sein könnte. Wir machen am Wochenende noch einen Abschlussbericht fertig. Mit mildem Spott denken wir an unsere Väter mit ihren Stechuhren und geheiligten Feierabenden. Dieser graue Angestelltentypus ist passé, schreibt Jakob Schrenk in dem Buch *Die Kunst der Selbstausbeutung*: Nun sollen wir zur Marke werden, »zum aktiv-dynamischen, selbst-enthusiasmierten Marktteilnehmer«. Wir nennen es nicht Arbeit, weil wir dabei im Biergarten sitzen – bloß: Was ist der Unterschied? Sind wir nicht alle ein bisschen Anna-Lena?

Um eins ganz klar zu sagen: Dies ist kein Aufruf, die Hände in den Schoß zu legen. Initiative, Engagement, Freude an der Arbeit, das ist alles gut und wichtig. Aber die Frage ist doch: Tun wir das alles, das ständige Optimieren unseres Arbeitnehmerprodukts, wirklich für uns? Bringt es uns wirklich weiter, Ansprüchen gerecht zu werden, die Vorgesetzte, der Konkurrenzdruck, die »Globalisierung« an uns richten? Oder profitieren andere davon – während wir, wie Anna-Lena im Studium, als brave Arbeitstiere den Chef erfreuen? Und darüber selbst, trotz ständigen Feilens an unserer »employability«, merkwürdig farblos bleiben und uns von unseren Zielen immer weiter entfernen?

Fit und verfügbar: Flexibilität bringt Geld.
Leider vor allem den anderen

Die geregelte Trennung zwischen Beruf und Privatleben ist vergleichsweise jung und entstand durch die arbeitsteilige Produktionsweise der Industrialisierung. Seit gut zwanzig Jahren löst sie sich nun wieder auf, »Flexibilisierung« heißt das Zauberwort. Rein mechanisch betrachtet ist dies eine Folge globaler Ökonomie und neuer technischer Möglichkeiten sowie die betriebswirtschaftliche Antwort auf Nachfrageschwankungen. Doch dahinter steckt mehr. Aus ideologischer Sicht ist Flexibilisierung die logische Konsequenz aus der Idee des Selbstunternehmers. Darauf bedacht, sich möglichst gut »aufzustellen« und seine Chancen in der Firma zu optimieren, will der unternehmerische Angestellte nicht kleinkrämerisch die Minuten zählen. Letzten Endes, so die Verheißung, kommt jede Minute Mehrarbeit ja ihm selbst zugute, weil sie seine Position als »Arbeitnehmermarke« verbessert und Leistungswillen wie Engagement demonstriert.

Das Ausmaß der Flexibilisierung ist mittlerweile selbstverständlich geworden, eben weil wir ja überzeugt sind, davon zu profitieren. 2007 arbeiteten nach einer Studie des Wirtschafts- und Sozialwissenschaftlichen Instituts (WSI) der Hans-Böckler-Stiftung nur noch 13 Prozent der Beschäftigten zwischen 35 und 42 Wochenstunden von Montag bis Freitag. Mehr als 40 Prozent arbeiten am Samstag (vor 15 Jahren waren es weniger als ein Drittel), jeder Fünfte muss auch am Sonntag ran. Der Anteil der klassischen »Nine to five«-Angestellten hat sich zwischen 1989 und 2003 glatt halbiert. Auch wenn die Brutto-Arbeitszeit auf dem Papier festgelegt sein mag, wird sie durch Zeitwertkonten oft recht flexibel gehandhabt – drei von vier Unternehmen in Deutschland arbeiten bereits nach dieser Methode. Das Prinzip der freien Zeiteinteilung auf die Spitze getrieben hat die US-Elektronikkette »Best Buy«: In vielen Abteilungen wird Anwesenheit dort gar nicht mehr kontrolliert, nur Ergebnisse zählen. »Results-only-work-Environment« heißt das wohl zukunftsweisende Konzept, das bei aller Freiheit nur einen kleinen Haken hat: Wer die Arbeit nicht schafft, muss so lange bleiben, bis »results only« vorliegen. Schließlich haftet er persönlich für seine Ergebnisse.

Der Vorteil solcher Arbeitsformen liegt auf der Hand: Ist wenig zu tun, sitzen die Leute nicht dümmlich ihre Zeit ab, sondern gehen heim, wo sie nichts kosten. Und kommen wieder, wenn die Aufträge sprudeln. So weit, so fair. Tatsächlich ist der Nutzen für die Unternehmen aber deutlich größer: So verlängerten im 2007 zu Ende gehenden Boom zwar viele Firmen die Arbeitszeiten – doch weniger als die Hälfte zahlte dafür einen vollständigen Lohnausgleich. »Flexible Arbeitszeit wird zunehmend zum Einfallstor für indirekte Lohnsenkungen«, konstatiert WSI-Experte Hartmut Seifert. Hinzu kommen drei Milliarden Überstunden, die etwa 2007 republikweit geleistet wurden. Das sind zwei Stunden pro Woche – die Hälfte davon unbezahlt. Und die drei Tage Urlaub, die jeder Deutsche pro Jahr ungenutzt verstreichen lässt, sind ein weiteres Geldgeschenk an die Firmen. In der Realität, klagen gewerkschaftsnahe Wirtschaftswissenschaftler, werde in vielen Betrieben längst jenseits tariflich vereinbarter Zeiten gearbeitet, oft ohne Lohnausgleich. Wo es noch eine Stechuhr gibt, stempeln die Arbeiter pünktlich um 17 Uhr aus – und eilen schnurstracks zurück an ihren Platz, ohne die Stechuhr noch mal zu betätigen.

Downshifting, Telearbeit, Jobsharing – was man früher in schönstem Bürokratendeutsch »Maßnahmen zur weitergehenden Flexibilisierung der betrieblichen Arbeitszeit« genannt hätte, segelt heute unter der Flagge eines modernistischen Anglizismus. Und unter der Parole, es sei doch eine schöne Sache, seine Zeit freier einteilen zu können – dass auch Effizienz und Rendite steigen, versteckt sich meist verschämt in einem Nebensatz.

Noch krasser präsentiert sich die Kluft zwischen öffentlicher Beteuerung und dahinterliegenden Motiven auf einem weiteren Feld des Perfektionierungsdrangs im Job: der Gesundheitsvorsorge durch die Firmen. Oh, Entschuldigung: Die Rede ist natürlich vom »strategischen Gesundheitsmanagement«, das klingt doch schon gleich viel aktiver.

Bevor sich die Strategen der körperlichen Verfassung annahmen, hatte man unter Bürosport das Jonglieren mit Textmarkern oder das Gießen des Ficus benjamini in Michael-Jordan-Manier (schnell aufsteigen und von hoch oben treffen) zu verstehen. Eine Mittagspause galt als gelungen, wenn es Currywurst in der Kantine gab, wonach die Marl-

boro besonders würzig schmeckte. Eine Partie Federball beim Betriebs-
ausflug markierte das Maximum körperlicher Anstrengung.

Inzwischen startet ein Arbeitstag mit einigen Wake-up-Moves, nach
dem Mittagessen (Salatbar statt Currywurst!) folgt Rückengymnastik,
und nach Feierabend trifft sich die Betriebssportgruppe zum lockeren
Nordic Walking. Denn das ständige Sitzen und Auf-den-Bildschirm-
Starren befördert nicht gerade das Ideal des »Mens sana in corpore
sano«. Die Angestellten werden übergewichtig, unkonzentriert – und
weniger produktiv. Was aber, fragen sich deshalb die Firmen, nützt das
schnellste Pferd, wenn es ständig ausfällt? Auf gut 50 Milliarden Euro
im Jahr schätzen Experten den Produktivitätsverlust aufgrund des
schlechten Gesundheitszustandes der Deutschen.

Um Abhilfe zu schaffen, sorgen sich die Unternehmen wie nie zuvor
um die Gesundheit ihrer Mitarbeiter. Sie zahlen Gebühren für Fitnessstudio und Grippeimpfungen, sie bieten kostenlose Gesundheits-
checks, ergonomische Arbeitsplatzanalysen und Rauchentwöhnungs-
kurse an. Sie schicken ihre Manager in Wellness-Tempel, weil Ludwig-
Erhardt-Format und Rotwein-Teint ausgedient haben. Manche verteilen Schrittzähler an die Belegschaft; eine Freundin von mir ging früher
zwei Mal pro Woche zum Eishockey-Training. Ihr Chef, Inhaber einer
Baufirma, fand, dass Eishockey nicht nur bemerkenswert fit hält, sondern obendrein den Teamgeist stärkt.

Die USA sind wie üblich einen Schritt weiter: Firmen wie der Energiekonzern Florida Power & Light (FPL) haben ihre eigene Gesundheits-
infrastruktur aufgebaut – in den firmeneigenen Kliniken erhält die
Belegschaft medizinische Hilfe. Und der Verlag Cadmus verordnete seinen Angestellten 2005 einen Risikofaktorentest, bei dem Blutdruck
und Cholesterin gemessen wurde. Wer sich weigerte, verlor die von der
Firma gestellte Krankenversicherung.

Ob in den USA oder in Deutschland: Wo früher literweise Kaffee getrunken wurde, nippt man heute am Wellness-Wasser. Fahrstuhl ist
out, Treppe ist in. Das alles tut dem Körper wohl, sicher, doch für die
Unternehmen geht es um mehr. Nicht sozialromantischer Altruismus,
ja nicht einmal patriarchalische Sorge treibt sie um, sondern die Angst,
im globalen Wettbewerb schwach und fett dazustehen statt ausdau-

ernd und fit. »Die Gesundheitskosten verringern die Gewinnmargen der Unternehmen und beschränken neue Investitionen«, so der amerikanische Politik- und Wirtschaftsberater Jeremy Rifkin in erfreulicher Offenheit. Durch Fehltage wegen Stress und sonstiger psychischer Belastung entsteht der Volkswirtschaft jedes Jahr ein Schaden in Höhe von mehr als 6 Milliarden Euro. Da lohnt es sich schon, ein paar Stunden im Fitnessstudio zu spendieren.

Und die Gegenoffensive funktioniert: Für jeden Euro, den sie in das körperliche Wohlergehen ihrer Belegschaft investieren, bekommen die Unternehmen nach einer Studie des BKK-Bundesverbands zwischen 2,50 und 10 Euro zurück. Von solchen Renditen können sie mit ihren eigentlichen Produkten nur träumen.

Arbeit ist hip:
Wie die 68er den Kapitalismus auf Vordermann brachten

Die betrieblich geförderte – und geforderte – Fitnesswelle ebenso wie die flexibilisierten Arbeitszeiten spiegeln das Selbstverständnis einer Gesellschaft, die den gemütlich eingefahrenen Trott hinter sich lässt, um sich den »challenges« des globalen Marktes zu stellen. Initiativ, flexibel, aktiv, besser noch: proaktiv. Immer eine Schippe drauflegen. Wer keine Ringe unter den Augen hat, der performt auch nicht. Das Credo des Industriezeitalters – *if you do your job, you have a job* – ist entsorgt, jetzt wird optimiert. »Es gibt immer was zu tun« – der Baumarkt-Slogan ist zum Arbeitsmotto des frühen 21. Jahrhunderts geworden.

Einfach mal so ins Blaue gefragt: Warum machen wir das eigentlich? Die Suche nach der Antwort führt in die nahe Vergangenheit, in die Zeit, da sich die Industrie- in eine Wissensgesellschaft verwandelte. Die Umformung schuf ein neues Verständnis von Arbeit, bei dem es nicht mehr um Hände geht, sondern um Köpfe. Und die lassen sich intensiver und flächendeckender optimieren als Handgriffe am Fließband. Die »Always on«-Arbeitsweise geht deshalb am stärksten diejenigen an, die auch einen Kopf zu bieten haben. Idealerweise mit etwas drin. Hoch qualifizierte Akademiker also, Ingenieure, Betriebswirte, Juristen, Chemiker oder IT-Experten. Sie sind nicht nur gut ausgebildet, sondern meist jung und wie Anna-Lena bereit, sich richtig reinzuhängen. Es ist kein Zufall, dass in ihrer Generation das Medikament Ritalin zur Modedroge werden konnte. Es macht nicht high, sondern hilft dem Gehirn, länger arbeiten zu können: Koks für Vernünftige. Denn Anna-Lena und Co. arbeiten nicht nur für die Firma, sondern optimieren gleichzeitig ihr Ich als Selbstunternehmer. Sie gehen auch nicht zur Arbeit. Dank E-Mail, Blackberry und iPhone kommt die Arbeit zu ihnen.

In Hamburg ist die Sonne längst untergegangen, als Gernot um halb elf endlich die dringendsten Mails verschickt hat. Gernot ist Fachanwalt für Unternehmensrecht bei einer internationalen Kanzlei, auch er ein Vertreter der Spezies »Extremjobber«, und er hat gerade einen »All-Nighter« hinter sich, wie er seine Nachtschichten nennt.

»Wir brauchen den Vertrag doch schon morgen Abend«, verkündete der Mandant tags zuvor kurz und bündig. Das war vor 37 Stunden, die Gernot, Mitte dreißig, blaue Augen über gutsitzendem Anzug, seither mit dem Vertragsentwurf für den Kauf einer Software-Firma verbracht hat. Unterbrochen von einem Zahnarzttermin heute morgen um acht, was sich glücklich fügte, denn da konnte er mal Zähne putzen. Übermorgen hat Gernot Geburtstag, an dem er bis in die Nacht mit dem Noch-Besitzer des IT-Unternehmens über Haftungshöhen und Fristen verhandelt. Das Wochenende wird ruhiger: Nur sonntags ins Büro, ein paar Akten lesen, vielleicht einen Fachaufsatz schreiben.

Das 20. Jahrhundert kannte den Workaholic. Ein bemitleidenswertes Wesen, das Sozialpädagogen und Therapeuten gerne in einem Atemzug mit Alkohol- und Spielsüchtigen nannten. Der Workaholic ist ausgestorben. Das heißt, er selbst ist nicht ausgestorben, nur der Begriff. Weil jeder selbst definiert, wie viel Arbeit wichtig (und damit gut) für ihn ist, gibt es keine »normalen« oder »unnormalen« Arbeitszeiten mehr. Aus dem altmodischen, uncoolen Workaholic ist der irgendwie hippe Extremjobber geworden. Der Unterschied: Extremjobber fühlen sich nicht als Opfer, sie lieben die hohe Drehzahl. Meist arbeiten sie in Jobs, in denen es auf Denken, Entscheidungen und Kreativität ankommt. »Wer den Machtstab des Agierens in der Hand hält, kann mehr leisten als jemand, der nur Befehle ausführt«, sagt Zeitmanagement-Guru Lothar Seiwert. Gernot erklärt: »Ich arbeite gern unter Zeitdruck. Viele Bälle gleichzeitig in der Luft halten, Telefonate, Verträge, Mails, das bringt das gute Gefühl, etwas voranzutreiben.«

Die Frage ist nicht, ob das stimmt, das entscheidet jeder für sich selbst. Die Frage ist, seit wann und warum der Sinn von Arbeit darin besteht, Spaß zu haben. Und wer von dieser Idee profitiert.

Der Gedanke, Arbeit sei nicht nur Broterwerb, sondern müsse in sich einen Sinn haben und Erfüllung bieten (wofür »Spaß« nur das neudeutsche Synonym ist), ist alles andere als selbstverständlich, auch wenn uns das heute so scheint. Tatsächlich ist die sinnstiftende Bedeutung der Arbeit ein Produkt der Neuzeit. Im Römischen Reich, auch in der Feudalgesellschaft des Mittelalters, galt nützliche Arbeit als unwürdig, eine dubiose Sache, die man Sklaven und Leibeigenen überließ. Erst der Protestantismus und in seinem Gefolge das berufstätige Bürgertum propagierte das Gegenbild zum arbeitsscheuen Adel: Wer nicht arbeitete, war der Gnade Gottes unwürdig.

Zu der Idee, das Dasein erhalte erst durch Arbeit seinen Sinn, trat gegen Ende des 19. Jahrhunderts die Verwissenschaftlichung der Arbeit mit dem Ziel, die Produktivität zu steigern. Von diesem Punkt an, bis etwa zu den siebziger und achtziger Jahren, enthielt der Job zwar bereits eine sinnstiftende Konstante (indem sich die Menschen als Ärzte oder Friseure definierten), aber alles in allem war er noch eine recht freudlose Angelegenheit, die es eben zu erledigen galt. Noch bis Mitte der Achtziger waren weniger Arbeit, längere Ferien und allgemeiner »Zeitwohlstand« ein erstrebenswertes Ideal.

Das änderte sich, als in den späten 80er Jahren die Ideen der 68er langsam den gesellschaftlichen Mainstream eroberten. Bis dahin ließ sich die Art, wie man Job und Leben zu erledigen hatte, mit den klassischen Sekundärtugenden beschreiben: Ordnung, Disziplin, Sauberkeit. Denken überließ man den Pferden, die hatten die größeren Köpfe.

Die 68er ersetzten den konservativen Muff durch das Recht des Einzelnen auf Freiheit, Selbstbestimmung und -entfaltung. Die Individualisierung der Gesellschaft, der Wille (und die Erwartung von außen), etwas ganz Besonderes aus sich selbst zu machen, die stärkere Übernahme von Verantwortung als Unternehmer des eigenen Selbst – hier hat sie ihren Ursprung. Es ist ein Kerngedanke des Strebens nach Optimierung, der uns noch häufiger begegnen wird. Denn nur wer autonom und aktiv seine Ziele definiert und verfolgt, kann diesen Prozess auch mit aller Kraft perfektionieren. Das muss er auch, denn er hat schließlich die Autonomie, sprich: die Verantwortung.

Plötzlich also reichte es nicht mehr, einen guten Job zu machen. Man musste auch Spaß daran haben, dabei man »selbst sein«. Und wer Spaß an der Arbeit hat, arbeitet auch mehr, besser, effizienter. Anstatt den Chef mit »Ich bin auf der Arbeit, nicht auf der Flucht«-Sprüchen zu nerven, erhöht er die Rendite. Etwas Merkwürdiges war geschehen: Die ihrem Wesen nach antikapitalistische Haltung der 68er, ihr Individualismus und ihre Selbstfindungsorgien, ließen sich ausgerechnet mit dem »Immer mehr, immer schneller« des Kapitalismus kombinieren.

Einen Höhepunkt erlebte diese Entwicklung in der New Economy, als Kickertische und Pizzakartons in durchgearbeiteten Nächten eine Illusion von Freizeit vermittelten: Wenn der Job Spaß macht, wozu auf die Uhr schauen? Deutlich wie nie zuvor war damals das Phänomen zu besichtigen, das Jakob Schrenk beschreibt: »Wenn junge Banker oder Architekten heute über ihren Beruf reden, dann verwenden sie beinahe dieselben Wörter wie die Hippies in Woodstock: Selbstverwirklichung, besseres Leben, Glück, Veränderung und Spaß.«[24] Love and Peace als Mittel zur Steigerung der Produktivität.

Eine zutreffende Analyse – doch sie ist unvollständig. Zur mentalen Umdeutung der Arbeit in Richtung Fun-Camp traten mit Beginn des 21. Jahrhunderts einige ganz handfeste Entwicklungen, die das Jobleben nicht gerade leichter machten: der Kostendruck im globalen Wettbewerb, die schier erdrückende Konkurrenz an klugen Köpfen aus China, Indien und anderswo sowie die flacheren Hierarchien in den Unternehmen, die den Aufstiegswilligen noch stärker strampeln lassen.

Arbeit soll immer noch Spaß machen, aber der Druck hat zugenommen. Denn wenn etwas Spaß macht, dann wollen wir auch gut darin sein. So gesellte sich im neuen weltumspannenden Wettbewerb zum fröhlichen Individualismus der Ethos des Spitzensports: Streng dich an, gib alles, zieh dein Ding durch. Der Sportler, mit seiner gusseisernen

Disziplin und dem unbedingten Willen zum Erfolg, dem er alles andere unterordnet, hat den genialischen, aber doch recht schluffigen Popstar als gesellschaftliches Idol ersetzt. Mehr noch: Die Popstars selbst haben ihr Sex-Drugs-Rock'n-Roll-Ding über Bord geworfen und gerieren sich als im Schweiße ihres Angesichts hart arbeitende Zeitgenossen, denen weniger ihr Talent als Fleiß und Ehrgeiz den Weg nach oben ebnen. Talent-Shows wie *Deutschland sucht den Superstar* (DSDS), in der Juror und Poptitan Dieter Bohlen seine Eleven permanent mit Sprüchen wie »noch härter an dir arbeiten«, »Showbusiness ist kein Spaß, sondern brutaler Wettbewerb« traktiert, deklinieren diese Haltung dann bis ganz nach unten durch.

Auf ironische Weise schließt sich damit ein Kreis: Das Leistungssportdenken ist schließlich nichts anderes als die alten konservativen Werte. Nur dass es jetzt mit der Spaßkomponente verheiratet wurde. Entstanden ist das Ideal des Jobathleten: zäh, leistungsbereit, flexibel. Nur das Ergebnis zählt. Und weil die Technik die strukturierenden Elemente der Arbeit aufgelöst hat, sind der permanenten Perfektionierung keine Grenzen mehr gesetzt.

In seinem Buch *Morgen komm ich später rein* feiert der Journalist Markus Albers diese neue »Easy Economy« als Sieg der Freiheit über den verplanten Arbeitsalltag. So hat etwa IBM schon vor zehn Jahren die Stechuhr durch Vertrauensarbeitszeit ersetzt und das Konzept des eigenen Schreibtischs abgeschafft; die Deutsche Bank plant, mittelfristig nur 40 Prozent ihrer Angestellten regelmäßig ins Büro gehen zu lassen – der Rest, die »Mobile People«, arbeitet von zu Hause oder unterwegs. Das klingt nett und cool – und spart der Bank horrende Büromieten, Möbel, Infrastruktur, Kantine und Energie. Bei IBM waren sie durch die Einsparung der Stechuhr auch gleich fast die Hälfte der Bürofläche los – inklusive Energiekosten. Das ist leicht verdientes Geld, und es ist erst der Anfang: Schon bietet die Telekom ein Büro an, das man als USB-Stick in der Hosentasche herumtragen kann.

Es ist nur so: Wenn das Büro überall sein kann, wird auch alles zu Arbeit – wie bei Zeitz, wie bei Gernot. Wenn Young Professionals wie er bis spät nachts im Büro sitzen oder am Wochenende zu Hause arbeiten, dann haben sie zwar für sich das schöne Gefühl, »etwas voranzutrei-

ben«. Der unmittelbare Vorteil der Optimierungsstrategie bleibt allerdings aus – denn mehr Geld kriegen sie nicht. Auch nicht unbedingt
bessere Aufstiegschancen, da alle um sie herum sich genauso reinhängen. Ihren Mandanten gegenüber ist Gernots Kanzlei weniger großzü-
gig: Jede Stunde, die er arbeitet, wird ihnen penibel in Rechnung gestellt. Schließlich funktioniert so das Prinzip der Großkanzleien: Viele
junge Anwälte schaffen viele Stunden ran – die den Gewinn der Partner
erhöhen. »Dass Arbeitnehmer in der neuen Freiheit mehr tun, als notwendig ist, und dass das honoriert wird und sie dabei auch die Grenzen
ihrer Belastbarkeit nicht immer wahrnehmen, ist natürlich eine Gefahr«, räumt selbst ein Mobilitätsfan wie Wilhelm Bauer ein, Direktor
des Fraunhofer-Instituts für Arbeitswirtschaft und Organisation.[25] Von
der Perfektion in Gestalt flexibler Arbeit, die Spaß machen und Sinn
stiften soll, profitieren also zunächst andere. Und weil die meisten dieser Perfektionierungsstrategie folgen, ist auch der mittelfristige Erfolg
– etwa eine Beförderung wegen herausragenden Engagements – höchst
unsicher. Wie die 16-jährige Nadine im Kapitel »Früh übt sich, mit Mozart und Chinesisch« schon feststellte: »Wenn alle auf die Stühle steigen, fällt gar nicht mehr auf, dass man selbst oben steht.«

Nur die Paranoiden überleben: Was Coaching und Schönheits-OPs mit Gazellen in Afrika zu tun haben

Wer glaubt, die Sache mit dem Jobathleten und das Gerede, dass jeder
zum Unternehmer seiner selbst werden müsse, erledige sich in wirtschaftlich mageren Zeiten von selbst, wird enttäuscht werden. Spaß an
der Arbeit, kombiniert mit dem Leistungsethos des Spitzensports – das
sind langfristige Trends. In Krisen werden sie eher verstärkt. Der Spaß-
gedanke vielleicht weniger, der Leistungswille dafür umso mehr.

Man sieht das zum Beispiel an der Zahl der Krankmeldungen: 2007
fiel der Krankenstand auf ein Rekordtief von etwas über 3 Prozent der
Sollarbeitszeit – so niedrig wie nie seit Beginn der Lohnfortzahlung
1970. Wichtigster Grund: die Angst vor Jobverlust. 2008 stieg die Zahl

der Krankmeldungen wieder leicht an, doch generell ist der Krankenstand gegenüber den achtziger und neunziger Jahren spürbar zurückgegangen. Und auch davon profitierten wieder die Unternehmen: 30
Milliarden Euro kostet sie die Lohnfortzahlung im Jahr; gehen die Menschen mit Kopfschmerz und Grippe zur Arbeit, spart das bares Geld.

2008 fürchteten 42 Prozent der Deutschen, ihre wirtschaftliche Lage
werde sich in den kommenden Jahren verschlechtern – 2007 glaubten
das nur 28 Prozent. Und die Zahlen von 2008 wurden sogar noch vor
Ausbruch der Krise erhoben. Wie sich herausstellte, war die Sorge in
vielen Fällen begründet. Zuerst traf es die Zeitarbeiter und viele Freibe-
rufler. Doch auch bei den Angestellten zeigte sich im Abschwung erst
recht, was das eigentlich bedeutet, Unternehmer seiner selbst zu sein.
Es heißt: Jeder muss beweisen, dass sich seine Stelle auch rentiert. Und
das heißt im Zweifel: noch weiter perfektionieren. Auch wessen Job
nicht akut gefährdet ist, findet sich in einer unangenehmen Sandwichposition wieder, die den Selbstoptimierer charakterisiert: In guten Zeiten könnte die Lage noch besser sein, und in schlechten ist der Status
quo bedroht. Da hilft nur eins: besser sein.

»Angst kann ein wirksamer Motivator sein«, schreibt Intel-Gründer
Andy Grove in seinem Buch »Angst vor der Konkurrenz, Angst vor dem
Bankrott, Angst vor Fehlern und Angst vor der Niederlage«. Groves
Buch trägt den sympathischen Titel *Only the Paranoids Survive*: nur die
Paranoiden überleben. Lieber Herr Grove, Sie können sich die Mühe
mit dem Erschrecken sparen, es ist doch viel simpler: Das Optimieren
ist uns längst in Fleisch und Blut übergegangen. Im frühen 21. Jahrhun-
dert hat es etwas von einem Naturgesetz, das der Publizist Thomas
Friedman in eine viel zitierte Parabel gegossen hat:

Jeden Morgen erwacht in Afrika eine Gazelle.
Sie weiß, sie muss schneller rennen als der schnellste Löwe,
    oder sie wird gefressen.
Jeden Morgen erwacht in Afrika ein Löwe.
Er weiß, er muss schneller rennen als die langsamste Gazelle,
    oder er wird verhungern.
Egal, ob Löwe oder Gazelle – bei Tagesanbruch muss man rennen.

Eigentlich auf den Wettbewerb von Unternehmen und Nationen ge-
münzt, ist dies auch eine höchst treffende Beschreibung der Arbeitswelt. Denn der Hang zum Perfektionismus erschöpft sich längst nicht
in totaler Flexibilität und der Bereitschaft zu unbezahlter Mehrarbeit
– wobei wiederum die Hochqualifizierten am fleißigsten sind: 60 Prozent bleiben länger im Büro, als sie müssten, meist ohne Gegenleis-
tung. Der Extremjobber ist längst ein Massenphänomen.

Aber es geht noch weiter: Vor allem Berufseinsteiger und Juniorkräf-
te bis 40 werkeln verbissen daran, die Anforderungen, die in Hunderten Karriereratgebern verbreitet werden, zu erfüllen. Sie quälen sich
mit eingemeißeltem Lächeln durch Assessment Center, sie absolvieren
Stationen im Ausland, im Vertrieb und im Controlling, um möglichst
»breit aufgestellt« zu sein. Sie arbeiten an ihrer Sozialkompetenz, sie
perfektionieren ihre Soft Skills, sie machen einen »Master of Business
Administration«, um sich für höhere Weihen zu empfehlen. Sie maximieren ohne Unterlass, weil sie zu den Löwen gehören wollen. Und
zwar den schnellen.

Leider ist nicht immer ganz klar auszumachen, wer Löwe ist und wer
Gazelle. Zudem geht es im Berufsleben nicht immer so schön darwinis-
tisch geordnet zu wie in Friedmans Steppe. Vom Lauftraining der Löwen – sprich: dem Optimierungsstreben der Angestellten – profitieren
ähnlich wie in Gernots Beispiel wieder eine ganze Reihe von Spielern,
bevor, vielleicht, der Optimierer selbst an die Reihe kommt. Schauen
wir uns an, wer da alles vor ihm in der Schlange steht.

Neben den Verlagen, die mit der Karriere- und sonstiger »How to«-
Literatur Millionenauflagen und -gewinne erzielen, gehören alle dazu,
die einen vermeintlich passenden Baustein für den planmäßigen Aufbau der Arbeitnehmermarke beisteuern können.

Zum Beispiel die Anbieter von Seminaren und Trainings aller Art,
vom Umgang mit Excel und Powerpoint über Verhandlungsstrategien
bis hin zur Mitarbeitermotivation. Der Nutzen für die Teilnehmer ist
meist überschaubar, schreibt der Insider Richard Gris, nicht selten eigenem Vorwärtskommen sogar abträglich.[26] Etwa weil der Gruppen-
druck später das Übertragen des Gelernten in den Alltag verhindert
und das Binnen-Image des Veränderungswilligen schädigt. Sei's drum:

Satte 30 Milliarden Euro setzen die Anbieter dennoch damit pro Jahr um.

Oder die Kosmetik- und Schönheitsindustrie: Studien zeigen, dass schöne Menschen erfolgreicher sind, weil sie mehr Selbstbewusstsein und bessere soziale Fähigkeiten haben. Deshalb legen sich immer mehr Menschen unters Messer. Wer Karriere machen will, muss entsprechend aussehen. Stimmt im Bewerbungsgespräch der erste Eindruck, müssen optische Nachteile nicht mühsam mit Kompetenz ausgebügelt werden. Nach einer Untersuchung der Hamburger BWL-Professorin Sonja Bischoff ist sogar unter männlichen Managern jeder Dritte davon überzeugt, die äußere Erscheinung sei entscheidend für den beruflichen Erfolg. 1986 waren es noch 7 Prozent. Der prominente Schönheitschirurg Werner Mang schätzt, dass jede vierte OP bei einem Mann und jede fünfte bei einer Frau beruflich motiviert ist. Auch dies ein Milliongeschäft.

Noch allerdings ist Aussehen nicht alles, weshalb seit Jahren eine ganz spezielle Spielart der Persönlichkeitsoptimierung boomt: Coaching. »Wenn das 20. Jahrhundert das Jahrhundert der Therapie war, ist das 21. das des Coaching«, sagt Star-Coach Sabine Asgodom. Mehr als die Hälfte aller Firmen in Deutschland setzen das Instrument regelmäßig ein; gerade im Job ist die Sucht nach Lebenshilfe und Ich-Engineering oft übermächtig. Dass »Coach« keine geschützte Berufsbezeichnung ist, dass sich unter den Hypnose-, Astra- oder Tantra-Coaches, dem Bach-Blüten- oder Kinesiologie-Coaching oder solchem, das anhand der Schädelformen den voraussichtlichen beruflichen Erfolg prognostizieren will, auch allerhand Scharlatane herumtreiben, tut dem keinen Abbruch. Die Honorare sind üppig, im Topmanagement-Coaching werden schon mal einige tausend Euro für eine zweistündige Sitzung gezahlt, Spesen extra. Insgesamt kommt die Branche mit circa 40 000 Coaches auf einen dreistelligen Millionenumsatz – Tendenz: steil nach oben. Als der Karriereturbo schlechthin, vor allem unter ehrgeizigen Jungmanagern, gilt nach wie vor der »Master of Business Administration« (MBA). Sehr viele Hochschulen bieten ihn mittlerweile an, doch so richtig zählt er nur, wenn er an einer der Top-Unis wie Harvard oder dem INSEAD in Lausanne erworben wurde. Binnen eines guten Jahres und unter Zuhilfenahme von Unmengen der berüchtigten »Case Studies« bekommen die angehenden Führungskräfte dann noch mal den letzten Schliff in puncto Unternehmensstrategie, Personalführung oder Bilanzierung. Allein in den USA erwerben knapp tausend Deutsche jedes Jahr das begehrte Zertifikat; seit 1990 hat sich die Gesamtzahl der deutschen MBA-Absolventen von rund 200 auf gut 2000 pro Jahr fast verzehnfacht. Für die Unis, die zwischen 10 000 und fast 100 000 Euro für den Abschluss nehmen (Kost und Logis natürlich extra), eine rentable Angelegenheit.

Ob Überstunden, Seminare, Schönheits-OPs, Coaching oder MBA – hinter allem steht der Wunsch, damit den Turbolader für die eigene Karriere zu zünden. Sowie die Idee, es gebe so etwas wie eine perfekte Karriere, ein Aufstieg am Reißbrett geplant und anschließend wie an Schnüren gezogen. »Berufseinsteiger planen heute viel strategischer als früher«, erklärt Tiemo Kracht, Geschäftsführer der Personalberatung Kienbaum. »Sie sind besser über ihre Optionen informiert, haben klare Ziele und kennen die Abschnitte auf dem Weg dahin genau.« Nicht der Ausbau inhaltlicher Kompetenz, nicht die versäulte Fachlaufbahn ist das Ideal, sondern die möglichst breite Erfahrung, universell einsetzbar, mit allen Wassern gewaschen. *Ready to rule the universe.* Mit der kühlen Gewissenhaftigkeit eines Schachspielers werden einzelne Kompetenzen wie Bausteine auf dem Weg nach oben eingesammelt.

Dornröschen und die Karrierebausteine: Wie man Millionär wird, ohne es zu wollen

Carl ist ein solcher Sammler. Er trägt dunklen Nadelstreif und die Haare kunstvoll verwuschelt, mit seiner energischen Nase erinnert er ein wenig an den jungen Tom Cruise. Carl hat eine Ausbildung zum Steuerfachgehilfen absolviert, Betriebswirtschaft studiert und ist dann bei einem Konsumartikelhersteller eingestiegen. In fünf Jahren arbeitete er dort auf vier verschiedenen Positionen, er ging für die Firma ins Ausland und wurde im Leadership Development Program gefördert. »Aber mir fehlte irgendwann die Abwechslung, der breitere Blickwinkel.« Also wechselte Carl zu einer Wirtschaftsprüfungsgesellschaft, wo er im Bereich Unternehmensbewertung bei Transaktionen berät. Er habe gelesen, man solle sich nicht zu früh spezialisieren, stattdessen breiter entwickeln, andere Branchen kennenlernen. Das Bessere ist der Feind des Guten. Und das Perfekte der Feind des Besseren. »Gerade in der Generation Mitte dreißig setzen sich viele mit ihrem beruflichen Zukunftsdesign und den Ansprüchen an die eigene Leistung extrem unter Druck«, sagt Kienbaum-Mann Kracht. »Das kann auch nach hinten losgehen.«

Vielleicht ist das etwas drastisch formuliert. Dass Carl oder ein anderer der Young Professionals, die ihre Karriere wie ein Schachspiel planen und als Jobathleten die von ihren Chefs gesetzten Ziele meist übererfüllen, dass also einer von ihnen einen gravierenden Karriereknick zu erwarten hätte, steht kaum zu befürchten. Nur: Dass ihr ständiges Optimieren tatsächlich den gewünschten Karriereschub bringt, ist leider fast ebenso unwahrscheinlich.

Doch wo liegt das Problem? Wer viel arbeitet und zielstrebig seine Pläne verfolgt, der wird doch auch ein schnellerer Löwe und steigt auf. Oder nicht?

Bedauerlicherweise ist die Sache etwas komplexer. Da ist, zum einen, ein logisches Problem im Aufstiegssystem selbst: Wie wir gesehen haben, profitieren vor allem diverse Dienstleister sowie Vorgesetzte und Unternehmen davon, wenn jemand seine Aufgaben schnell und effizient erledigt und sich auch sonst fit macht für den Aufstieg. Er tut exakt das, wofür man ihm sein Gehalt bezahlt, vielleicht sogar mehr. Er ist eine tragende Säule des Unternehmens; ohne ihn, lobt sein Chef, »hätten wir hier riesige Probleme«. Das klingt gut, sehr gut sogar, aber es ist auch gefährlich. Denn welchen Grund sollte der Vorgesetzte dann haben, ihn zu befördern? Dann wäre er ja seine beste Kraft los, müsste Ersatz suchen oder die Dinge selbst anpacken, die Anna-Lena oder Herr Meier oder wer auch immer stets so zuverlässig und lautlos erledigt hat. *Never change a winning team*, denkt sich der Vorgesetzte, und Herr Meier bleibt weiter der hochbegabte Controlling-Experte, der fleißig abarbeitet, was ihm an Anforderungen vorgesetzt wird, und hofft, dass eines Tages seine Qualitäten erkannt und er selbst in höhere Sphären katapultiert wird. Nur: Wer immer auf seinen Chef hört, wird niemals selbst Chef werden. »Dornröschen-Syndrom« nennt der Autor Jens Weidner das: warten auf den erlösenden Kuss, derweil der Status quo immer weiter zementiert wird.[27]

Anders, als es das bekanntere »Peter-Prinzip« behauptet, nach dem jeder Beschäftigte in einer Hierarchie bis zu einer Stufe aufsteigt, deren Anforderungen er nicht mehr gewachsen ist, zählt im Dornröschen-Wald gerade nicht eigene Leistung und Können. Eher schon greift das ironische Dilbert-Prinzip: Die ineffizientesten Arbeiter werden unverzüglich ins Management versetzt, wo sie den vermeintlich geringsten Schaden anrichten, und die braven Dornröschen bleiben ungeküsst.

Es kommt noch schlimmer: Leistung, das fanden die Psychologen Robert Yerkes und John D. Dodson schon 1908 heraus, folgt einer Kurve, die aussieht wie ein umgedrehtes »U«. Je mehr Einsatz (und je mehr Stress), desto stärker steigt die Produktivität. Doch irgendwann ist Schluss; ab dem Scheitelpunkt des »U« bringt Mehrarbeit gar nichts. Im Gegenteil: Je stärker sich Dornröschen von da an unter Druck setzt, die Vorgaben zu erfüllen, desto größer wird der Stress, und seine Leistung fällt ab. Die Optimierung der Arbeitsleistung wird zum Bumerang.

Erfolg ist wie ein fliehendes Pferd, man kann aufspringen, aber es nicht zähmen. Oder anders: Chancen ergreifen geht, das Glück zwingen nicht. Wer ständig mit den Hufen scharrt und sich immer mehr abrackert, der verkrampft und erreicht – gar nichts. Ein einfaches Experiment bewies die Überlegenheit der Gelassenheit: Probanden sollten die Fotos in einer Zeitung zählen. Eine Gruppe konzentrierte sich verbissen auf die Bilder und brauchte im Schnitt zwei Minuten. Die Vergleichsgruppe war nach 43 Sekunden fertig. Warum? Auf der zweiten Seite stand in großen Lettern: »Hören Sie auf zu zählen, es sind 43 Fotos.« Nur die, welche die Aufgabe entspannt angingen und nicht krampfhaft nach Fotos Ausschau hielten, bemerkten den Hinweis.

Weidner empfiehlt eine andere Medizin gegen das Dornröschen-Syndrom: eine Reihe machiavellistischer Taktiken und ganz grundsätzlich etwas mehr Aggression, um aus der Rolle des »netten Opfers« zu entkommen. Als gelernter Erziehungswissenschaftler und Kriminologe entwickelte er für verhaltensauffällige Jugendliche ein Anti-Aggressions-Training, bevor er Mitte der Neunziger Spieß und Konzept umdrehte und seither Führungskräften beibringt, mehr Biss und Durchsetzungsstärke zu zeigen.

Die Ratgeberliteratur wimmelt von Büchern wie Weidners *Peperoni-Strategie*, in denen der Arbeitsalltag wahlweise als Schlachtfeld oder intrigante Schlangengrube interpretiert wird, mit der anschließenden Empfehlung, Gleiches mit Gleichem zu vergelten (»Verhülle deine Absichten«, »Vernichte deine Feinde vollständig«).[28] Man kann sich die Köpfe über ihre ethischen Implikationen heißreden oder sich fragen, ob es eines erwachsenen Menschen würdig ist, in einem kleinen Notizbuch aufzulisten, welcher Kollege wann und wie wieder besonders gemein war, wie Weidner es empfiehlt und selbst akribisch tut.

In Wahrheit gehen solche Debatten am Kern des Optimierungsdilemmas vorbei. Denn in einem Punkt liegen Weidner und Co. richtig: Wer aufsteigen will, muss sichtbar sein, auf sich aufmerksam machen. Jeder dritte Manager hält Selbstmarketing für das wichtigste berufliche Erfolgsgeheimnis – und nur 4 Prozent die fachliche Qualifikation. Die Münchnerin Dorothee Echter, die deutsche Topmanager in dieser Kunst berät, spricht von »Visibilität«, meint aber eigentlich ganz schlicht: Klappern gehört zum Handwerk.

Wer jedoch unter Selbstmarketing versteht, fleißig E-Mails über seine Erfolge zu verschicken (vorzugsweise nachts um drei, den Chef im CC) oder seine Seite bei Xing dreimal am Tag zu aktualisieren, hat nichts verstanden. Das machen alle, Visibilität ist das nicht.

Denn hier sind wir beim zweiten, viel größeren Problem der Optimierung im Job angekommen: Früher galt ein lückenloser, auf Karriere gebürsteter Lebenslauf wie etwa der von Anna-Lena, gepaart mit jeder Menge Einsatz und einem systematischen Aufstiegsdenken, als Nonplusultra. Heute haben alle im Studium Praktika gemacht und Rhetorikkurse besucht; alle durchlaufen in den ersten Berufsjahren verschiedene Stationen, alle sind selbstbewusst, topfit, kreativ und geben im Bewerbungsgespräch als »Schwäche« brav an, dass sie gern alles selbst machen würden, weil die Karriereratgeber das so empfehlen. Nur: Das ist zu linear gedacht. Wenn alle gleich toll sind, ist niemand mehr visibel. »Windkanaloptimierte Mutanten«, schimpft der Journalist Jochen Mai und warnt: »Das eine Kochrezept für die Karriere gibt es nicht.«[29] Wer stets brav die Bausteine eines vermeintlichen Musteraufstiegs sammelt, der ist am Ende so optimal wie das Muster selbst – und wie Zehntausende andere, die sich daran orientiert haben. Seine mühsam errungene Perfektion geht im Meer der übrigen Perfekten unter.

Im Grunde ist dieser Effekt gar nicht so neu, aber in den vergangenen Jahren hat er sich deutlich verschärft. Denn erstens folgen immer mehr Menschen den Tipps der flutartig angeschwollenen Ratgeberliteratur, sodass, was einst zur Differenzierung taugte, abgestandener Mainstream-Kaffee ist. Zweitens ist die Wirtschaft so komplex, schnell und wenig vorhersehbar geworden, dass die Unternehmen niemanden benötigen, der abgegrabbelte Lösungsreflexe nachbetet (davon haben sie selbst genug), sondern flexible Nonkonformisten. Bestes Beispiel ist der bereits erwähnte, einst hochgelobte MBA: Mit seinem formelhaften Multiple-Choice-Wissen produziert er geklonte Fallstudienakrobaten, die Rezepte anbieten, wo Reflektion gefordert wäre. »Ein Manager muss in oft paradoxen Situationen widersprüchliche Interessen bedienen«, sagt Stephan Jansen, der Präsident der Zeppelin University. »Mit Instant-Lösungen kommt er da nicht weit.«

Was für die Inhalte gilt, gilt erst recht für das komplizierte Geflecht aus Talent, Ehrgeiz und Erfolg. Wer krampfhaft auf die Erfüllung seines Karriereplans stiert, übersieht mit großer Wahrscheinlichkeit die Chance, die sich abseits des Weges auftut. Und gerade die ist entscheidend.

Carl (»Charly«) Woebcken ist gewissermaßen ein Fachmann für Opportunitäten abseits ausgetrampelter Pfade. Ich traf den Chef und Mitinhaber der Babelsberger Filmstudios Ende 2007 für eine Recherche über Jobs, in denen man mehr als eine Million Euro im Jahr verdient. Nicht als Profifußballer oder als Robbie Williams, sondern mit ganz normalen, bodenständigen Bürojobs, *nine to five*. Okay, eher *seven to eleven pm*, aber trotzdem: Jobs, die im Grunde jeder erreichen kann, Unternehmensberater, Anwalt, Finanzdienstleister. Genau die Positionen, von denen viele Selbstoptimierer mehr oder weniger heimlich träumen.[30]

Alle, mit denen ich sprach, hatten zwei verblüffende Dinge gemeinsam: Sie hatten keinen Plan, dem sie folgten, um dereinst Einkommensmillionäre zu werden. Im Gegenteil: Der sicherste Weg, *keine* Million zu verdienen, so zeigte sich, ist der, es unbedingt zu wollen. Die
zweite Gemeinsamkeit: An einem bestimmten Punkt ihres Lebens entschieden sich alle *gegen* den naheliegenden, klassischen Karriere-
schritt.

Auch Charly Woebcken, der blauäugig ist, Schlaks und Schnellredner, absolvierte einen beruflichen Zickzack-Parcours, bevor er im Studio Babelsberg landete, in seinem abgeschabten roten Glitzersessel,
einen Steinwurf entfernt vom Studio-Requisitenfundus mit dem real-
sozialistischen Look & Feel der alten NVA-Uniformen, wo er sich entspannt seine Marlboro light anzündet. Ganz früher wollte Charly Po-
saunist werde, wovon er jedoch wieder Abstand nahm, nachdem er im
Stabsmusikkorps der Bundeswehr Howard Carpendale begleiten musste. Woebcken, den Freunde als hochintelligent, aber sehr faul beschreiben, studierte Maschinenbau, wurde Ingenieur, ging zur Boston Consulting Group, erlitt Schiffbruch mit dem Kauf einer Ex-DDR-Firma,
wurde Berater bei Roland Berger (»Ich brauchte Geld«), wechselte zu
Apollo Capital Partners und brachte im New-Economy-Hype eine Mi-
nifirma an die Börse. 2004 kaufte er mit einem Kompagnon für einen
Euro die Filmstudios Babelsberg, die 2005 in eine Aktiengesellschaft
umgewandelt wurden. Da war sie, die exotische Gelegenheit am Weges-
rand. Exotisch und verrückt, denn das Filmgeschäft war etwas für irre
Enthusiasten, die möglichst schnell möglichst viel Geld verbrennen
wollten. Zumindest bis 2007 die Filmförderung geändert und Deutschland als Drehort rentabel wurde. Danach boomte das Studio, *The International* oder *Operation Walküre* mit Tom Cruise wurden hier gedreht.

Hat Charly Woebcken Glück gehabt? Vielleicht. Folgte er einem Mas-
terplan? Bestimmt nicht. »Um wirklich erfolgreich zu sein, braucht
man ein inneres Anliegen, eine Leidenschaft, die nichts mit Geld oder
Karrierezielen zu tun hat«, sagt Topmanagement-Coachin Dorothee
Echter. Woebcken, der als Abschlussarbeit am musischen Gymnasium
einen Trickfilm über ein Cowboy-Duell ablieferte, hatte zwei dieser An-

liegen: ein Faible für das Fantastische und einen ausgeprägten Drang, die Dinge selbst zu bestimmen. Als Filmstudiochef konnte er beides verbinden. Das, worin er immer schon gut war, hat er weiterentwickelt und zum Beruf gemacht.

Weltmeister in einer Sache sein, statt Kreisklasse in vielen Dingen, nennt Echter das und hält es für genau die richtige Strategie: »Die eigenen Schwächen ausbügeln zu wollen ist wenig effektiv. Klüger ist es, seine Stärken auszubauen und sich Aufgaben zu suchen, die für einen selbst ein Heimspiel sind.«

Wie bitte? Wer seine Defizite nicht ausmerzt, bleibt sitzen, das lernen wir doch schon in der Schule. Millionen Menschen halten sich daran: Das Meinungsforschungsinstitut Gallup fragte Mitarbeiter in hundert Unternehmen auf der ganzen Welt, was ihnen am meisten hilft, sich zu verbessern. Sie ahnen es schon: Die überwältigende Mehrheit konzentrierte sich auf die eigenen Schwächen.

Und das soll auf einmal falsch sein? So ist es. Denn so wenden wir enorme Energien auf, um etwas zu lernen, was wir eh nicht richtig können und in dem andere immer schon gut gewesen sind. Schadensbegrenzung, die uns hindert, unser echtes Können auszuspielen. Was hat der kreative Kopf davon, sich mühsam in die Untiefen des Controllings einzuarbeiten, wo er doch darin nie so erfolgreich sein wird wie der Nerd, dem die Formeln und Bilanzen schon seit der siebten Klasse nur so zufliegen?

Die Wahrscheinlichkeit, dass jemand Erfolg im Beruf hat, weil er seine Stärken fördert, ist um 50 Prozent höher, als wenn er seine Schwächen repariert, das haben wissenschaftliche Studien ergeben. Der lebendige Beweis der Untersuchungen sitzt in einem Münchner Büroraum der Boston Consulting Group (BCG), das blonde Haar hochgesteckt, Perlenohrringe und überlange Halskette. Auch Antonella Mei-Pochtler war eine Gesprächspartnerin für die Geschichte über Einkommensmillionäre. Sie ist Partnerin bei BCG, eine schlanke blonde Frau, die als Studentin modelte und jetzt redet wie ein Maschinengewehr, gleichzeitig Diagramme auf ein Papier kritzelt, Trauben isst und Mails auf ihrem Blackberry liest. Wäre sie kein Mensch, sondern eine Maschine, dann sicher ein Düsenjet. Besser noch: zwei Düsenjets.

Mei-Pochtler ist eine Art Paradiesvogel unter den grauen Berater-
sperlingen – trotzdem wurde sie schon mit 31 Jahren Partnerin, ein Re-
kord. Und das, obwohl »mir das Kreative viel mehr Spaß macht als das
Analytische«. Durch Zahlenberge und Excel-Charts zu Beginn ihrer Be-
raterkarriere biss sie sich durch, aber es war nie ihr Ziel, darin perfekt
zu sein. Lieber baute sie das aus, was sie ohnehin schon gut konnte: den
Umgang mit Menschen, das Kommunikative, den einen Einfall, der
vielleicht aus dem typischen Berater-Powerpoint-Muster herausfällt
und deshalb gerade wichtig ist. Sogar ihr impulsives, flatterhaft-buntes
Wesen und das zuweilen robuste Desinteresse an Vorgaben (»Die Vergangenheit ist eine Zwangsjacke«) behielt sie bei. Heute schätzen die
Kunden ihre Kommunikationsgabe und die Fähigkeit, in ungewöhnliche Richtungen zu denken. Für die kleinteilige Zahlenarbeit hat sie
längst Mitarbeiter, die sich darum kümmern.

Schwächen ausbügeln, Bausteine sammeln, sonntags noch mal
schnell ins Büro rein, weil der Chef es will – all das bringt uns viel weniger, als wir glauben. In Wahrheit nützt es ganz vielen anderen Partei-
en; uns selbst aber schadet es oft genug, weil wir vor lauter Erreichen
von »milestones« in unseren Karriereplänen und Erfüllen von Ansprüchen nicht dazu kommen, zu tun, was wir wirklich können.

Do what you love and the money will follow, dieser Bestsellertitel ist
sicher etwas zu schlicht. Natürlich gibt es Dinge, an denen gearbeitet
werden muss, natürlich sind Initiative und Einsatz wichtig. Es kann
aber nicht schaden, darüber nachzudenken, wofür es sich einzusetzen
lohnt. Charly Woebcken und Antonella Mei-Pochtler haben das getan,
anstatt blind zu befolgen, was Karriereratgeber ihnen ans Herz gelegt
hätten. Anna-Lena hatte dazu noch keine Zeit.

Abenteuer Alltag

Der Wunsch nach perfektem Körper und perfektem Dinner
ernährt die Lifestyle-Industrie

»Ich liebe das Große. Wer Realität will,
soll den Bus nehmen.«
David La Chapelle, Fotograf

Als Katrin und ich beschlossen, dass unsere Hochzeitsreise nach Feuerland und Patagonien führen sollte, betraten wir eine fremde, faszinierende Welt. Und das, bevor wir nur einen Fuß in die windige, raue Region am südlichen Ende Amerikas gesetzt hatten. Genauer gesagt, waren wir noch nicht einmal aus dem beschaulichen Hamburg-Eimsbüttel herausgekommen. Wir saßen in der Küche von Sibylle und Christoph, tranken Biobier zu Vollkorn-Penne und erzählten von unseren Reiseplänen. Christoph sagte »Aha, aha, das klingt ja sehr schön. Habt ihr euch schon überlegt, was ihr da unten anzieht?«

Um ehrlich zu sein: nein. Katrin hatte sich in die süßen Magellan-Pinguine verliebt und ich mich in die tiefblau schimmernden Gletscher, das war's. Wir hatten Regenjacken und auf dem Dachboden bestimmt ein Paar Wanderschuhe. »Vielleicht kaufe ich mir noch eine Windjacke«, meinte ich lustlos, »Jack Wolfskin soll gut sein, hab ich gehört.« Christoph sah mich an, als hätte ich mit Sibylle geknutscht. »Jack Wolfskin?«, echote er tonlos. »Willst du dich umbringen?«

Man muss wissen, dass Christoph unter einem gelungenen Urlaub versteht, zwei Wochen auf Skiern in Norwegen durch tiefsten Schnee von Hütte zu Hütte zu wandern, geführt von einem GPS-Gerät. Fällt es einmal aus oder muss er morgens eine zwei Meter hohe Schneeschicht vor der Tür wegschaufeln, um überhaupt aus der Hütte zu gelangen, dann leuchten seine Augen. Er weiß, welcher Schlafsack welche Tempe-

raturen meistert, er achtet bei Schuhen auf den richtigen Geröllschutzrand, er besitzt eine Taschenkettensäge, und als wir mit den beiden
Silvester auf dem Land verbrachten, trug er selbstverständlich eine
sturmfeste, Himalaja-taugliche Stirnlampe, wenn er neues Feuerholz
aus dem Schuppen holte. Im riesigen Outdoor-Universum, das sich seit
Jahren kontinuierlich ausdehnt, ist Christoph ein ebenso kundiger Lotse wie begeisterter Kunde.

Millionen Brüder und Schwestern in Christophs Geiste haben aus
dem einst leicht verschrobenen Geschäft mit Funktionsjacken, Zelten
und Rucksäcken einen boomenden Markt gemacht, mit seit Jahren
zweistellig wachsenden Umsätzen. Rund 6 Milliarden Euro geben die
Europäer laut European Outdoor Group im Jahr hier aus, davon allein
die Deutschen 1,7 Milliarden. Das Interessante ist, dass echte Freaks wie
Christoph dazu nur einen geringen Teil beitragen. Von passionierten
Gipfelstürmern allein könnten Marken wie North Face oder Arc'teryx
längst nicht leben. Tatsächlich verlassen die meisten Kunden des deutschen Ausrüstungsmarktführers Globetrotter gar nicht erst das Land
– mit Zelten, die spielend jedem Sturm auf Spitzbergen trotzen, urlauben sie an der Mecklenburger Seenplatte.

Was ist da passiert? Und was hat eine Stirnlampe mit dem Streben
nach Optimierung zu tun? Einiges sogar, denn der Boom der Outdoor-
Branche illustriert nicht nur die wachsende Lust nach Abenteuer. Wie
in einem Brennglas zeigen die dramatischen Wachstumszahlen ein
tiefer gehendes Phänomen: Die Perfektionierung hat den Alltag gekapert.

In den letzten Kapiteln ging es um die klassischen Felder der Optimierung: Bessere Schul- und Uni-Abschlüsse, bessere Jobs, mehr Geld,
schnellerer Aufstieg. Die Möglichkeiten sind gewachsen, der Druck auf
den Einzelnen gestiegen und die Optimierungsstrategien wurden ausgefeilter. Dagegen blieben Urlaub, Mahlzeiten, der ganze Privatkram
lange geschützt vor dem perfektionistischen Imperativ. Hier konnten
wir sein, wie wir wollten, niemand redete uns darein.

Die folgenden Kapitel zeigen, dass das längst nicht mehr gilt. Ohne
dass wir uns dessen immer bewusst wären, sind zunehmend auch private Lebensbereiche unter Optimierungsdruck geraten: der Urlaub, der

Konsum, der gesamte Alltag. Einerseits machen Individualisierung, dramatisch gestiegene Vergleichsmöglichkeiten und Wettbewerbsdruck eben nicht an unserer Haustür halt. Das Ausgreifen der Perfektionierung in den Alltag hat jedoch noch eine andere Ursache: Die klassischen Statussymbole, die wir optimieren, um uns nach unten und zu den Flanken hin abzugrenzen, haben in Teilen der Bevölkerung an Bedeutung verloren. Der Klimawandel, die Globalisierung und das wachsende Bewusstsein größerer Teile der Gesellschaft, diesen Phänomenen nicht nur passiv ausgeliefert zu sein, sondern sie durch ihr Verhalten im Kleinen beeinflussen zu können, verändern seit mehr als zehn Jahren das Wertegefüge der Gesellschaft.

Dadurch wurden die alten Statussymbole zum Teil ersetzt, meist jedoch ergänzt durch neue Kategorien, die schwer fassbar scheinen, weil sie um ehemals kaum statusrelevante Begriffe kreisen: Ethik, Individualität, Authentizität, ein aufregendes und sinnhaftes Leben. Dennoch verwenden sie eine wachsende Zahl von Menschen, um Status zu demonstrieren – in manchen großstädtischen Milieus sogar stärker als traditionelle Marker. Entsprechend intensiv müssen sie gepflegt und optimiert werden. Ein ausgefallenes Küchenutensil, eine vergessene Apfelsorte, der richtige Schlafsack für jede Klimazone – das zählt dann oft mehr als die Rolex am Arm oder der BMW vor der Tür.

So erklärt sich, wie Outdoor als Teil einer neu entstehenden Lifestyle-Industrie zum Mainstream wurde: Wer als Städter mit Coolmax-Shirt durch die Fußgängerzone schlendert, demonstriert einen gesunden, aktiven Lebensstil: Ich gebe meine Rolle als Selbstunternehmer nicht an der Firmenpforte ab, sondern arbeite auch außerhalb des Jobs energisch an der Verbesserung dessen, was der Trendforscher Matthias Horx »Selfness« nennt: Wohlfühlen, Selbstkompetenz und Selbstverantwortung. Dieses neue Ich-Gefühl begreift das eigene Leben auch im Alltag als Projekt ständiger Optimierung. Der neue Alltagsmensch konsumiert kritischer und gestaltet seine Freizeit bewusster. Genau deshalb ist »Freizeit« für ihn nicht mehr nur passive Entspannung, sondern ein weiteres Spielfeld, auf dem es Einzigartigkeit, Expertise und Perfektion zu beweisen gilt.

Wie wir sehen werden, ist aus diesem Anspruch rund ums Abenteuer Alltag eine florierende Lifestyle-Industrie entstanden, die prächtig an der Wohlfühlrevolution verdient. Die Outdoor-Welt bietet dabei einen tiefen Einblick in die Psyche des neuen Konsumenten.

Das wird uns klar, als wir, noch immer getrieben von dem schlichten Wunsch nach blauen Gletschern und putzigen Pinguinen, den Globetrotter-Stammsitz in Hamburg-Barmbek betreten. Eine Kathedrale für Weltumsegler, Wüstenquerer und Steilwandkletterer empfängt uns, komplett mit Regen- und Kältekammer sowie Mini-Landschaftsgarten mit unterschiedlichen Bodenprofilen aus Fels, Kies und Sand. Die Verkäufer haben gerne mal den Atlantik im Kanu überquert oder sind mit dem Rucksack durch Tibet getrekkt. Das ist Teil der Authentizität, auf die man hier großen Wert legt. Denn wer die Premiumpreise zahlt, will auch premium beraten werden. Konsequenterweise heißt der Katalog (Auflage: eine Million) auch nicht so, sondern »Handbuch«, weil das weniger nach Otto-Versand und mehr nach Amazonas klingt.

Katrin verguckt sich auf Anhieb in die polyvinylbeschichtete Solardusche; ich liebäugele mit einem Expeditionsfaltboot. Für die Handespressomaschine (»Pfiffig, edel und einfach in der Anwendung«), die uns auch in fünftausend Metern Höhe noch ein wohliges Starbucks-Feeling zu vermitteln verspricht, können wir uns beide begeistern.

Die Zeiten sind also vorbei, da Natur gleich Askese war, »Funktion« gleich kratzende Kniestrümpfe und professionell gleich scheiße designt. Der Kunde von heute möchte etwas erleben, aber bitte perfekt abgesichert, möglichst luxuriös und das Equipment dem eines Reinhold Messner angemessen. Globetrotter, meint Geschäftsführer Andreas Bartmann, steht für »den Drang nach Perfektion im Urlaub«.

Mit gut einem halben Dutzend Filialen, mehr als 1000 Mitarbeitern und über 25 000 Artikeln im Sortiment ist das Unternehmen angetreten, diesen Anspruch zu befriedigen – und erwirtschaftete damit 2008/09 einen Umsatz von 206 Millionen Euro, eine Steigerung von 16 Prozent mitten in der Wirtschaftsflaute. Zuvor lagen die Zuwächse oft bei mehr als 20 Prozent. Dass kaum jeder zwanzigste Kunde zur Ex-Kerngruppe der Extrembergsteiger und -trekker gehört, ficht Klaus Denart nicht an: »Jeder Opa, der den Dackel ausführt, braucht eine wasserdichte Funktionsjacke.«

Der Globetrotter-Gründer, drahtig, blitzblaue Augen hinter einer Stahlbrille, die grauen Haare eine Spur zu lang, sitzt im Wintergarten seines kleinen Gestüts bei Grande, eine halbe Autostunde von Hamburg entfernt mitten in der Pampa, und schaut auf die dicken weißen Wolkenballen, die über das platte Land jagen, während er Tee mit Ingwergeschmack in Tonbechern serviert. In Fleecejacke und Cargohose wirkt der Unternehmer ziemlich bodenständig; die Verwandlung des Outdoor-Geschäfts von muffigen Trekking-Läden zu durchgestylten Erlebnistempeln ist für ihn nur konsequent, denn das Streben nach Perfektion war dabei sein Antrieb.

Denart war Globetrotter, lange bevor das Wort erfunden wurde. Mit elf fuhr er mit dem Fahrrad nach Skandinavien, er saß als einziger Weißer in einer Vorlesung von Malcolm X in Addis Abeba; mit Rüdiger Nehberg durchquerte er mitten im Bürgerkrieg die heißeste Wüste der Erde in Äthiopien, für eine Fahrt auf dem Nil baute er sich aus Sarghölzern, Papyrus und Autoreifen ein Boot. Der gelernte Kaufmann hat als Reporter gearbeitet oder als Tellerwäscher im Hotel, aber meist ging es vor allem darum, Geld für die nächste Abenteuertour zusammenzubekommen. Läden für »Expeditionsausrüstung«, wie es in den Sechzigern heißt, gibt es damals ganze zwei in Deutschland, und richtig zufrieden mit den Produkten ist Denhart selten. Also machte er 1979 seinen eigenen Laden auf, zusammen mit Peter Lechhart, der Arved Fuchs das Klettern beibrachte. »Unser Ziel war High End, wir wollten das Beste führen, was es auf dem Markt gab.«

Andere Anbieter verließen nie ihre Nische, in der es ausreichte, ein Schaufenster mit Schlafsäcken vollzuhängen. Denhart, der sich noch heute köstlich amüsiert, dass die ersten Goretex-Jacken zwar wasserdicht waren, aber keine verschweißten Nähte hatten (»Das muss man sich mal vorstellen«), ist einer dieser knorrigen Typen, die alles, was sie anpacken, auch »ordentlich« machen wollen. Bevor er sich 2004 aus dem operativen Geschäft zurückzog, kümmerte er sich um winzige Details im Handbuch und testete intensiv neue Produkte.

Mit seinem Optimierungsanspruch suchte sich Denart die richtige Branche aus: Perfektion und Authentizität ist exakt das, wonach es die Kunden dürstet. Als ein Hufschmied eine Funktionsjacke mit Goretex wollte, fragte ihn der Globetrotter-Verkäufer, wofür er sie brauche. »Für meine Arbeit«, antwortete der Kunde. »Dann verkaufe ich Ihnen keine«, erwiderte der Mitarbeiter. »Diese Jacken sind sehr empfindlich bei Funkenflug.« Denart liebt solche Geschichten, er hat aus Authentizität ein Konzept gemacht und damit einen Nerv getroffen.

Connaisseure und Cocooner:
Warum der Postmaterialismus auch anstrengend sein kann

Der Erfolg von Globetrotter und das beeindruckende Wachstum des Outdoor-Marktes (derweil die Textilbranche als Ganzes vor sich hin kriselte) zeigen eins deutlich: Die neuen, »weicheren« Werte, welche die Perfektionierung des Alltags treiben, haben alte Statusvorstellungen nur selten ersetzt. Meist kamen sie einfach dazu. Kurz gesagt: Authentisch und natürlich bedeutet nicht Abkehr vom Luxus.

Und das, obwohl Trendforscher seit Jahren nicht müde werden, im Alltag der Deutschen einer angeblich neuen Lust an der Einfachheit nachzuspüren. Hedonismus sei passé, es regiere eine postmaterialistische Biederkeit, ein Rückzug ins Überschaubar-Familiäre. Die Krise habe dieses »Cocooning« oder »Regrounding« noch verstärkt. Schon 2004 rief der Soziologe Gerhard Schulze, den wir aus dem Kapitel »Trading down« kennen, die »Kultur des Ankommens« aus: Statt »immer schneller, immer mehr, immer lauter«, achteten die Menschen mehr auf Sein statt Haben; nicht Steigerung sei das Motto, sondern eine genügsame »Präsenz im Hier und Jetzt«.[31]

Der Befund schießt haarscharf am Ziel vorbei. »Cocooning«, bemerkte Harald Schmidt in einem *Stern*-Interview, »ist, wie wenn man sich das Knie mal aufgeschlagen hat. Dann fährt man ein bisschen vorsichtiger Fahrrad. Wenn es verheilt ist, kommen die neuen Modelle, dann wird wieder Gas gegeben.« Der Entertainer hat völlig recht. Richtig am Gerede vom Konsumverzicht ist: Die Prioritäten haben sich verschoben. Das Nachhaltige, das Authentische sind wichtiger geworden. Aber der Aufstieg von Lifestyle-Segmenten wie Outdoor, Kochen oder

Fitness zeigt, dass auch das Einfache verfeinert und perfektioniert werden kann. Gerade der Wunsch nach dem Echten und Besonderen führt dazu, dass einstmals schlichte Alltagsangelegenheiten wie Nahrungsaufnahme oder der Erwerb einer Regenjacke ihren Selbstverständlichkeitscharakter verloren haben – und wir sie ebenso optimieren wie unsere Ausbildung oder unser Jobprofil.

Sicher, die alten Statussymbole haben ausgedient. Dicker Benz und Gänsestopfleber sind pfui. Aber Status ist immer noch wichtig, er ist eher noch wichtiger geworden, nur tobt er sich jetzt in anderen Segmenten aus. »Es geht nicht mehr darum, was man hat, sondern wie man es hat«, formuliert Wolfgang Twardawa von der Nürnberger Gesellschaft für Konsumforschung (GfK).

Diese Kombination alter und neuer Werte ist eine der wichtigsten Ursachen für die Alltagsperfektionierung. Denn entscheidend für den Status ist nicht mehr (nur) der Preis (das sähe doch allzu nach Parvenü aus), sondern das Expertentum, die Kennerschaft. Ich bin, was ich kann und was ich tue. In Wahrheit also hat sich das Optimieren nicht nur ausgedehnt auf neue, alltäglichere Bereiche. Es hat sich auch verschoben – vom »Immer mehr« zum »Immer besser«, von Prestige zu Connaisseurtum. Ein Hedonismus des Könnens, nicht des Habens.

An Wucht hat die Optimierung dadurch nicht verloren, im Gegenteil. Hungrig nach neuen Möglichkeiten, sich aus der Masse herauszuheben und in einem Bereich möglichst perfekt zu sein, bietet gerade die Ausgestaltung des Alltags der individualisierten Gesellschaft beste Möglichkeiten zur Profilierung des eigenen Ichs. Und das längst nicht nur im Outdoor-Betrieb: Quer durch alle Konsumsegmente gibt es heute doppelt so viele Marken wie noch vor zwanzig Jahren, bei den Biersorten etwa hat sich die Auswahl gar verdreifacht. »*Den* Verbraucher gibt es gar nicht mehr«, sagt Twardawa, »jeder versucht, sein Budget und seine Vorstellungen zu optimieren.«

Wahrscheinlich weiß niemand so viel über das Kaufverhalten der Deutschen wie Twardawa. Seit Jahrzehnten beschäftigt er sich mit ihren Vorlieben und Sehnsüchten, fein säuberlich aufgereiht in Zahlen und Tabellen, die ihm die Scannerdaten der Ladenkassen liefern. Er seufzt ausführlich beim Sprechen, so viele Trends hat er kommen und gehen sehen, nichts Menschliches ist ihm mehr fremd. Wenn man ihn nach dem Regrounding fragt, wird sein Seufzen noch eine Spur lauter. Und dann erzählt er vom Olivenöl.

Das gab es nämlich vor zwanzig Jahren kaum, die deutsche Hausfrau briet mit gutem Speiseöl. Inzwischen gibt es fast nur noch Olivenöl zu kaufen, Hunderte Sorten, eine Wissenschaft für sich. Es ist nichts Besonderes mehr, aber das Olivenölphänomen ist überall. Sämtliche Produkte wurden in unzähligen Verästelungen ausdifferenziert. Sich in diesem Dschungel zurechtzufinden, Kennerschaft zu beweisen, aus der Flut der Me-too- und Mainstream-Produkte das Authentische, Individuelle herauszufischen – das macht den Connaisseur aus. Mit dem typisch perfektionistischen Effekt, dass das Besondere nicht lange etwas Besonderes bleibt – siehe Olivenöl. Schon um der eigenen Definition gerecht zu werden, muss sich die Optimierungszone deshalb immer weiter ausdehnen.

Zum Beispiel in den Tourismus, die Mutter des Outdoor-Geschäfts: Früher war Südfrankreich eine Fernreise, heute zeigen die Nachbarn Bilder aus Nepal oder vom Rafting auf dem Yukon. Und zwei Wochen Malle, das geht in großstädtischen Besser-leben-Kreisen gar nicht mehr. Stattdessen preisen Reiseseiten ein Trainingslager für Ärmelkanalschwimmer in Dover oder Sahara-Trips (inklusive Entführungsrisiko) an. Und ja, ich gebe es zu, auch Katrin und mir kam nicht in den Sinn, unsere Flitterwochen klassisch auf den Malediven zu verbringen, es sollte ja schließlich »etwas Besonderes« sein.

»Gerade gut gebildete Besserverdiener suchen in der Ferne Selbstverwirklichung – es sagt etwas aus, ob man Bilder von der Costa Brava zeigt oder von der Autotour durch Syrien«, meint GfK-Mann Twardawa, der zwar im romantisch-mittelalterlichen Nürnberg sitzt, aber natürlich auch der Deutschen Reisegewohnheiten bis in den letzten Winkel ausgeleuchtet hat. Seine Zahlen zeigen: Krisenbedingt schwächelte 2009 zwar die Branche als Ganzes, doch nur 15 Prozent der Deutschen lassen sich bei der Ferienplanung überhaupt von der wirtschaftlichen Lage beeindrucken. Noch 2008 stiegen die Ausgaben für Auslandsreisen erneut um 200 Millionen Euro an – auf fast 62 Milliarden Euro. Rückläufig entwickeln sich höchstens untere Preisklassen, während sich teurere Trips ab 1.500 Euro nach wie vor bestens verkaufen. Ob Himalajaexpedition, Haitauchen oder Höhlentrekking – die schwer fassbaren Kategorien, die die Perfektionierung im Alltag antreiben, winken stets aus dem Reisegepäck: intensives und individuelles Erleben. Auf der Tourismusmesse meldeten sich Tadschikistan, Turkmenistan oder Gabun als Destinationen mit Exklusivitätssiegel an. Der Run auf die weißen Flecken hat begonnen, schon ist das Ex-Bürgerkriegsland Georgien ins Visier der Urlauber gerückt. Wenn die Panzer weg sind, kommen die Trekker.

Dazu kommt ein ordentlicher Schuss Wettbewerbsgeist, der die Optimierung zusätzlich befeuert und sich selbst in trutschigen Aktivitäten wie dem Wandern manifestiert: Der mit Abstand beliebteste Abschnitt des europäischen Fernwanderwegs E5 etwa ist die Alpenüberquerung, wo sich pensionierte Oberärzte und Studienräte mit der *Zeit* im Trekking-Rucksack gegenseitig auf die Füße treten. Denn hier geht es um eine messbare Leistung, um einen Erfolg, den man anderen voraushat. Überhaupt, die Gipfel. Ende der achtziger Jahre bezwangen rund 400 Bergsteiger einen Achttausender – 2007 waren es dreimal so viele. Die Umsätze mit den Touren auf die ganz hohen Dinger addieren sich auf stattliche 5 Millionen Euro, die Anbieter wachsen seit Jahren im zweistelligen Bereich.

Vom Streben nach Individualität profitieren nicht nur die Nervenkitzelanbieter, sondern auch Angebote, die den Urlaub intellektuell und ethisch aufrüsten. Etwa Trips nach Armenien (inklusive Diskussion mit einheimischen Intellektuellen) oder Ökotrekking in den Anden, bei dem ein freiwilliger Atmosfair-Beitrag von rund 160 Euro fällig wird. Das Fünf-Sterne-Resort auf Ibiza hat seinen Charme eingebüßt; es stand, wie Twardawa sagen würde, für Prestige. Der Connaisseur aber will seine Kennerschaft, seine Empathie für ausgefallene Weltregionen beweisen. Lifestyle verbindet sich mit Moral, Individualität wird zum Wettbewerb um die ausgefallenste Destination. Eine klassische Optimierungsstrategie.

Noch verdienen vor allem kleine, alternative Veranstalter mit diesem Bedürfnis Geld. Doch sie wachsen rasant, ihre Umsätze erreichen bereits jetzt hohe zweistellige Millionenbeträge. Und es ist nur eine

Frage der Zeit, bis die etablierten Tourismuskonzerne in das Geschäft einsteigen, um mit dem Aufschlag für das gute Gewissen oder das exotischste Ziel ihren Gewinnmargen auf die Beine zu helfen.

Vom Streben nach Optimierung in Alltagsdingen wie dem Urlaub profitieren also zunächst die Anbieter und Ausrüster wie Globetrotter. Viele Reisende dagegen stoßen schnell auf den Olivenöleffekt: Wenn Fernsehen und Zeitschriften permanent in Hymnen auf die unberührten Weiten, die Selbstfindung und das Abenteuer schwelgen, dann ist es genau damit schnell vorbei. Christoph, der Mann mit der Schneewanderung in Norwegen, kam bereits völlig verstört von einer Reise nach Neuseeland zurück. Die flächendeckend verlegten Holzbrückchen und exakt abgezirkelten Wege, auf denen sich die Massen der Individualreisenden drängten, hatten ihm seinen Naturtraum gründlich verdorben. In einer Zeit, in der schon Grundschullehrerinnen protzen, in einem Jahr den Kilimandscharo und im folgenden den Chimborazo in Südamerika bezwungen zu haben, führt sich die Optimierung der ausgefallenen Reisen selbst ad absurdum.

Runter vom Sofa, raus aus den Schulden: Wer zu wenig ins Ich investiert, kriegt zur Strafe Besuch von Peter Zwegat

Zugegeben: Noch ist es vor allem die akademisch gebildete Mittelschicht der Ballungsräume, die dem perfektionierten Urlaub frönt. Das liegt daran, dass die Bezugspunkte zu klassischen Feldern der Optimierung – Bildung, Job, Karriere – im Ferienfall recht weit entfernt sind. Anders präsentiert sich die Situation in einem weiteren Alltagsbereich des selbstoptimierten Lebens: der Gesundheit.

Das Gesundheitsbewusstsein der Deutschen hat sich in den vergangenen beiden Dekaden radikal gewandelt. Hauptgrund ist der beschriebene Gedanke, dass wir nicht mehr einfache Angestellte, sondern Unternehmer unserer selbst sind – mit entsprechender Verantwortung für unsere Firma, *also known as* unser Körper. So ist Gesundheit für uns längst nicht mehr selbstverständlich, schon gar nicht begreifen wir sie nur mehr als Abwesenheit von Krankheit. Stattdessen regiert die »Selfness« von Zukunftsforscher Horx, die Gesundheit als Investition in die eigene Zukunft versteht. Entsprechend haben wir aus unserem Körper eine Aufgabe gemacht, ein Projekt, das in Schuss gehalten und verbessert, mit einem Wort: optimiert werden muss.

Der Philosoph Michel Foucault vermutet im Schlankheitsideal die Verlagerung äußerer Kontrollmechanismen ins Innere der Persönlichkeit. Einfacher formuliert: Ein schlanker, sportlicher Körper macht für alle sichtbar, dass man sich selbst erfolgreich disziplinieren kann und somit für höhere Aufgaben (Beförderung, Heirat, Kinder zeugen) qualifiziert ist. »Das, was man hat, wird gepflegt. Wir wollen demonstrieren, dass wir auch diese Aufgabe im Griff haben«, sagt Christiane Friedemann vom Kelkheimer Zukunftsinstitut. Der Körper als Schlüsselressource, eine Mischung aus Kapital und Lifestyle.

Dazu passt, dass die Deutschen immer fitter und sportlicher werden, der Mannschaftssport jedoch über fallende Mitgliederzahlen klagt. Zulauf haben Individualsportarten, bei denen jeder aufs eigene Fitnesskonto einzahlt. Schließlich dient die Optimierung dazu, im Wettbewerb zu bestehen – Spaß und Teamgeist helfen da erst mal nicht weiter.

Stattdessen profitieren die Fitnessstudios: Seit 1997 ist die Zahl der Besucher um gut 60 Prozent auf derzeit knapp sechs Millionen nach oben geschnellt, Experten schätzen, dass 2015 mehr als jeder dritte Deutsche im Studio an seiner Gesundheit arbeiten wird. Gut 3 Milliarden Euro ist die Branche jetzt schon schwer, Anbieter wie McFit, Kieser Training oder Fitness First kämpfen um die lukrativen Kunden. Selbst in Zeiten des Abschwungs wächst der Markt rasant, man will ja fit sein für Job und Arbeitsmarkt.

Noch etwas ist anders beim neuen Körperbewusstsein: Die Verantwortung hat sich verschoben. Nicht der Staat, nicht unsere Arbeitgeber, nicht die Firmen, nein, jeder Einzelne steht in der Pflicht, seine Gesundheit zu managen. Weit sind wir noch entfernt von der Gesundheitsdiktatur, welche die Autorin Juli Zeh in dem Roman *Corpus delicti* entwirft: Hier überwacht der Staat seine Bürger mit implantierten Datenchips und untersucht die Abwässer jedes Haushalts auf Nikotin und Alkohol.

Doch die Konsequenzen sind ähnlich: Wer sich ungesund ernährt und zu wenig Sport treibt, der möge sich später nicht über Gebrechen oder sonstige Nachteile im sozialen Wettbewerb beschweren. Zeigen diese doch nur, dass er als Selbstunternehmer sein Kapital, den Körper, nicht optimal gemanagt hat.

Selbst der Faulste kann sich der Optimierung nicht entziehen, wie die Entwicklung des Wellness-Marktes zeigt, der in den vergangenen Jahren im Schnitt um 9 Prozent wachsen konnte. Gerade der Wellness-Boom illustriert den sozialen Druck auf den Selbstunternehmer so drastisch wie ironisch: Den Sonntagnachmittag verbrachte die traditionelle Couch Potato vor Erfindung der Wellness eben genau dort: auf der Couch, mit einem Stoß Jerry-Cotton-Romane. »Fauler Sack«, schimpfte dann seine Frau. Heute geht die Couch Potato fünf Stunden in ein Wellness-Spa, absolviert drei Saunagänge à zehn Minuten und verbringt den Rest der Zeit (»Regeneration ist wichtig!«) auf den bequemen Liegen im Ruheraum. Bleiben netto 4,5 Stunden für Jerry Cotton plus ein anerkennendes Lächeln der Gattin, dass er so hart an seiner Gesundheit arbeitet.

Wer es dagegen ernst meint, stemmt abends Gewichte, geht aufs Laufband, macht Rückengymnastik gegen Nackenverspannungen und Indoor Cycling Fatburner für den knackigen Hintern. Natürlich ist das gut für uns als Selbstunternehmer, aber es ist noch viel besser für all die anderen Unternehmen. Gesundheit in Deutschland, das ist ein Mammutmarkt mit rund 5 Millionen Beschäftigten und einem Volumen von gut 260 Milliarden Euro – fast so viel, wie die Automobilindustrie erwirtschaftet. Im Jahr 2020 könnten es laut einer Studie der Unternehmensberatung Roland Berger gewaltige 450 Milliarden Euro sein. Neben Fitnessstudios, Krankenhäusern und Ärzten profitieren Medizintechnikhersteller, Handwerker und Spezialisten aller Couleur, wie Internet-Diätseiten, Pilates-Trainer oder Kickbox-Studios.

Wie ernst wir die Sache mit der Eigenverantwortung nehmen, auch ganz ohne staatlichen Druck, zeigt die Entwicklung auf dem sogenannten »zweiten Gesundheitsmarkt« – das Geld also, das die Deutschen zusätzlich zu den Krankenkassenbeiträgen in ihre Fitness investieren. Jedes Jahr sind das knapp 1 000 Euro, was sich zu mehr als 60 Milliarden insgesamt addiert. Im Vergleich waren es 2003 noch knapp 50 Milliarden.

»Märkte der Selbstverwirklichung« nennen Konsumforscher den Hype um Body & Health. Am Beispiel des Gesundheitsmarkts sehen wir, wie hinter dem schönen Begriff die Mechanismen der Optimierung im Alltag arbeiten: Gestrebt wird nach dem Individuellen, nach dem, was uns persönlich weiterbringt. Die Mittel hierfür sind die vergrößerte Selbstkompetenz und -verantwortung, aber auch der Genuss und das Connaisseurtum, das sich wiederum in größtmöglicher Individualisierung und Authentizität spiegelt.

Das alles ist jedoch kein Selbstzweck, sondern dient als Grundlage für beruflichen Erfolg oder als Mittel zur Abgrenzung nach unten. Beide Faktoren treiben sich nicht nur selbst an – wenn alle fit sind, muss ich fitter sein; wenn alle nach Neuseeland fahren, ist die Mongolei gerade exotisch genug. Sie führen auch dazu, dass aus dem, was einst lästiger oder entspannender Alltag war, oft ein Zwang wird. Wenn alles optimiert wird, ist auch hier nichts mehr selbstverständlich. Mit der Konsequenz, dass die Menschen sich zunehmend überfordert fühlen. Was wiederum neue Profiteure der Perfektionierung auf den Plan ruft, die uns in Alltagsdingen unter die Arme greifen.

So hat die Optimierung auch des Gewöhnlichen eine Fernsehspielart geschaffen, welche die TV-Landschaft seit Jahren fest im Griff hält. Sendungen wie *Hagen hilft, Die Super-Nanny, Die strengsten Eltern der Welt* oder *Der Auswanderer-Coach* geben Lebenshilfe rund um die Uhr, auf allen Kanälen. Ihre Durchschlagskraft schöpfen sie aus dem Versprechen, praktische Unterstützung zur Zähmung des Monsters zu bieten, das wir Alltag nennen.

Den ausstrahlenden Sendern bescheren die Formate hohe Quoten. Mit ihren Geschichten über pöbelnde, saufende Kids versammelte etwa Super-Nanny Katharina Saalfrank regelmäßig fünf Millionen Zuschauer vor den Schirmen – was ihrem Sender RTL erlaubte, die Werbepreise kräftig anzuheben. Die ausgestellten Familien werden mit rund 2 000 Euro Honorar abgespeist. Selbst ein Nischenformat wie das des Unternehmensberater-Darstellers und Flipchart-Fans Stefan Hagen schaffte knapp 7 Prozent Marktanteil.

Zur Ikone des Genres aber wurde ausgerechnet ein älterer Herr mit Tränensäcken und einer fatalen Vorliebe für graue Anzüge. Finanz-Coach Peter Zwegat (*Raus aus der Schuldenfalle*) ist eigentlich Sozialpädagoge, sieht aus wie der zum Aktenkoffer mutierte Albtraum eines Castingchefs und hat es mit seinen altväterlichen Selbstverständlichkeiten (»Prüfen Sie vor großen Anschaffungen immer, ob Sie sie sich auch leisten können.«) dennoch zum Großmeister des Erbsenzählens vor Publikum gebracht. Er war Coverboy auf dem *Stern*, durfte seine Ratschläge via *Bild* verbreiten, und seine Sendung errang in der umkämpften Primetime meist stabile 20 Prozent Marktanteil.

Die Finanzkrise machte die Sendung noch erfolgreicher. Wenn die Wirtschaft am Boden liegt und der Staat versagt, kommen die guten Menschen vom Privatfernsehen und verhelfen anderen zu einem besseren Leben und sich selbst zu einer besseren Quote. Das funktioniert auch deshalb so prächtig, weil der Perfektionierungsdrang eine folgenreiche Nebenwirkung hat, die uns schon beim Gesundheitsthema begegnet ist: Eine Gesellschaft, die sich die permanente Optimierung auf ihre Fahnen geschrieben hat, kann ein Scheitern nicht mehr tolerieren. Sie will es beheben wie einen Platten am Fahrrad. Kindererziehung, mit Geld umgehen, das lief mal einfach so mit im Leben. Heute wollen wir Hilfestellung, weil wir alles richtig machen möchten. So entsteht ein permanentes Gefühl des Ungenügens und der Überforderung. Die Lebenshilfeflut zeigt, wie stark der Perfektionismus nicht nur in unseren Alltag expandiert ist, sondern sich auch quer durch alle sozialen Milieus zieht. Dass die Menschen in den Ratgebersendungen tatsächlich echte Probleme haben, ist da kein Gegenargument – zeigt es doch nur den Glauben an die Allmacht (und letztendlichen Erfolg) des Strebens nach Verbesserung

Dass Zwegat mit seinem Retro-Style, seiner Amtsstuben-Patina und seiner inmitten des übrigen RTL-Gejohles recht deplatzierten Ernsthaftigkeit zum Star aufsteigen konnte, liegt in einer Charakteristik begründet, die uns nun schon öfter begegnet ist: Authentizität. Letztlich ist Authentizität nur ein Platzhalter für Orientierung: Wenn wir die Richtung verloren haben, suchen wir etwas, worauf wir uns verlassen können, weil es immer gleich geblieben ist.

Die Branche, die von der Sehnsucht nach Orientierung lebt wie die Made im Speck, ist uns bereits im Kapitel »Karriereturbo mit Fehlzündung« begegnet: das Coaching. Und längst wird nicht mehr als Verlierer belächelt, wer sich coachen lässt, sondern er gilt als einer, der folgerichtig professionelle Hilfe in Anspruch nimmt, um Schwächen auszubügeln und seine Existenz zu optimieren. Coaching ist die logische Konsequenz der Individualisierung: Nie war der Einzelne so frei wie heute. Die Folge: Er muss ständig wählen und entscheiden, wobei die Gefahr zu scheitern so groß ist wie die soziale Norm, es nicht zu dürfen. Der perfektionistische Imperativ sagt: Verbessere deine Chancen auf dem Markt! Wer dann zum Coach geht, demonstriert: Ich bin aktiv und schmiede – wenn auch mit Unterstützung – mein Glück. Weil zudem Zögern als Schwäche gilt, würden umständliche Problemdiskurse wie in der klassischen Psychoanalyse nur stören. Coaching dagegen ist zielgerichtet, schnell und effizient. Es ist Zeitgeist auf der Couch.

Entsprechend gibt es Coaches für Sex und Partnerschaft, für Beruf und Familie, für Diät und Essen, für Kreativität, Kommunikation und natürlich für Geld. Sie alle bieten eine helfende Hand bei der Selbstoptimierung, wie Ratgebersendungen auf RTL und anderswo. Und wie diese optimieren sie bei der Gelegenheit das eigene Portemonnaie gleich mit: Zu Stundensätzen zwischen 100 und 200 Euro, auf der Top-Ebene gerne auch mehreren tausend Euro pro Sitzung. Das Potenzial ist riesig, die Sehnsucht nach Hilfestellung groß: Fast 350 Institutionen wollen nur in Deutschland vom Boom profitieren, indem sie zum Coach ausbilden; die Zahl der Coaches ist um das Zwanzigfache auf etwa 40 000 gestiegen. Dennoch macht das Geschäft gerade mal einen niedrigen einstelligen Prozentanteil am deutschen Beratermarkt aus, zu dessen Umfang von fast 20 Milliarden Euro vor allem klassische Unternehmensberatungen wie McKinsey & Co. beitragen. »Das zeigt, welche Zuwachsraten noch möglich sind«, freut sich Christopher Rauen, der Vorsitzende des Deutschen Bundesverbandes Coaching (DBVC).[32]

Let's make the world a better place: Bio, Regio und die Versöhnung alter Gegensätze im Geiste der Perfektion

Der Wunsch nach Führung, danach, »das Richtige« zu tun, zieht sich als roter Faden durch die Perfektionierung des Alltags. Ehemals Selbstverständliches wird dadurch zur Herausforderung. Nicht nur, weil der Optimierung leicht etwas Imperativisches anhaftet, wie die Ratgeber- und Coachingszene zeigt. Sondern auch, weil die Suche nach dem »guten Leben« im Alltag schnell die Frage nach Sinn, Nachhaltigkeit und Ethik aufwirft. Das führt, wie beschrieben, zu einer teilweisen Abkehr von alten »Haben«- zu neuen »Können«-Statussymbolen. Der Connaisseur sucht immer das Authentische, weil nur das die eigene Kennerschaft am besten beweist.

In den Küchen der Republik lässt sich das besonders gut beobachten. Wer den Deutschen in Töpfe, Tiegel und Pfannen guckt, der sieht, wie sich Individualismus und die neue Lust am Authentischen mit Optimierungsstreben und Statusdenken liebevoll vereinen wie die Zutaten einer Vinaigrette. Auch hier wurde der alte Prestigeluxus mit Kaviar und Sushi ins Abseits gedrängt. »Der Connaisseur verknüpft Genuss mit Authentizität und Gesundheit«, berichtet Konsumforscher Twardawa. Einfache, aber seltene Produkte, dazu ein Hauch von Manufaktur, der durch selbst gemachte Pasta oder Hüftsteaks, »die wir bei diesem süßen Bauern in Tornesch kaufen«, ausgedrückt wird.

Wie schon Ferien und Fitness, hat nun auch die Nahrungsaufnahme den rustikalen Charme des Selbstverständlichen eingebüßt. An seine Stelle ist die rastlose Suche nach dem Besonderen getreten, eine neue »Ess-Thetik«, wie Trendforscher bemüht humorig fabulieren. Ihre Leitmotive: authentisch, regional, gesund. Die Ressource Körper soll den besten Treibstoff kriegen, der zu haben ist.

Einige Hot Spots der edlen Bodenständigkeit liegen gleich bei mir um die Ecke, entlang der Osterstraße in Hamburg-Eimsbüttel. Die »Kleine Konditorei« zum Beispiel: Die Qualität ist vielgerühmt, die Preise werden schulterzuckend in Kauf genommen. Wer etwas auf sich hält unter Hamburgs Anwälten, Jungärzten, Werbern und Medienmenschen, stellt sich hier sonntags in die beachtliche Schlange, das iPhone in der Hand, betrachtet den goldenen Schriftzug auf blauem Grund und kauft dann sein Sonnen-Dinkel-Vollkornbrot und dazu »Omas Apfelkuchen«. Wegen der Authentizität.

Um die geht es auch einen Steinwurf entfernt bei Fischfeinkost Schlüter, wo unter altmodisch weißem Schriftzug in Freundlichkeit ergraute Damen feinstes Meeresgetier anbieten, nur ohne den protzigen Sylt-Chichi von Gosch, dafür mit einem Hauch original Kiez-Feeling. Und ebenfalls, wiederum nur einen Steinwurf entfernt, diesmal aber bitte in die entgegengesetzte Richtung werfen, bei »Rose«. So heißt die Metzgerei, die vor allem für ihre Weißwürste bekannt ist, was die Hamburger Medienschickeria bereits als Ausweis ausgefallener Exotik goutiert. »Fleisch und Wurst aus tiergerechter und umweltschonender Nutztierhaltung« steht auf dem Schild vor der Tür inmitten roter Backsteinmietskasernen, die Waren stammen zu 90 Prozent aus eigener Herstellung, die braunen Bodenfliesen sehen aus wie aus den Siebzigern und vermitteln das begehrte authentische Dorf-Feeling mitten in der Millionenstadt. Dabei ist die U-Bahn nur vier Minuten entfernt.

In den vergangenen fünf Jahren ist der Absatz regionaler Lebensmittel doppelt so schnell gewachsen wie der Gesamtmarkt; auch die Großen wie Rewe und Norma wollen nun mit überdimensionierten Regio-Regalen am Run auf die Authentizität teilhaben. Neben dem Buy-Local-Segment profitiert vor allem der Genuss- und Spezialitätensektor überproportional von der neuen Lust am Ausgefallenen und Authentischen. Nicht nur in den Großstädten schießen Geschäfte mit schwedischem Västerbotten-Käse, britischen Kidney Pies und griechischem Olivenöl wie Pilze aus dem Boden. Zeitschriften veröffentlichen Food-Sonderbeilagen und berichten über Dinkelvollkornpasta aus toskanischen Fattorien, bretonische Butter von den »Genusshandwerkern« und Salami vom Turopolje-Schwein, die eine Handvoll Mönche quasi per Hand mengt und kuttert.

Besonders heftig tobt der Hype um die Esskultur ausgerechnet bei den Basiszutaten. Violetter Senf nach einem historischen Rezept aus dem Mittelalter, Honig in allen Farben und Aggregatzuständen, und immer wieder, ausgerechnet: Salz. Das weiße Gold kommt mit Tahiti-Vanille aromatisiert aus Wales, original aus dem Himalaja oder als

Fleur de Sel aus Kalifornien, wo es in Chardonnay-Fässern geräuchert und dann in homöopathischen Dosen, stylishen Keramiktöpfchen oder – Achtung, authentisch – im rustikalen Baumwollbeutel verkauft wird, gerne zum Vierzigfachen des handelsüblichen Discounter-Salzes. Und wer edle Ingredienzen verarbeitet, der will sie nicht ausgerechnet durch unsachgemäßes Equipment verunreinigen, weshalb man problemlos Gemüsehobel zum Preis eines Kühlschranks und Induktionsherde so teuer wie ein japanischer Kleinwagen erwerben kann.

Und was im Kleinen gilt, das hilft auch den Großen: Luxus-Küchenhersteller wie Bulthaup oder Poggenpohl, deren Produkte leicht mit 40 000 Euro und mehr zu Buche schlagen, profitieren ebenfalls von dem kulinarischen Perfektionismus. Knapp 4 Milliarden Euro setzen die deutschen Küchenhersteller im Jahr um, Tendenz stabil bis steigend. Sogar Porsche hat eine Design-Küche aus Aluminium, Glas und Holz für rund 200 000 Euro im Angebot.

Dass sich die Deutschen im Ganzen deutlich ungesünder ernähren, als sie eigentlich wollen, dass die Außer-Haus-Gastronomie boomt, ist da nur ein scheinbarer Widerspruch: Wenn dann mal zu Hause gekocht wird, dann bitte mit Anspruch und auf allerhöchstem Niveau. Reichte es in alten Zeiten, Freunden eine Schüssel Pasta auf den Tisch zu stellen, muss es heute »Das perfekte Dinner« sein.

Die gleichnamige Sendung, im Konzert mit einer mittlerweile kaum mehr überschaubaren Zahl anderer Kochshows, befeuert die Lust am aufwändigen Inszenieren der Nahrungsaufnahme zusätzlich. Den Wettbewerbsdruck am Herd erhöhen sie enorm: Die Mittelschicht, die, wie der *Spiegel* schreibt, »das Essen als die beste Möglichkeit entdeckt hat, sich milieumäßig von Hartz IV abzugrenzen und nach oben aufzuschließen«, wird in ihren Großstadt-Altbauwohnungen und Speckgürtelhäusern in eine erbarmungslose Leistungsschau getrieben.[33] Genuss ist der neue Luxus? Sicher. Aber vor den Genuss hat der Perfektionsdrang den Schweiß gesetzt.

Dabei spiegelt sich in den Sendungen, die in Duktus und Drumherum der volkstümlichen Musik immer ähnlicher werden, das Paradox des kulinarischen Optimierungswahns so deutlich wie in Omas Silberbesteck. Entspannte, irgendwie mediterrane Lebensart wollen sie transportieren, doch damit ist spätestens Schluss, wenn der jeweilige Protagonist mit seinem trendigen Roller vom Wochenmarkt zurückgekehrt ist. Es folgen einige Stunden Fluchen und Schwitzen in der Küche, dann banges Warten auf die Urteile, die meist vor eitler Pedanterie strotzen: »Gut, der Fisch war auf den Punkt, der Sancerre ausgezeichnet und die Mango-Granatapfel-Mousse eine Sensation. Aber bei der Deko harmonierte das Lindgrün der Servietten nicht mit dem Muster der Vorlegegabeln. Deshalb gebe ich der Margot vier von zehn Punkten.« Was einmal das Ziel des Essens war – sich gesund und schmackhaft zu ernähren, womöglich noch in anregender Runde –, droht durch die Perfektionierung zu einem nervenzerrenden Wettbewerb um Prestige und Status zu mutieren.

Das perfektionistische Paradox, dass nämlich das angestrengte Streben nach dem Optimum ganz entspannt wirken soll, wird beim Essen ergänzt durch das hedonistische Dilemma – den Wunsch nach bedenkenlosem Genuss auf der einen, die Sehnsucht nach Natürlichkeit, Nachhaltigkeit und politischer Korrektheit auf der anderen Seite. Und weil man auf keins von beidem verzichten kann, um den Perfektionsanspruch nicht zu gefährden, wird das Dilemma aufgelöst, indem man beide Ziele zu vereinen sucht.

Dass dies die Menschen beim Essen glücklicher macht oder gesünder, ist zu hoffen. Fest steht, dass diese Haltung einen bunten Strauß neuer Geschäftsmodelle und Profitmöglichkeiten hervorgebracht hat. Die alten Prestigemärkte waren gesättigt; da kamen die neuen, wo es um Nachhaltigkeit, Gesundheit und, ja, auch Moral, geht, gerade recht. Der »öko-soziale Mehrwert« des Konsums werde künftig zum entscheidenden Kaufargument, bilanziert das Zukunftsinstitut.

Der Markt für Bioprodukte hat einen derart fulminanten Aufstieg hinter sich, dass Experten zu Recht von einer »grünen Revolution« sprechen. Er hat die Ökoläden verlassen und die Szenegastronomie sowie die Wohnviertel der Besserverdienenden erobert. Der Umsatz mit Biolebensmitteln wuchs auch 2008, ähnlich wie in den Jahren zuvor, um 10 Prozent auf knapp 6 Milliarden Euro. 85 Euro gibt jeder Haushalt im Schnitt jährlich für Bioprodukte aus, damit ist Deutschland Spitzenreiter in Europa. Zwar ging das Marktvolumen 2009 im weltweiten

Abschwung leicht zurück, doch mittelfristig bleiben die Aussichten glänzend wie ein polierter Boskoop-Apfel. Wie in Hamburg das »Mutterland«, wo es Pausenbrote mit Mozzarella und Tomate in ruralem Pergamentpapier gibt, oder die Firma »City-Farming«, die auf Wunsch eine »Frische-Box« mit Bioeiern, Olivenöl aus Umbrien (!) oder Kartoffeln liefert, sprießen in den Großstädten die Naturläden 2.0: gesund, aber auch super originell und gern mit einem Schuss Ironie.

Wirtschaftseinbrüche ändern daran wenig. Wacker konsumierten die Deutschen in der Rezession weiter; fast die Hälfte aller Haushalte war von ihr ohnehin nicht oder kaum betroffen. Und diese Hälfte verfügt nicht nur über den größten Teil des Einkommens; es ist auch die Gruppe, die mit ihrer hohen Bildung, dem beschriebenen Ersetzen von Prestige durch Kennerschaft und ihrem Faible für Natürliches und Echtes die Trends setzt: Wer Wildkräuter und fast vergessene Gemüsesorten auf dem Teller hat, tut etwas für sich selbst, genießt das Leben und bekommt als Nachtisch noch ein reines Gewissen.

In einem im Wortsinn gesättigten Lebensmittelmarkt ist den Firmen damit ein unverhofft kräftig sprudelnder Erwerbsquell entstanden. Denn im Durchschnitt sind Bioprodukte laut GfK um stolze 70 Prozent teurer als konventionelle Ware. Das übliche Preisgenörgel der Deutschen ist in diesem Segment bislang ausgeblieben; wer meckert, würde ja zugeben, dass er es sich noch nicht mal wert ist, für gesunde Schokolade halt ein paar Cent mehr auszugeben. Und das, obwohl von den gehobenen Preisen die kleinen Läden um die Ecke oder der nette Biohof ein paar Kilometer raus aus der Stadt immer weniger profitieren. Auch klassische Biosupermärkte wie Alnatura, die in der originalen Ökobewegung wurzeln, den ganzen Weg mitgelaufen sind und immer noch kräftig am Boom teilhaben, werden es künftig schwerer haben. Denn den Löwenanteil des Biomarktes, weit mehr als 50 Prozent, haben sich längst die unter den Nagel gerissen, die für den Öko der siebziger Jahre noch den Gottseibeiuns verkörperten: Vollsortimenter wie Edeka, Rewe und Penny sowie zunehmend die Discounter Aldi und Lidl.

Hier zeigt sich das klassische marktwirtschaftliche Muster: Die Avantgarde setzt einen Trend – ist er erfolgreich, übernehmen ihn die

Versorger der Massen. Im Hintergrund wirken die Lust am Status sowie der perfektionistische Anspruch, der sich in Outdoor-Reisen ebenso wie im Bio-Boom zeigt: genießen und gleichzeitig das Richtige tun. Ein bisschen die Welt verbessern. Dieser »Lifestyle of Health and Sustainability« (Lohas) hat die Fantasie der Konzerne, die sich auf dem 360 Milliarden Euro schweren deutschen Konsumgütermarkt tummeln, angeregt wie lange keine Bewegung zuvor.

Die Lohas prägen einen postmodernen Lebensstil, der so angenehm wie im Einklang mit der Natur und sozialen Standards ist. Sie wollen Spaß – und Sinn. Lohas würden nie in ein schwankendes Schlauchboot steigen, um Walfänger zu attackieren, sie sind aber Greenpeace-Fördermitglieder. Sie engagieren sich nicht in einer Partei (auch nicht bei den »Grünen«), sondern bei Slowfood und bauen in ihrem Schrebergarten fast ausgestorbene Kartoffelsorten an. Man muss vor den Lohas keine Angst haben, sie werden keine Revolution starten, weil sie glauben, dass man mit kleinen, pragmatischen Schritten viel mehr bewegen kann.

Damit verbinden Bioboom und Lohas-Bewegung all die verschiedenen, teilweise widersprüchlichen Entwicklungen, welche die Optimierung des Alltags treiben und der Lifestyle-Industrie neue, lukrative Märkte eröffnet haben: die Ergänzung traditioneller Statussymbole durch Werte wie Authentizität, Nachhaltigkeit, Gesundheit und Natürlichkeit. Den Wandel des Luxus zum edlen Understatement, der Wunsch nach Orientierung und dem sicheren Bewusstsein, das Richtige zu tun. Gleichzeitig bleiben Status und Genuss wichtig; sie haben mit ihrem Wunsch nach Individualität allerdings neue Spielfelder eröffnet: das Connaisseurtum und das gute Gewissen.

Bei einigen führt die Alltagsoptimierung zu einem diffusen Gefühl der Überforderung, wie die boomende Coaching- und Ratgeberbranche zeigt, die quer durch alle Gesellschaftsschichten durchdekliniert wird. Die Lohas mit ihrer überdurchschnittlichen Bildung und ihrer freudigen Bereitschaft, auch im Alltag mehr Verantwortung als Selbstunternehmer zu übernehmen, sind davon nur selten betroffen. Sie verfolgen das Ziel, mit bewusstem, ethischem Konsum die Welt zu verbessern. Ob ihnen das gelingt, wer von gutem Willen und Engagement tatsächlich profitiert und wie es passieren konnte, dass der mündige, aktive, sozial bewusste und kritische Konsument begeistert hilft, sich selbst auszubeuten, das beschreibt das nächste Kapitel.

Kapitalismus der Gefühle

Wie das Loblied der Selbstbestimmung ausgenutzt wird
und wir für das gute Gewissen anderer bezahlen

>»Wir wissen nicht, was wir fühlen,
>ehe nicht unser Handeln darüber entschieden hat.«
>*Robert Musil*, Der Mann ohne Eigenschaften

Sie fragen sich vielleicht, was Bioeier mit Optimierung zu tun haben?
Was ist schlimm daran, die Welt im Kleinen ein wenig lebenswerter zu
machen? Im Grunde natürlich nichts, wäre da nicht ein winziger, perfektionistischer Haken an der Sache. Die Ökos der Achtziger sagten
sinngemäß: Wer die Welt retten will, muss verzichten. Muss einfacher
leben und profanen Genüssen weitestmöglich entsagen. Motto: »Ich
kaufe, also bin ich ein Verschwender!«

Die Lohas haben die strickstrumpfige Askese zusammen mit den
alten Gorleben-Plakaten in den Keller gepackt. Ihre neue Devise lautet:
Wir retten die Welt, aber wir wollen Spaß dabei. Beziehungsweise umgekehrt: Wir genießen das Leben, wir essen gut und verzichten auch
sonst nicht auf Luxus, aber mit unserem Konsum können wir den Planeten verbessern. Motto: »Ich kaufe, also bin ich der Bestimmer!«

Ganz klar, das ist ein klassisches perfektionierendes Denkmuster:
Warum wählen zwischen Luxus und guter Tat, wenn wir doch beides
haben können? Der Konsum, den man früher mal so nebenbei erledigte oder an dem man einfach Spaß hatte, ist so nicht nur zu einer ziemlich diffizilen Angelegenheit geworden, mit der wir Status und Individualität ausdrücken, wie im vorangehenden Kapitel beschrieben. Er
hat sich auch zu einer Sache entwickelt, die wir gut oder schlecht (im
Sinne von ethisch richtig oder falsch) machen können. Und die wir deshalb optimieren wollen, um eben nichts falsch zu machen. Der Kunde

des 21. Jahrhunderts ist nicht mehr nur passiver, unmündiger Konsument. Nein, er ist selbstbestimmt, aktiv, kompetent und, vor allem: Er tut Gutes – ob für sich selbst, indem er im Internet nach Schnäppchen sucht, oder für die Umwelt, indem er sich ein Hybrid-Auto kauft. Kurz: Er handelt nach Werten, denn Gutes zu tun gibt ein gutes Gefühl. Der Kapitalismus ist gefühlig geworden. Will heißen: Er hat entdeckt, wie sich mit Emotion und Moral Geld verdienen lässt.

Das Phänomen lässt sich in den unterschiedlichsten Ausprägungen bestaunen. Neulich waren wir auf einer Hochzeit eingeladen. Als sich das Brautpaar anschickte, durch die Tür des Rathauses in den sonnigen Maivormittag zu treten, zückte ich meine Tüte mit Reis. Auf das Werfen hatte ich mich schon die ganze Zeit gefreut, doch es blieb bei der Vorfreude, weil Katrin mich anstieß und stumm auf ein Schild schräg gegenüber deutete: »Wir bitten, bei Trauungen vom Werfen mit Reis oder Konfetti abzusehen. Der Umwelt zuliebe. Die Gemeindeverwaltung.« Dass die Gemeindeverwaltung des hessischen Kleinstädtchens damit auch nicht unbeträchtliche Reinigungskosten einspart, genau wie die Hotels, die einen stets bitten, das Handtuch mehrmals zu verwenden (»der Umwelt zuliebe«), stand da nicht.

Überhaupt lässt sich von Hotels lernen, wie man Gutes tut, ohne sich in Unkosten zu stürzen. Als wir auscheckten, fand sich auf der Rechnung der Zusatz: »Wir erlauben uns, Ihre Rechnung um den Betrag von 2,50 Euro zu erhöhen. Das Geld fließt in unser Brunnenprojekt in Westafrika. Herzlichen Dank für Ihre Unterstützung. Ihr Beitrag ist selbstverständlich freiwillig – sollten Sie nicht einverstanden sein, wenden Sie sich bitte an die Rezeption.«

Das tat ich natürlich nicht, und auch sonst dürfte kaum ein Gast seinen freien Willen derart kaltschnäuzig demonstrieren. »Dann hatte ich noch Sachen aus der Minibar für 31,50 Euro und einmal das Adult-Pay-TV für 19,50 Euro, aber die 2,50 Euro für diese Brunnengeschichte, nö, die will ich zurück.« Die wenigsten Menschen haben ein Herz aus Zement. Genau das ist natürlich das Kalkül dahinter, mit dem schönen Effekt, dass sich die Vertreter der Hotelkette eines Tages in Westafrika vor einer Reihe akkurat gemauerter Brunnen fotografieren lassen können, eingerahmt von glücklich lächelnden Dorfbewohnern, die deshalb so glücklich sind, weil sie endlich Trinkwasser haben. Die Hotelkette allerdings hat dafür keinen Cent ausgegeben. Für ihr gutes Gewissen haben ja wir bezahlt.

Aus anderer Leute Leder lassen sich eben gut Riemen schneiden. Und mit dem schlechten Gewissen anderer Leute, beziehungsweise ihrem Wunsch, Gutes zu tun und nachhaltig zu leben, lassen sich gute Geschäfte machen. So wie wir unsere Kinder, das Studium oder die Karriere optimieren, so arbeiten wir auch an der Optimierung unseres Kaufverhaltens in Richtung Nachhaltigkeit und Umweltverträglichkeit, gegen Kinderarbeit und für schönere Brunnen. Vielleicht hält das unseren Planeten ein paar Jahre länger am Leben, wahrscheinlich verbessert es auch das Leben der Menschen in den Entwicklungsländern, nachprüfen lässt sich das leider meist nicht. Mit Sicherheit aber profitieren vom Kapitalismus der guten Gefühle in der Zwischenzeit neue Industrien und alte Branchen, die auf den grünen Zug aufspringen.

Allein in den USA, wo man davon ausgeht, dass 30 Prozent der Bevölkerung zu den Lohas gehören, wird ihr Markt auf gut 250 Milliarden US-Dollar taxiert. In Deutschland zählen bislang nach Schätzungen nur 20 Prozent zu der klugen, vermögenden und hippen Zielgruppe, doch auch in der Gesamtbevölkerung ist die überwiegende Mehrheit bereit, für umweltverträgliche oder fair hergestellte Produkte einen Aufpreis zu zahlen. Selbst unter den Autofahrern würde jeder Zweite zugunsten des Klimas einige Euro für einen neuen Wagen drauflegen. Manche Experten sagen, dass der nachhaltige Markt bis 2020 mehr Menschen ernähren wird als die Automobilindustrie. Denn die Lohas haben Geld: Mehr als 50 Prozent bringen ein Haushaltsnettoeinkommen über 2500 Euro nach Hause – unter allen Deutschen insgesamt ist es nur gut jeder Dritte. »Das Potenzial für verantwortungsvollen Konsum ist riesig«, jubelten die Trendforscher schon vor Jahren. Und sie sollten Recht behalten.

Die Lohas haben einen eigenen Lebensstil kreiert. Der erhobene Zeigefinger ist nicht ihre Sache, sie haben auch nichts gegen Globalisierung, sondern freuen sich an ihren guten Seiten. Sie sind kinderlieb und mögen Tiere, bevorzugen dabei aber statt Rassehunden lustige Promenadenmischungen aus dem Tierheim oder bösen Ländern wie

Bulgarien, wo Tierfänger ihr Unwesen treiben. Ihr Balsamico-Essig ist dreißig Jahre im Holzfass gereift, sie holen ihn mit dem Prius beim Bauern etwas außerhalb der Stadt, und im Urlaub – wir erinnern uns – meiden sie übervölkerte Skischaukeln und gehen stattdessen Schneeschuhwandern. Wobei sie selbstverständlich versuchen, keine schlafenden Murmeltiere aufzuschrecken.

Dieser Lebensstil zieht immer größere Kreise. Was der Kulturwissenschaftler Nico Stehr die »Moralisierung der Märkte« nennt, kennzeichnet die Tatsache, dass kaum noch ein Konsumbereich sicher ist vor dem Angriff der ethisch genießenden Öko-Krieger. Mit *brand eins* und *Landlust* haben sie ihre eigenen Presseorgane. Sie haben Websites (karmakonsum.de, fair-feels-good.de, new-ethics.com), die ihnen helfen, bei jeder Kaufentscheidung das Richtige zu tun. Sie haben Promis wie Thomas D., Brad Pitt oder Nina Eichinger (»Ich kaufe schon seit Jahren nur Biolebensmittel«), die noch mal bekräftigen, warum es gut ist, das Richtige zu tun.

Es gibt – schon lange – Biolebensmittel ohne Zusätze aus industrieller Fertigung, es gibt faire Mode (»American Apparel«, »True Fashion«), die nicht zwangsläufig aussieht, als habe eine Gruppe Waldorfschüler ein Mobile aus Jutesäcken gebastelt. Es gibt Solarzellen zum Aufladen von Handys, Küchenarbeitsplatten aus fein gemahlenen grünen oder blauen Glasscherben (Recycling!) für mehr als 1000 Euro der Meter oder ressourcenschonende Möbel wie eine Rattanliege aus der »Whale Collection« für 1500 Euro.

All diese Produkte sind Waffen für den »Kunden als Krieger« (*Spiegel*), der die verändernde Macht des Marktes zum Wohl des Planeten einsetzen will. So wie das Natalie Golob tut, Ende 30, Kommunikationscoach, hübsch, klug, mit einem Faible für das Natürliche. Golob kauft nur Bio und Fair Trade, zum Beispiel Bananen, für die sie ein paar Cent mehr bezahlt, damit es den Pflückern in Ecuador besser geht. Eine Weltverbesserungsprämie, die ihr ideell hilft und den Pflückern materiell. Schlauer möchte Natalie Golob ihr Geld ausgeben, undogmatischer, echter. »Idealistische Pragmatiker« nennen Trendforscher die neue Öko-Boheme.[34] Andere sprechen von »conscious and smart shoppers« oder politischen Kunden, die mit ihrer Abstimmung per Warenkorb eine Einkaufsrevolution lostreten. Der Markt der Zukunft werde moralisch sein – oder gar nicht, jubelten viele. Denn gegen die wachsende Gegenmacht der Konsumenten gebe es keine Strategie, meint der Soziologe Ulrich Beck. »Selbst allmächtige Weltkonzerne können ihre Konsumenten nicht entlassen. Der Konsument steht jenseits der Herr-Knecht-Dialektik.«[35]

Wirklich? Eher scheint es doch so, als gingen auch die moralischen Hedonisten einem Grundmuster der Optimierung auf den Leim, das uns schon häufiger begegnet ist. Die Früchte ihrer Optimierung bleiben zunächst abstrakt, die positiven Folgen zeigen sich erst auf lange Sicht. Die Gewinne, die Unternehmen auf den beschriebenen neuen Märkten machen, sind dagegen aktuell und konkret. In Wahrheit haben die Beckschen »Weltkonzerne« längst ein Gegenmittel gefunden, und das ist noch nicht mal besonders aggressiv oder auch nur originell. Es handelt sich vielmehr um eine klassische Umarmungsstrategie: *If you can't beat them, join them.*

In der Praxis geht das so: Erstens neue Produkte auf den Markt bringen, die das Bedürfnis nach schlichtem Schick und moralischem Wohlfühlen bedienen – das Rattansofa lässt grüßen. Zweitens traditionelle Produkte so ändern – besser noch: so umbenennen –, dass sie zum neuen Zeitgeist passen. Der Versandhandel Otto wirbt dann damit, dass 98 Prozent seiner Textilien schadstoffgeprüft seien, McDonald's verkauft Biomilch, Finanzdienstleister bieten ethische und nachhaltige Investmentfonds an, und Fischhändler liefern »delfinfreundlich« gefangenen Thunfisch.

Das alles mag sogar stimmen und wäre dann eine Reihe kleiner Siege der politischen Konsumenten. Daneben aber existieren zahllose Beispiele, in denen sich Firmen nach außen einen grünen Anstrich geben, damit von der Welle des optimierten Gewissens profitieren, aber in Wahrheit weitermachen wie bisher. Von »responsible capitalism« keine Spur. Stattdessen Greenwashing im ganz großen Maßstab.

Die Autobranche etwa: Kaum noch kommt Werbung ohne Klimaschutz, Kohlendioxid oder herzanrührend auf ihrer schmelzenden Scholle balancierende Eisbären aus. Für jedes Modell werden Verbrauch und Kohlendioxidausstoß genannt. Doch von den Schadstoffen bei

Produktion und Verschrottung spricht niemand. So verbrauchte etwa der Toyota Prius nur 104 Gramm Kohlendioxid pro Kilometer. Werden aber Herstellung und das spätere Recycling eingerechnet, steigt der Wert auf stolze 172 Gramm.

Oder Lebensmittel: Lammfleisch von britischen Bauern hat eine viermal schlechtere Kohlendioxidbilanz als das aus Neuseeland, obwohl dieses 18 000 Kilometer über die Ozeane schipperte. Dafür aber verwenden die Briten viel mehr Energie und Dünger für die Futterproduktion, während die neuseeländischen Schafe mehr Gras von der Wiese fressen. Und eine Rose aus Holland schadet dem Klima mindestens so sehr wie sechs kenianische Flugrosen, weil in den Niederlanden die Treibhäuser beheizt werden müssen.

Die Lage ist also einigermaßen unübersichtlich, und nicht wenige Unternehmen nutzen das aus. »Ökoprodukte sind Big Business geworden«, schreibt der Autor Stefan Kreutzberger in seinem Buch *Die Ökolüge.* »Der Appell an das reine Gewissen führt viele Konsumenten auf Kosten etwa der Entwicklungsländer in die Irre.« Kreutzberger führt zahlreiche Beispiele für schamloses Greenwashing an: Das mittlerweile legendäre Regenwaldprojekt von Krombacher etwa, bei dem für einen Kasten Bier ein Quadratmeter Urwald unter Schutz gestellt werden sollte: Gerade mal viereinhalb Cent vom Preis jedes Kastens (rund 15 Euro) kamen dem Wald zugute.[36] Und dafür hatte man jetzt so fleißig Bier getrunken? Oder Baumwolle: Als umweltfreundlicher Naturstoff gepriesen, ist es die am stärksten behandelte Kulturpflanze überhaupt und verantwortlich für mehr als 20 Prozent des weltweiten Verbrauchs an Insektiziden. Der Biosprit-Hype wiederum verursache gigantische Monokulturen und Umweltschäden in den Herkunftsländern und habe die Preise für Nahrungsmittel derart hochgetrieben, dass 30 Millionen Menschen dadurch verarmten. Und bei den Bionahrungsmitteln aus Deutschland würden Dubletten aus konventionellen Produkten lanciert und unter einem der wuchernden Öko-Siegel verkauft – mit sattem Gesundheitsaufschlag, versteht sich. »Etikettenschwindel«, »Bauernfängerei«, schimpft Kreutzberger.

Mit dem Wunsch nach einer besseren Welt und einem reineren Gewissen lässt sich viel Geld verdienen. Das Greenwashing ist jedoch nicht nur eine Folge des Profitstrebens der Konzerne und der komplexen Gemengelage, sondern entsteht direkt aus dem Anspruch der Lohas, Genuss und Moral zu verbinden. Denn das Ziel, Nachhaltigkeit mit Hedonismus zu verknüpfen, lässt sich nur in seltenen Fällen sauber erreichen. Und im Zweifel, meinen Lohas-Kritiker, tun diese nur dann etwas für die Umwelt, wenn sie einen persönlichen Nutzen davon haben. Aus der Luft gegriffen ist der Vorwurf nicht: So wie sich der Einkauf nach Preisen ausdifferenziert (siehe das »Trading down«-Phänomen im gleichnamigen Kapitel), so verästelt er sich auch in moralischen Fragen. Gut möglich, dass mancher Lohas ein Pfund Biomöhren und drei Flaschen naturtrüben Apfelsaft kauft und die Sachen dann zu Hause in einem stromverschlingenden Kühlschrank-Ungetüm verstaut, das rund um die Uhr Eiswürfel produzieren kann.

Der Lohas-Lifestyle folgt einer typischen Perfektionierungsstrategie, indem er die angenehmen Seiten des Daseins nicht missen, aber auch nicht mit ihren Folgen konfrontiert werden will, weshalb er versucht, diese Folgen möglichst gering zu halten. Perfektion ist immer Risikovermeidung, in diesem Fall die Risiken, eine ethisch falsche Entscheidung zu treffen oder Abstriche am Komfort zu machen. Geht die Optimierungsstrategie nicht auf, ist es vielleicht nur verständlich, sich für den Komfort zu entscheiden. So sind die Menschen. Auch wenn sie moralische Ansprüche haben.

Rente, Reisen, Regale: Der aktive Kunde packt selbst mit an – und spart den Unternehmen Millionen

Der Versuch der Lohas-Bewegung, Moral und Komfort zu verbinden, illustriert noch einen weiteren, tiefergehenden Aspekt des Strebens nach Optimierung: das Bewusstsein und den Anspruch, dass der Einzelne etwas verändern und Verantwortung übernehmen kann. Für sein eigenes Leben, aber auch im größeren Zusammenhang. Das mag uns heute schrecklich banal vorkommen, doch es ist alles andere als selbstverständlich. Die Lohas, wir haben es gehört, sind überdurchschnittlich gebildet, sie begreifen sich als kompetente, informierte und aktive Kunden, die nicht kritiklos konsumieren, was ihnen die Industrie zum Fraß vorwirft.

Dieses Selbstverständnis ist Ergebnis eines gesellschaftlichen Umbruchs, der mit der 68er-Bewegung begann, unter dem Stichwort »Wertewandel« zum soziologischen Klassiker wurde und längst nicht nur die Lohas betrifft. Schon im Kapitel »Karriereturbo mit Fehlzündung«, in dem es um das Optimierungsstreben im Job ging, wurden die großen Linien dieses Wertewandels skizziert: Von einem emanzipatorischen Anspruch herkommend, betonte er die Bedeutung individueller Selbstentfaltung und Selbstgestaltung des eigenen Lebens. Schluss sollte sein mit dem Dreinreden irgendwelcher Autoritäten (Eltern, Lehrer, Staat, Konzerne), stattdessen mehr Eigenverantwortung, Initiative, aktives Engagement. Die drastische Subjektivierung der Gesellschaft, der Heißhunger nach Individualität, wie er im Kapitel »Moving up« dargestellt wurde – hier findet er seinen ideologischen Überbau.

Im beruflichen Kontext entstand daraus der beschriebene »Selbstunternehmer«, der nicht stumpf Befehle ausführt, sondern mitdenkt, seinen Marktwert als Arbeitnehmer steigert, Verantwortung für sich und das Unternehmen übernimmt – und so gezwungen ist, sich selbst ständig zu optimieren, sonst wäre er ein schlechter Unternehmer.

Im privaten Bereich findet der Selbstunternehmer seine Entsprechung im aktiven Kunden, der auch seinen Alltag und besonders den Konsumbereich selbst verantwortet und möglichst gut managt. Wobei »gut« nicht unbedingt »profitabel« bedeuten muss; es kann, wie bei den Lohas, eine starke moralische Komponente haben. In jedem Fall aber sitzen wir nicht mehr couchkartoffelig herum und lassen uns vom Reklamefernsehen berieseln, um anschließend wie in Trance ins nächste Geschäft zu wanken und das beworbene Produkt zu kaufen. Nein, wir sind kritisch und reflektiert, wir vergleichen im Internet Preise, konsultieren Foren und Verbraucherschutz-Ratgeber und beziehen sämtliche Faktoren von Qualität über den Preis bis hin zu moralischen Fragen in unsere Kaufentscheidung ein.

Sehr schön lässt sich das aktuell im Tourismus beobachten. Vor gar nicht langer Zeit waren Ökotouristen ein ebenso belächeltes wie versprengtes Häuflein Gutmenschen. Seit einigen Jahren wachsen Angebot und Nachfrage im zweistelligen Bereich. Viele Reisen beinhalten von vornherein einen freiwilligen Atmosfair-Beitrag zum Ausgleich der Kohlendioxidbilanz, andere erkunden mit dem World Wildlife Fund die Staudämme der Biber in den uckermärkischen Seen oder mit dem Naturschutzbund Deutschland die ehemaligen Tagebauflächen in der Niederlausitz. Um endgültig dem Stigma vom Touristen als rücksichtslosem Killer fragiler Umweltsysteme zu entkommen, gehen viele noch einen Schritt weiter und engagieren sich im Urlaub für die Natur – mit Geld oder der eigenen Hände Arbeit. Man kann gegen eine Spende in den Ferien die Patenschaft für eine Robbe erwerben oder Meeresbiologen dabei helfen, das Verhalten weißer Haie zu studieren – selbstverständlich kostenpflichtig. Als Teilnehmer bei den »Helfenden Händen« macht man mit bei der Aufforstung der Dünen auf Helgoland, 120 Euro für drei Übernachtungen, Arbeitshandschuhe und Arbeitsgerät werden gestellt.

Andere Anbieter wie »Earthwatch« oder »Biosphere Expeditions« organisieren Projekte zur Erforschung des Klimas oder zum Hausbau in südafrikanischen Slums. »Die Leute fühlen sich gut, wenn sie im Urlaub etwas Sinnvolles machen können«, meint ein Tourismusdirektor achselzuckend.

Da ist sie wieder, die Suche nach dem reinen Gewissen, für das wir auch gerne Geld bezahlen. Der Lohas-Gedanke, etwas zu bewegen und selbstbestimmt zu agieren. Verantwortung zu übernehmen.

Das freut Tier und Natur, und wenn es bei drei Tagen Dünengras-Setzen auf Helgoland bliebe, wäre daran überhaupt nichts auszusetzen. Tatsächlich aber hat sich das Ideal vom selbstbestimmten Kunden verwandelt in einen grassierenden Zwang zum Selbermachen. Aus dem hehren Ziel der Selbstverwirklichung ist ein Do-it-yourself-Imperativ geworden, der uns immer mehr Verantwortung in banalen Alltagsdingen aufbürdet. Er zwingt uns dazu, auch diesen Bereich zu optimieren – und spart den Unternehmen dadurch viele Millionen.

»Die Kunden sind vielerorts zu unbezahlten Arbeitskräften der Firmen, zu einer expliziten betrieblichen Wertquelle geworden«, bilanziert der Soziologe Gerd Günter Voß.[37] »Komplementär zum Selbstunternehmer als Arbeitskraft wird der private Konsum einer umfassenden Ökonomisierung unterworfen.« Eine ganze Gesellschaft wird umgestellt auf Selbsterledigung. Voß nennt das wissenschaftlich umständlich »die doppelte Entgrenzung von Arbeit und Leben«. Als Professor an der Universität Chemnitz untersucht er das Phänomen seit vielen Jahren; Voß ist ein Soziologe vom alten Schlag, der sich im Gespräch richtig in Rage reden kann. Mit leidenschaftlicher Akribie hat er zahllose Puzzleteile zusammengetragen und daraus die These vom »verbetrieblichten Kunden« entwickelt. Für diesen – also für uns alle – gilt: Nur wer seinen Konsumalltag maximal geschickt organisiert – und das heißt nichts anderes als: permanent optimiert –, kann die wachsenden Anforderungen und Zwänge im Privaten bewältigen.

Allerdings muss man kein Soziologieprofessor sein, um die Do-it-yourself-Welle zu bemerken. Es reicht, einen ganz normalen Tag im Deutschland des frühen 21. Jahrhunderts zu absolvieren.

Unseren Morgenkaffee holen wir uns bei Starbucks. Im altmodischen Café nebenan ist er billiger, aber hier dürfen wir ihn uns selbst servieren. Auch mittags im Trend-Restaurant tragen wir unser Menü selbst zum Tisch. Ich, mein Kellner. Nur Trinkgeld gibt's keins.

Unsere Bankgeschäfte erledigen wir online, kaufen Aktien, suchen die besten Tagesgeldangebote heraus. Auch das Bahnticket nach München buchen wir im Netz, ebenso den Flug auf die Malediven, was einige Stunden dauert, denn die großflächige Abwesenheit von Servicepersonal aller Art gleichen wir durch intensive Angebotsrecherche und Preisvergleiche im Netz aus.

Nachher müssen wir noch zur Post, ein Paket abholen. Genauer gesagt dorthin, wo einst die Post war. Heute ist da eine Packstation, beworben mit dem fröhlichen Slogan: »Mein Paket? Hol' ich ab, wann ich will!« Allein zwischen 1991 und 2007 ist die Zahl der Postfilialen und -agenturen um ein Drittel gesunken. Trotzdem, sehr bequem, diese neue Flexibilität. Möglicherweise nicht ganz so bequem wie früher, als Postboten das Paket nach Hause lieferten, aber man will ja nicht klagen. Ich, mein Wertpapierhändler, Reisebürokaufmann und eigener Postbote. Provision, Vermittlungsgebühr, Botenlohn? Fallen flach.

Das Gepäck am Flughafen checken wir bei Ryanair selbst ein, bei

Transfers weist uns keine freundliche Dame in adretter Uniform mehr den Weg zum Anschlussflug, sondern ein Automat, der offenbar noch nicht gefrühstückt hat und die neue Bordkarte deshalb selbst behält, bevor er noch vom Blechfleisch fällt. Unsere Regale von IKEA bauen wir alleine auf, die Haare föhnen wir uns beim Friseur selbst, und beim Bäcker packen wir eigenhändig unser Brot ein, bevor wir es zur selbstscannenden Kasse bringen. Ich, mein Flughafenpersonal, mein Schreiner, mein Kassierer. Schade, dass wir uns keinen Stundenlohn zahlen, da käme ein hübsches Sümmchen zusammen.

Die rationalisierte Einbindung des Kunden als Wertschöpfungsfaktor, das also, was der amerikanische Soziologe George Ritzer schon Mitte der Neunziger mit »McDonaldisierung der Gesellschaft« beschrieb, hat eine lange Tradition. Schon in der zweiten Hälfte des 19. Jahrhunderts entstanden in Europa die ersten Kaufhäuser, ebenfalls in dieser Zeit kamen die ersten Verkaufsautomaten auf. In den siebziger Jahren des 20. Jahrhunderts breitete sich die Selbstbedienung im deutschen Einzelhandel rasant aus, was einen massiven Konzentrationsprozess nach sich zog: Zwischen 1960 und 1998 ging die Zahl der Läden um mehr als 80 Prozent zurück. Seit den Neunzigern wird der Kunde dann in der Managementliteratur explizit als Wertschöpfungsquelle benannt. Und schließlich brachte in den vergangenen zehn Jahren das Internet einen extremen Selbermachschub: Bankgeschäfte und Buchungen aller Art wurden zunehmend auf den Kunden ausgelagert. Während etwa die Zahl der Geldautomaten stetig anschwillt, wurde in den vergangenen zehn Jahren jede dritte Bankfiliale geschlossen. In Voß' Seminaren sitzen Studenten, die Bankberater aus Fleisch und Blut nur aus den Erzählungen ihrer Eltern kennen. In der Schweiz sind die Bürger angehalten, erst eine Hotline anzurufen und sich selbst eine erste Diagnose zu stellen, bevor sie einen Arzt konsultieren. Und in den USA kursieren Zahlen, wonach manche Konsumenten bereits mit acht bis zwölf Stunden pro Woche ihren unbezahlten Beitrag als Teilzeitkräfte in der »self service economy« leisten.

Verkauft wird uns all das unter dem guten, alten Banner der Autonomie und Selbstentfaltung: Als Mehr an Macht. Mehr Freiheit, mehr Zeit, mehr Geld – die Einsparungen würden schließlich an den Kunden weitergegeben. »Dabei liegt der Grund im Rationalisierungsdruck der Unternehmen«, sagt Soziologe Voß. »Die Kunden arbeiten ihnen am einen Ende zu, damit sie am anderen Ende einsparen können.«

Mitbestimmung ist hip? In Wirklichkeit frisst die neue Autonomie Zeit in ungeheuren Mengen und zwingt dazu, uns mühsam auf allen möglichen Gebieten zum Experten auszubilden – wer einmal Software-Updates runtergeladen hat, dürfte das Problem kennen. Und die groß-artigen Einsparungen bleiben auch meist da, wo sie erzielt werden: in den Firmen. »Ist das Unternehmen aufgrund des Wettbewerbs nicht gezwungen, die Preise zu senken, wird es das auch nicht tun«, meint der Wirtschaftssoziologe Hartmut Hirsch-Kreinsen.

Von dem Drang, auch in Alltagsdingen das Beste herauszuholen, aktiv und mündig zu sein, kurz: uns auch als Konsumenten zu optimieren, profitieren also wieder einmal andere. Drei Beispiele machen das drastisch deutlich.

Bei IKEA, traditionell Selbermach-Pionier der ersten Stunde, suchen wir unsere Möbel selbst aus, wuchten sie in den Wagen und bauen sie zu Hause auf. Schweißtreibende Stunden, die sich leppern: Wenn wir für den Aufbau eines Billy-Regals eine halbe Stunde veranschlagen und einen Stundenlohn von 10 Euro ansetzen, dann macht das bei rund 41 Millionen bislang weltweit verkaufter Billys mehr als 200 Millionen Euro, die wir dem blau-gelben Möbelriesen durch die Eigenmontage gespart haben. 2009 ging IKEA noch einen Schritt weiter und ersetzte die Hälfte der Kassen seiner Einrichtungshäuser in Deutschland durch Expresskassen zum Selbst-Scannen und Bezahlen: Wohnst du noch oder scannst du schon? Ähnliche Selbstzahler-Kassen gibt es bereits in den Modegeschäften von Peek&Cloppenburg, bei Real oder Metro Cash & Carry, wo die klassische Kassiererin für Kartenzahler gleich ganz abgeschafft wurde. Finanziell bringe das wenig, beteuert IKEA, man tue das nur, um dem Kunden lange Wartezeiten zu ersparen. Dagegen haben die Experten von Planet Retail ausgerechnet, dass im Handel weit über 60 Prozent der Personalkosten in das Abkassieren von Kunden fließen. Hier lässt sich also noch ordentlich was wegschneiden. Ein Schuft, wer Böses dabei denkt.

Bei der Bahn dagegen rechnet man schon aus Gewohnheit mit dem

Schlimmsten, und konsequenterweise schreckt sie ihre Kunden geradezu ab, persönlichen Service zu verlangen. Der nachträgliche Kauf von Tickets im Zug wurde weitestgehend abgeschafft, die Reisezentren allein zwischen 2000 und 2006 von 750 auf rund 400 eingedampft. Wer sich beraten lassen möchte, sollte viel Zeit mitbringen und sicherheitshalber auch einen Schlafsack, um in der Schlange zu übernachten. Von der höhnischen Idee, einen Bedienzuschlag zu erheben, konnte die Bahn-Oberen sogar nur ein Machtwort der Kanzlerin abbringen – Kundenproteste waren zuvor ungehört verhallt. Die Automaten lotsen uns dafür dann durch ein Menü von gefühlten 235 Unterpunkten (»Sind Sie ganz, ganz sicher, dass Sie auch wirklich keine Reiserücktrittsversicherung brauchen?«), sodass wir eigentlich den Zug verpassen würden, aber der ist zum Glück mal wieder verspätet.

Dennoch ist die Bahn mit ihrer Abschreckungsstrategie ziemlich erfolgreich: 2008 etwa wurden schon 60 Prozent der Fahrkarten im Internet oder am Automaten gekauft. Damit spart die Bahn viele Millionen, unter anderem für Personal – wie viele genau, darüber hüllt sich das Unternehmen verständlicherweise in Schweigen. »Wir kommunizieren die Zahlen nicht«, heißt es kategorisch aus der Konzernzentrale. »Aber dass die Buchung im Netz oder am Automaten von den Vertriebskosten her günstiger ist, liegt doch auf der Hand.«

Stimmt, zumal es konkrete Indizien gibt. So ersetzt die Bahn bis voraussichtlich 2011 rund 7 000 Ticket-Automaten durch neuere Modelle. In die neue Generation werden insgesamt rund 150 Millionen Euro investiert. Viel Geld, das man kaum ausgeben würde, wenn man sich nicht Einsparungen in mindestens gleicher Höhe, eher wohl ein Vielfaches davon, versprechen würde. Auch ein einfacher Dreisatz hilft: Wenn in einem kleinen Reisezentrum drei Mitarbeiter für, sagen wir, 40 000 Euro Gehalt arbeiten, dann würde die Schließung von hundert solcher Zentren bereits 12 Millionen Euro sparen – pro Jahr. Tatsächlich dürften die Zahlen eher höher liegen. Pricing-Experten, die ihren Namen lieber nicht gedruckt sehen möchten, beziffern die Höhe der jährlichen Kostenersparnis durch Automaten- und Internetbuchung für die Bahn auf zwischen 30 und 100 Millionen Euro jährlich.

Drittes Beispiel: die private Rente. Auch hier lautet die Parole: Der aktive Bürger sorgt vor. Tut er das nicht, muss er im Alter am Hungertuch nagen, weil die gesetzliche Rente nicht ausreicht und sich die berüchtigte »Versorgungslücke« auftut. Vom Imperativ der Selbstverantwortung profitiert hier natürlich zunächst der Staat, weil er zwar die Riester-Rente subventioniert, aber später an der gesetzlichen spart. In viel größerem Ausmaß aber nutzt die Veranstaltung den privaten Anbietern, denen Riester und Rürup in den vergangenen Jahren die Bilanzen vergoldet haben.

Vor allem die Riester-Rente hat sich zum Verkaufsschlager entwickelt. Mehr als zwölf Millionen Menschen hatten zum Stichtag 31. Dezember 2008 einen solchen Vertrag abgeschlossen. Pikanterweise startete die Erfindung des gelernten Fliesenlegers und späteren Arbeitsministers Walter Riester ziemlich beschwerlich; erst ab 2005 bekam sie einen Schub – weil die Vermittler seither deutlich höhere Provisionen kassierten und entsprechend mehr dafür warben.

Der Rettungsring kam genau zur rechten Zeit, denn die Geschäfte der Versicherungsbranche könnten besser laufen. »Ohne Riester- und Rürup-Policen sähe es bei einigen Versicherern schlecht aus«, ließ sich ein Insider 2009 zitieren. So aber konnte etwa die »Deutsche Vermögensberatung« (DVAG), neben AWD und MLP einer der drei großen deutschen Finanzvertriebe, selbst für das Krisenjahr 2008 Rekordeinnahmen und eine Gewinnsteigerung um 18 Prozent auf fast 150 Millionen Euro verbuchen. Einer der Haupttreiber des Erfolgs war die Angst der Deutschen vor der Armut im Alter – die Zahl der Riester-Verträge stieg um mehrere hunderttausend auf deutlich über eine Million.

Die Aussichten der Riester-Sparer sind dagegen weit weniger rosig. Zwar sind die eingezahlten Beträge staatlich garantiert. Doch die erwartete Rendite wird oft empfindlich geschmälert, weil die teuren Provisionen und Verwaltungskosten die vielgelobten staatlichen Zulagen auffressen, bisweilen sogar übersteigen. »Es kann doch nicht sein, dass der Staat die Versicherungswirtschaft alimentiert«, empörte sich die Hamburger Verbraucherschützerin Edda Castello.

Die Verbraucherschützer bezweifeln zudem, dass die private Rente der staatlichen weit überlegen ist, zumal die langfristigen Auswirkungen der Finanzkrise noch gar nicht absehbar sind. »Geld-Schock! So viel verliert Ihre Lebensversicherung«, titelte *Bild* im April 2009. Und Riester ist ja nur ein kleiner Ausschnitt. Für die Finanzierung des Ruhestands halten die Anbieter ein schier unüberschaubares Arsenal bereit: Aktien, Zertifikate, Fonds, Schiffsbeteiligungen, Immobilien, alles ist möglich. In den Hochglanzbroschüren klingen die Möglichkeiten traumhaft; dass oft selbst ein Totalverlust nicht ausgeschlossen ist, blenden viele Menschen aus.

Da haben sich die angeblich so obrigkeitstreuen Deutschen endlich damit abgefunden, dass die Rente von Vater Staat nicht mehr sicher ist, haben Initiative gezeigt und Mündigkeit, und nun – ist die Rente immer noch unsicher. Nur die Gewinne von Finanzvertrieben und Banken sind gestiegen, denn die Provisionen und Verwaltungsgebühren werden selbstverständlich lange vor Rentenbeginn fällig. Und die sogenannte »Beratung« durch die Anbieter entpuppte sich häufig als das nur leicht kaschierte Gebaren von Drückerkolonnen in Nadelstreifen. Selbst in der schweren Wirtschaftskrise betrieben viele Banken weiterhin *business as usual*. Schon Mitte 2009 war bereits wieder die Rede von Renditen um die 25 Prozent: Das Casino war wieder eröffnet.

Aber bleiben wir fair: Ein Casino braucht nicht nur Croupiers und eine Bank, die bekanntlich immer gewinnt. Es braucht vor allem Menschen, die freiwillig ihr Geld hinbringen. Daher tragen auch die Kunden selbst einen Teil der Verantwortung für die oft waghalsigen Finanzkonstruktionen. Der Grund hierfür ist erneut der Drang zur Perfektionierung. Eine magere Rendite, etwa bei Bundesschatzbriefen, das wollte kaum jemand. Zu wenig, zu langweilig und ganz weit weg vom Ideal des aktiven Kunden, der seinen Ertrag ständig maximiert. Wer will schon als sicherheitsfixierter Trottel dastehen, der aus seinem Geld weniger rausholt, als möglich wäre? 10, 20 Prozent sind doch wohl das Mindeste, und gerne darf's a bisserl mehr sein.

Dass mit der Rendite auch das Risiko steigt, tritt da schon mal in den Hintergrund. Dabei bewiesen gerade die Erschütterungen der Finanzwelt von 2007 und 2008: Mehr Eigenverantwortung, mehr Kompetenz und Optimierung in allen Bereichen, das kann auch nach hinten losgehen. Die Deutschen drohten zum Opfer ihres eigenen Perfektionsstrebens zu werden.

Die Selbstoptimierung des Konsumenten, sie kostet also Zeit, spart vielleicht Geld (aber nicht viel), bringt uns dazu, die Arbeit der anderen zu machen und dafür manchmal auch noch zu bezahlen. Obendrein entsteht eine verhängnisvolle Spirale: Wenn wir permanent dem besten Angebot im Internet hinterherjagen, um ein paar Euro zu sparen, dann sollten wir uns nicht wundern, dass die kleinen Geschäfte verschwinden und die großen Unternehmen an der Kostenschraube drehen, indem sie den Service immer weiter an uns auslagern.

Die nächste Stufe in der »Verbetrieblichung« des Konsumenten ist bereits gezündet. Das Web 2.0 schuf die technischen Voraussetzungen, dem Kunden nicht nur banale Dienstleistungen aufzubürden, sondern ihn noch stärker in die Wertschöpfungskette zu integrieren, etwa, indem er an der Entwicklung neuer Produkte beteiligt wird. »Die Kunden werden meist nicht bezahlt, aber die Firma spart kräftig an den Forschungskosten«, sagt Soziologe Voß.

So setzen Software-Konzerne ihre neuen, noch fehlerhaften »Betaversionen« ins Freiland, auf dass begeisterte Nerds darin Programmierungsfehler suchen und am besten gleich beheben. »Bananenprodukte« heißt das unter Ingenieuren: Die reifen beim Kunden. Die Firma Threadless verkauft mit großem Erfolg T-Shirts, deren Designs von Kunden stammen – 800 Hobby-Kreative schickten jede Woche ihre Entwürfe. Für Lego entwickeln sogenannte AFoLs (»Adult Friends of Lego«) eigenständig neue Modelle, zur Belohnung erscheint dann ihr Name auf der Packung. Amazon spannte Tausende Nutzer für das mühselige Verschlagworten von Bildern ein; die Rockband Beastie Boys ließ ein Konzertvideo von ein paar Dutzend Amateur-Kameraleuten filmen, und auch Weltkonzerne wie BMW oder Adidas nutzen auf ähnliche Weise die Potenziale ihrer Kunden.

Es gibt sogar eine Plattform namens Innocentive, die systematisch Freizeittüftler und Forschungsprobleme zusammenbringt. Zum Beispiel die Frage, wie die Zahnpasta einfacher in die Tube zu bekommen sei, die von Colgate Palmolive ausgeschrieben wurde. Ein Automechaniker heimste für seine Lösung 25 000 US-Dollar Belohnung ein: das Pulver vor der Verarbeitung elektrisch aufladen und gleichzeitig die Tube erden. Und bisweilen hängen ganze Geschäftsmodelle am Tropf des Mitmachnetzes: YouTube etwa lebt ausschließlich vom freiwillig (und gratis) produzierten Inhalt seiner Nutzer; im Journalismus beliefern »Leser-Reporter« oder Blogger die Zeitungen mit günstigen Enthüllungen, für die man früher teure Paparazzi anheuern musste. »Wikipedia trifft Bernstein und Woodward«, spottete die *Washington Post* über den neuen Bürgerjournalismus.

»Crowdsourcing«, eine Kombination aus »crowd« (Menschenmenge) und »outsourcing«, heißt diese Masche, die Arbeits- und Denkkraft der Massen systematisch anzuzapfen. Mit schicken Schlagwörtern wie »Schwarmintelligenz«, »Kundenbindung« oder »interaktive Wertschöpfung« stehen Trendapologeten bereit, der Tatsache etwas innovativen Glanz zu verleihen, dass die einstmals von hochbezahlten Experten verrichtete Arbeit nun von Kunden, *formerly known as* »Könige«, gegen ein »Vergelt's Gott« verrichtet wird. Oder gegen den Verpackungsaufdruck »co-designed by Willi Müller«. »Wenn Starbucks seine Kunden aufruft, Gedanken über die Gestaltung seiner Läden zu sammeln, dann kommen Tausende Ideen zusammen, die keine Agentur in dieser Zeit und schon gar nicht ohne Honorar geliefert hätte«, meint Voß. »Das ist eine ganz neue Qualität von Arbeitskraft: So wie sich im Joballtag durch immerwährende Erreichbarkeit seit Längerem Beruf und Privatleben vermischen, so dringt jetzt auf der anderen Seite die Wirtschaft in den privaten Sektor ein.«

Aus dem Wertewandel hin zu mehr Freiheit, Selbstbestimmung und Autonomie sind zwei Strömungen entstanden, die auch im Konsumalltag aus dem Hang zur Optimierung einen Zwang gemacht haben: einerseits der Wunsch nach einer besseren Welt, zu der jeder Einzelne seinen Teil beitragen kann, andererseits der Imperativ des Do-it-yourself, der uns auf immer breiterer Front immer mehr Verantwortung im Alltag überlässt. Mit der Folge, dass wir nicht nur zu »arbeitenden Kunden« geworden, sondern an einem möglichen Scheitern auch selbst schuld sind. Ob wir unser eigenes Leben dadurch verbessern, sei einmal dahingestellt. Sicher ist, dass wir vielen Unternehmen mit der Arbeit am guten Gewissen neue lukrative Geschäftsfelder erschlossen und als arbeitende Kunden am anderen Ende viele Millionen Euro eingespart haben.

Ein Weg zurück ist nicht in Sicht. Schließlich lässt sich niemand gerne Freiheiten wieder wegnehmen, auch wenn sie Zeit kosten und oft kaum Geld sparen. Die Generation, die mit dem Internet aufgewachsen ist, stört das wenig. Seine Tochter etwa, erzählt Voß, geht selbstverständlich vor jeder klitzekleinen Alltagsentscheidung zur Recherche ins Netz. Seine Forschungen hält sie für unnötige Nörgelei.

Und schon entsteht ein Gegentrend: Shell hat den Tankwart wieder eingeführt, Fluglinien bieten Chauffeurdienste an, und die Bahn holt auf Wunsch Gepäck von zu Hause ab. Es ist fast so wie früher. Nur kostet es jetzt meist dicke Aufschläge. Für den Extra-Service.

Von der Himmelsmacht zur Managementaufgabe

Wie aus Liebe und Freundschaften ein gutes Geschäft wurde

»Bau' zuerst Beziehungen auf, dann Umsätze!«
Paul Szydlowski

Ben ist einseinundachtzig groß, blond, blaue Augen hinter modischer Brille. Vielleicht ist sein Musikgeschmack ein bisschen arg Mainstream, aber er hört zu, stellt kluge Fragen und hat eine Art zu erzählen, die alle zum Lachen bringt. Er geht ins Fitnessstudio, arbeitet als Staatsanwalt und ist Single. Seit drei Jahren. Dabei, so fantasieren seine verheirateten oder liierten Freunde im Chor, sollte die Großstadt für einen Erfolgsmenschen Anfang dreißig doch das ideale Jagdrevier sein, ein unausgeschöpftes Meer der Möglichkeiten. Genau das, sagt Ben, der es besser weiß, ist das Problem. Irgendetwas stimmt nicht mit diesen Möglichkeiten, sobald man ihnen über zwei Gläsern trockenen Weißweins gegenübersitzt.

Bettina lernte Ben im Internet kennen. Obwohl ausweislich ihres Profils Vegetarierin, schlug sie das Steakrestaurant »Maredo« als Treffpunkt vor. Kaum angekommen, schimpfte sie über seine mangelhafte Sensibilität: Wie konnte er zustimmen, er weiß doch genau, dass sie kein Fleisch isst? Ben war verwirrt, doch tapfer stand er zwei Stunden durch, bis ihm bei der Rechnung (»Getrennt, bitte«) der nächste Fauxpas unterlief. Aha, geizig sei er also auch, wenn ihm ein netter Abend nicht mal einen kleinen Salat plus Apfelschorle wert sei.

Ben lernt aus Fehlern. Mit Eva verabredete er sich in einem netten Café und bezahlte für beide. Eva schäumte: »Was ist das denn für eine Macho-Masche? Glaubst du vielleicht, du kannst mich kaufen?«

Das sind Beispiele, die Ben gern erzählt, weil er dabei gut wegkommt, doch es sind Ausnahmen. Die meisten Annäherungsversuche scheitern an Ben selbst. Steffi hatte zu dicke Beine, Anita konnte Merlot nicht von Shiraz unterscheiden, Carmen arbeitete in einem Callcenter.

Vor langer Zeit, da heiratete man nicht. Man wurde verheiratet. Vor nicht ganz so langer Zeit galt die Liebe als Himmelsmacht, ein rosaroter Blitz, der zwischen zwei Menschen einschlug, die füreinander geschaffen waren. Heute nehmen wir, wie Ben, unser Schicksal selbst in die Hand. Wie das Studium, die Karriere oder die Altersvorsorge ist auch die Liebe zu einem Objekt der Optimierung geworden. Wenn viele Menschen das auch empört zurückweisen würden, gehen wir sie unbewusst so strategisch kalkulierend an wie die übrigen Felder, die wir als Unternehmer unserer selbst permanent verbessern.

Der Wandel der Werte hin zu mehr Selbstentfaltung, Initiative und Eigenverantwortung hat auch die Welt der Candle-Light-Dinners, der romantischen Spaziergänge im Mondschein und der roten Rosen erfasst. Schließlich ist das nur konsequent: Wenn wir als Optimierer beträchtliche Mengen an Energie sogar in die Recherche der besten Urlaubsreise investieren, warum sollten wir ausgerechnet in Sachen Liebe in ergebener Trägheit darauf warten, dass ein dicklicher Schütze endlich seinen Pfeil abschießt? Eben. Erst recht als Unternehmer unserer selbst müssen mögliche Kandidaten für eine Firmenfusion – *also known as* »Hochzeit« – sorgfältig gescreent werden. Dem Reich des Eros, in dem es einst von Rittern in schimmernder Rüstung und anmutig flügelschlagenden Schmetterlingen wimmelte, wird nun mit Wissenschaft und kühler Rationalität zu Leibe gerückt. Aus der Himmelsmacht ist eine Managementaufgabe geworden.

Die allerdings gestaltet sich zunehmend komplex. Statistisch betrachtet hat Ben als Mann noch Glück: Für eine Singlefrau um die 40, das berechneten Forscher schon vor zwanzig Jahren, sei die Chance größer, bei einem Terroranschlag zu sterben, als den richtigen Mann zu finden. Seitdem ist die Wahrscheinlichkeit terroristischer Akte deutlich gestiegen – die für Mr. Right eher nicht. So zählen neben männlichen Hartz-IV-Empfängern vor allem weibliche Akademikerinnen zu den großen Verlierern auf dem Heiratsmarkt. Nicht ihr Alter ist mehr die Hürde, sondern ihre Bildung. Sie sind all das, was sie früher von den

Männern erwartet haben: gut ausgebildet, unabhängig, erfolgreich im Job. Statt einen Doktor zu heiraten, machen sie ihn lieber selbst.

Martina zum Beispiel ist promovierte Biologin, sie kennt sich aus mit der Artenvielfalt, und vielleicht klickt sie in ihrer Altbauwohnung in Hamburg-Eppendorf deshalb so schnell durch die Profile der Männer auf der Seite einer Online-Partneragentur. Dem ersten Schnitt fallen alle ohne Abitur zum Opfer; der zweite erwischt die mit Abitur, aber mit Jobs, die Martina, Produktmanagerin bei einem Pharma-Unternehmen, als »brotlose Künstler« einsortiert. Bye bye, liebe Germanisten und Kunsthistoriker.

Bevor Martina überhaupt zu Kriterien wie Alter, Größe, Interessen oder Wohnort übergeht, hat sich das Feld bereits stark gelichtet und besteht nun vorwiegend aus Ärzten, Informatikern, Managern und Apothekern. Originell ist das nicht: Mehr als die Hälfte der Single-Frauen wünscht sich einen Arzt, Architekt oder Unternehmer zum Mann. Und trotz Kerzen auf dem Schrank und einem Glas Rotwein in der Hand – romantisch ist das Rosinenpicken im Netz auch nicht. Aber effizient. »Ich mache alles in meinem Leben strategisch«, meint Martina. »Ausgerechnet die Liebe soll da vom Himmel fallen?«

Im Jahr 2025 wird in mehr als 41 Prozent der Haushalte nur eine Person leben, in den Großstädten ist das bereits bei jedem zweiten Haushalt der Fall. Derzeit gibt es elf Millionen Singles in Deutschland, die meisten suchen einen Partner. Gerade die gut ausgebildeten, gut verdienenden wie Ben und Martina sind dabei äußerst wählerisch.

Nicht selten wird die Wahl zur Qual. Denn erneut begegnet uns das Paradox der Perfektionierung: Die Gesellschaft ist offener geworden; auch in Liebesdingen halten uns weniger soziale Grenzen oder ungeschriebene Regeln vom irdischen Glück fern. Wir können das Beste herausholen, wenn wir nur klug genug vorgehen. Die vielen Möglichkeiten aber erhöhen den Druck, nur ja keinen Fehler zu machen. Drum prüfe, wer sich ewig bindet – selten nahm eine Gesellschaft das Dichterwort so genau. Es ist das klassische Optimierungsdilemma, wie es uns auch bei Anna-Lena, der Studentin, begegnet ist: Die Angst vor dem Risiko, nicht das Optimale zu erreichen, ist so groß, dass sie, wie bei Ben, dem Erfolg oft im Weg steht.

Das zeigt sich sogar in der Statistik: Die Zahl der Eheschließungen geht seit Jahren zurück – viele fallen, wie bei Martina, durchs Raster. Doch auch die Scheidungsrate, obwohl noch immer hoch, stagniert bei rund 2,3 Scheidungen pro tausend Einwohnern; 2007 war sie sogar leicht rückläufig, obwohl es heute einfacher geworden ist, sich zu trennen. Das lässt nur einen Schluss zu: Wer heiratet, der ist sich meist wirklich sicher – weil er intensiv analysiert hat. Die Effizienzmaßstäbe, die im Beruf gelten, werden auf die Partnersuche übertragen.

Natürlich waren Liebe und Heirat noch nie frei von Vorteilssuche und Interessen. Immer schon dienten sie der wirtschaftlichen Absicherung, dem Verbessern der eigenen sozialen Position. Schon das Grundprinzip ist ökonomisch motiviert: Indem sich in einer Zweierbeziehung jeder auf das spezialisiert, was er am besten kann, steigt die Produktivität des Gesamthaushalts drastisch an. Dieser Effekt hat jedoch zumindest für das überholte Alleinverdienermodell durch steigende Gehälter und sinkende Preise für Dienstleistungen abgenommen: Ökonomisch gesehen ist das Single-Leben attraktiver. Erschwerend kommt der Preis der Bindung hinzu: Wenn Ben sich trotz ihrer dicken Beine für Steffi entscheidet, beraubt er sich schlagartig der Möglichkeit, Anita, Carmen oder Martina zu ehelichen, mit denen er vielleicht eine noch schlagkräftigere Verbindung eingehen könnte.

»Opportunitätskosten« nennen Ökonomen das, und das intensive Prüfen und Abwägen in der Partnersuche soll genau diese minimieren. Sich die Chancen im Leben nicht durch einen weniger perfekten Lebenspartner, eine »schlechte Partie« zu verbauen. Wie eine Studie der Universität Bamberg über das Heiratsverhalten der Deutschen zeigt, wählt dabei niemand strenger aus als gut ausgebildete Frauen wie Martina – kaum erstaunlich, wollen sie ihren Erfolg doch nicht durch den falschen Gatten wieder herabstufen. Die große Mehrheit der Bundesbürger denkt ähnlich: Gleiche Bildung, gleiches Einkommen, das ist das Mindeste. Der »Aschenputtel-Effekt«, wie Wissenschaftler gern mit maliziösem Lächeln die Tatsache nennen, dass jeder zweite Mann in Deutschland nach unten heiratete und jede zweite Frau nach oben, der ist wieder dorthin verbannt, wo er einst herkam, in die Groschenromane. Mittlerweile heiratet nach der Bamberger Studie nur noch jeder fünfte Mann nach unten.[38] Es wird wieder getuschelt, wenn der Zahnarzt seine Sprechstundenhelferin zum Altar führt.

Zu behaupten, dass sie nur auf schnöden Mammon schielen, täte den heute Heiratsfähigen dennoch unrecht. Der Psychologe Horst Heidbrink, ein Mann mit grauem Haar, sanfter Stimme und sehr verständnisvollen Augen, erforscht an der Fernuniversität Hagen seit vielen Jahren das komplexe Geflecht von Freundschaft, Ehe und Liebe. In einer Untersuchung, für die er Hunderte Probanden zwischen 15 und 70 Jahren interviewen ließ, fragte er nach den Präferenzen bei der Partnerwahl. Wie zu erwarten, zeigte sich die Kriegsgeneration mehrheitlich materialistisch und legte Wert auf ein gesichertes Einkommen, während ihren Kindern gegenseitiges Verständnis und gleiche Interessen beim Partner wichtiger waren. Eine dicke Überraschung erlebte Heidbrink dann bei den Jahrgängen ab den frühen Siebzigern, also den heute 30- bis 40-Jährigen: mitten im Berufsleben stehend, karrierebewusst, dabei oft geprägt von der idealistischen Erziehung ihrer Eltern. »In dieser Gruppe stiegen die postmateriellen Werte weiter an, gleichzeitig aber auch die materiellen Erwartungen.«

Was nichts anderes heißt, als dass diese Generation, ohnehin geprägt von Leistungsdenken und ständiger Optimierung, Kompromisse auch in Liebesdingen wenig schätzt. Zwei Seelen sollen im Gleichklang schwingen – aber beide auch, bitteschön, beruflich was gebacken kriegen. Wir wollen uns gegenseitig die Sterne zu Füßen legen, dann aber möglichst auf das frisch gebohnerte Ahornholz-Edelparkett.

Lovemachine WWW: Die elektronische Rasterfahndung soll Chancen maximieren – und hält sich selbst in Schwung

Es ist der gleiche Anspruch, der schon bei den Lohas zu beobachten war: das Ideelle (Welt retten, gutes Gewissen) mit dem Materiellen (Genuss) zu verbinden. In die Sprache der Liebe übersetzt: Gut situiert muss er/sie sein, aber die Schmetterlinge sollen auch kräftig flattern. Das aber führt in ein weiteres Dilemma der Perfektionierung: Das Streben nach dem Besonderen verursacht mehr Gleichförmigkeit. Leider heißt das in diesem Fall nicht, dass jetzt alle Singles tolle Jobs haben, humorvoll sind und ihren Partner gerne mit total romantischen Einfällen überraschen. Es bedeutet, dass alle genau diese Singles wollen, die leider nur in begrenzter Zahl vorhanden sind. Wie auch in anderen Feldern wird die Optimierung damit zum Bumerang, der die Erfolgsaussichten schmälert. Wenn sich alle auf das gleiche Ideal stürzen, hat der Einzelne wenig Chancen. In der Zwischenzeit aber profitieren andere vom ständigen Streben nach Verbesserung.

Ganze Pressesegmente wie die Frauenzeitschriften leben von dieser Suche nach dem Besten aus zwei Welten, dazu unzählige Bars, Restaurants und Kinos. Besonders aber die Partnervermittlungen im Internet. Die Seriösen unter ihnen, schmierige Sex-, Siff- und Seitensprung-Anbieter also nicht eingerechnet, wachsen seit Jahren zweistellig; 2008 setzten die Portale europaweit 400 Millionen Euro um, davon mehr als 100 Millionen in Deutschland. Das ist mehr Geld, als die Deutschen für Musikdownloads aus dem Netz ausgeben. Prognose: ein europaweites Marktvolumen von einer Milliarde Euro spätestens im Jahr 2015.

Mehr als 2500 Anbieter verdienen allein in Deutschland am Geschäft mit der Einsamkeit, und wie immer, wenn das Internet sich eines Trends bemächtigt, ist für jeden etwas dabei: Hundeliebhaber gehen bei frauchen-sucht-herrchen.de und herrchen-sucht-frauchen.de auf die Pirsch, Landwirte bei Farmflirt, es gibt Angebote für alleinstehende Satanisten, Filmfreaks oder Übergewichtige (»Biggerfriends«). Bindungswillige Christen werden fündig auf feuerflamme.de oder kath-treff.org, vorausgesetzt, sie verraten im Anmeldungsbogen, wie viel Alkohol sie im Schnitt konsumieren, welche Gebete sie am liebsten sprechen und welcher Heilige sie am meisten beeindruckt.

Parship, mit zehn Millionen Mitgliedern Marktführer in Europa und Deutschland unter den Online-Partnervermittlungen, gestartet sinnigerweise am Valentinstag 2001, sitzt in einem imposanten Backsteingebäude mit viel Glas, einem geräumigen Innenhof und Blick über die Hamburger Speicherstadt. Die Märzsonne blinzelt über die Dächer, einige frühe Vögel zwitschern, Frühlingsgefühle. In den Fluren hängen über grau-blauer Auslegeware die Erfolgsnachweise: Kirsten & Jens vor prasselndem Kamin, Heirat am 8. Dezember 2007. Marco & Nicole, mit Sonnenbrille irgendwo am Meer. Anneli & Karsten, vermählt am 27. Oktober 2007. Paare, made by Parship.

Mehr als sechs Millionen Singles suchen in Deutschland online nach neuer Liebe, 13 Prozent der Paare lernten sich angeblich auf elektronische Art kennen. »Die Partnervermittlung im Netz ist längst gesellschaftlich akzeptiert, viel stärker, als es die traditionelle Suche per Zeitungsannonce jemals war«, freut sich Nicole Schiller-Köble, die bei Parship im Beziehungscoaching arbeitet, wie sie das hier nennen.

Die Gründe kennt die Psychologin auch: Da ist die starke berufliche Belastung gerade der meist bessergestellten Parship-Klientel – für Old-School-Flirten in der Disco fehlen Zeit und Energie. Auch die rasante Penetration durch das Internet spielt den Elektro-Kupplern in die Hände: Bücher, Autos, Wohnungen werden im Netz gesucht, warum nicht auch der neue Gefährte fürs Leben?

Das alles mag eine Rolle spielen, aber der wichtigste Grund ist ein anderer. »Unsere Kunden machen Online-Dating nicht aus Leidensdruck, sondern weil sie ihre Chancen maximieren wollen.« Schiller-Köble hat diesen Satz schon oft gesagt, sie lässt ihn ganz beiläufig fallen, dabei steckt darin die eigentliche Erfolgsformel: Chancenmaximierung. Mit der Lovemachine WWW lässt sich der Perfektionsanspruch endlich auch dort umsetzen, wo lange Freund Amor in Kooperation mit dem Zufall das Regiment führte.

Glich der traditionelle Liebessucher einem einsamen Angler, so hat er mit der elektronischen Rasterfahndung ein gigantisches Schleppnetz zur Verfügung. Und: Er kann darin die Fische zappeln lassen und in aller Ruhe beobachten, was dem unverbindlichen Zeitgeist entgegenkommt. Chancenmaximierung, das bedeutet genau das: größere Auswahl und abwarten, ob nicht noch etwas Besseres auftaucht. »Die Singles legen sich – vor allem mit zunehmendem Alter – nicht mehr so schnell auf einen Partner fest«, sagt Psychologe Heidbrink. »Erst wollen sie noch 30 andere treffen.«

Sicher: Auch bevor es Parship, Elitepartner und neu.de gab, heiratete eine Topmanagerin selten den Friseur. Upper-Class-Eheanbahnungen wie die der legendären Claudia Püschel-Knies brachten schon immer die Reichsten und Schönsten zusammen. Das Screening des Partners ist so alt wie die Fortpflanzung selbst. Doch die Online-Suche gibt uns zum ersten Mal ein Werkzeug an die Hand, mit dem wir die Sache strategisch, systematisch und vor allem im ganz großen Maßstab angehen können. Ziel: das Optimum. Enttäuschungen, Rückschläge, unangenehme Kompromisse: nicht vorgesehen. Es ist das perfekte Werkzeug in einer Welt, die sich die Perfektion auch in Liebesdingen auf die Fahne geschrieben hat.

Perfektion, das heißt bei Parship: wissenschaftlich abgesichert. Ein Interviewbogen, entworfen vom Hamburger Psychologieprofessor Hugo Schmale, dringt mit 80 Fragen tief ins Herz des Users ein: Schläft er bei offenem Fenster? Wie sieht sein perfekter Tag aus (häufigste Antwort: »wenn die Sonne scheint«)? Wie reagiert er, wenn er auf einer Bananenschale ausrutscht? Anschließend werden die Persönlichkeitsprofile gematcht. »Je ehrlicher man ist, desto größer ist die Chance, jemanden zu finden«, sagt Schiller-Köble weich. »Wir versprechen ja nicht Mr. Perfect, sondern eine harmonische Partnerschaft«.

Okay, Adam und Eva – Er: introvertiert und passiv, Sie: energisch, dominant und kommunikationsstark – hätten über Parship kaum zueinandergefunden. Und wie viele Menschen ihre Flirtpartner tatsächlich nach deren Intro- und Extrovertiertheit oder den Angaben bei »Ich über mich« aussuchen und wie viele auf das wissenschaftliche Extrakt aus den Erkenntnissen von Freud, Jung und Co. pfeifen und wie Martina mit Bildung, Einkommen und Status auf harte Fakten setzen – darüber schweigt des Vermittlers Höflichkeit. Sei's drum: Die Erfolgsquote jedenfalls liegt nach Firmenangaben bei 38 Prozent.

Bleiben 62 Prozent, die nicht fündig wurden und weitermachen mit der Suche nach dem perfekten Partner. Denn Selbstbestimmung heißt eben auch: Selbstverantwortung. Wenn's nicht klappt, hast du wahrscheinlich einfach nicht gründlich genug gesucht. So hält sich die Optimierungsmaschine selbst am Laufen.

Und die Romantik der einen ist der Cash der anderen: Rund 360 Euro weist die Parship-Preisliste Mitte 2009 als Jahresbeitrag aus; 240 Euro kostet die sechsmonatige Premium-Mitgliedschaft, das meistgekaufte Produkt. Das langte 2007 für knapp 50 Millionen Euro Umsatz,

ein Plus von 100 Prozent gegenüber dem Vorjahr. Seit 2008 kommuni-
ziert die Firma keine Umsatzzahlen mehr; Insider gehen aber von einem weiteren Wachstum auf 60 bis 80 Millionen Euro aus. Besonders
die großen Plattformen seien »sehr, sehr profitabel«, sagt Alexander
Hüsing, Chefredakteur des Branchendienstes Deutsche-Startups.de.
Denn anders als die meisten Netzgeschäfte sind die Online-Vermittler
nicht auf Werbung angewiesen, sondern können sich über einen berechenbaren Geldstrom aus den Mitgliedsbeiträgen freuen. Vorteil zwei:
Selbst ein Wirtschaftsabschwung wird ihnen wenig anhaben können:
Jeder dritte Parship-Kunde zeigte sich in einer Umfrage entschlossen,
seine Balzbemühungen dann eher noch zu intensivieren. Wenn die
Umwelt bedrohlich und unsicher ist, steigt die Sehnsucht nach Zunei-
gung und dem wohlig-sicheren Hafen der Ehe.

Die Kraft der schwachen Bindungen: Deutschland wirbt um Freunde – und für Produkte

Leider ist es aber so: Allen Bemühungen von Parship und Co. zum Trotz
findet längst nicht jeder Topf seinen Deckel. Weil gleichzeitig verwandt-
schaftliche Beziehungen an Zahl und Intensität abnehmen, ist eine
weitere Spezies im Feld der zwischenmenschlichen Beziehungen ins
Fadenkreuz der Lebensoptimierer gerutscht: die Freunde. »Ein Freund«,
so formulierte es der Schriftsteller Ralph Waldo Emerson, »ist ein
Mensch, vor dem man laut denken kann.« Freunde sagen Dinge, die
sich sonst keiner auszusprechen traut. Sie unterstützen und geben einem die Gewissheit, liebenswert zu sein. Wenn du beim Segeln ken-
terst, dann lobt dich ein Freund, weil du so ein guter Schwimmer bist.

All das taten die Freunde lange, ohne dass man Aufhebens um sie
gemacht hätte. Während Männer und Frauen in Büchern und Zeitschriften bis zur Grenze des Voyeurismus und weiter ausgeleuchtet
wurden, war Freundschaft eine zwar mit deutscher Erdschwere ausge-
stattete, aber irgendwie unspektakuläre Selbstverständlichkeit.

Wie sehr, das zeigt eine Studie unter Bergleuten im Ruhrgebiet aus den sechziger Jahren. Die Mehrheit von ihnen gab an, überhaupt keine Freunde zu haben. Natürlich hatten sie Kumpels, mit denen sie Bier tranken, Fußbälle kickten und am Sonntag Fleisch brutzelten. Echte Freunde also. Die hätten die Bergleute aber nie so bezeichnet, weil »Freundschaft« damals in ihren Ohren nach etwas Artifiziellem klang, einem bürgerlichen Konzept, das schicke Abendessen und teure Theaterbesuche in Smoking und Abendkleid beinhaltete.

Erst seit den Neunzigern, als Ulrich Beck den zur Wahlfreiheit verdammten Inszenator des eigenen Lebenslaufs entdeckte und die volle Individualisierung in einer an traditionellen Bindungen immer ärmeren Gesellschaft ausrief (wie im Kapitel »Moving up« beschrieben), hat die Freundschaft Konjunktur im öffentlichen Bewusstsein. Die Individualisierung führt den Horror vor dem Alleinsein im Schlepptau; der Zeitgeist fordert Freundschaften als Beweise für Beliebtheit und Erfolg. Auf Hochzeitsfeiern werden Freunde per Powerpoint-Präsentation vorgeführt und üppiger als früher mit Selbstgereimtem und Einstudiertem zelebriert. Eigentlich fehlt nur noch ein Zeremonienmeister. Ein Umfrageergebnis wie das unter den Ruhrgebiets-Kumpels der Sechziger wäre heute undenkbar. Ein »MoF«, ein »Mensch ohne Freunde«, unter Schülern ist dies das ultimative Schimpfwort. Keine Freunde zu haben ist eins der letzten Tabus unserer Zeit.

Sie sind zu einem Attribut der Selbstvermarktung geworden, einem Ausweis sozialer Ressourcen, darin einem klassischen Statussysmbol nicht unähnlich. Und weil Freundschaften mit einem Mal derart im Fokus stehen, können auch sie sich dem Sog des perfektionistischen Imperativs nicht entziehen. Ihre Ausprägung, ihr Umfang und ihre Pflege laufen nicht mehr nebenbei mit, sondern werden gemanagt wie ein Aktienfonds. Wie schon die Partnersuche, werden Freundschaften optimiert, oft ohne dass wir uns dessen bewusst sind.

Die Frage ist, ob das unsere Freundschaften besser macht, intensiver oder auch nur zahlreicher. Oder ob das Optimierungsstreben auch hier sein eigentliches Ziel verfehlt, während andere damit Geld verdienen. Tatsächlich ist »die Zahl der engsten Freunde und auch die Art dieser intensiven Beziehungen seit Langem unverändert«, wie Heidbrink sagt. Drei enge Freunde hat jeder Deutsche im Schnitt, nicht selten aus der Jugendzeit oder dem Studium. Was sich geändert hat, und das dramatisch, ist die technische Organisation. Sie ist schneller, unmittelbarer, aber auch unverbindlicher, so der Beziehungsforscher.

Weil räumliche und zeitliche Entfernung keine Rolle mehr spielen, wenn uns das grüne Skype-Lämpchen signalisiert, dass der Kommilitone aus dem Austauschjahr in Singapur auch gerade vorm Rechner sitzt, hat sich um die ganz engen Freunde herum eine schwer überschaubare Korona aus nicht so engen Freunden, Schulfreunden, Freunden von Freunden, Nachbarn, Kollegen und sonstigen Bekanntschaften gebildet. Ihr Status ist unsicher: Vielleicht verlieren wir sie aus den Augen, vielleicht fahren wir sie mal besuchen – wer weiß, sie könnten auch irgendwann echte und sogar engste Freunde werden. Bei Jugendlichen wird um die Rangplätze unter den »Top Friends« erbittert gerungen. Amerikanische Sozialforscher, die die komplizierten Verflechtungen auf MySpace beobachtet haben, sprechen von einem »sozialen Schlachtfeld«.

Auch Erwachsene bauen ihre Freundes- und Bekanntenkreise ringförmig auf: Um den engsten Kreis von drei bis fünf Personen lagert eine Gruppe von zwölf bis zwanzig Menschen, zu denen besondere Beziehungen bestehen, und weitere Kreise mit losen Kontakten, die »weak ties«. In einer Studie von Microsoft und MTV unter 18 000 Jugendlichen weltweit gaben die Befragten an, im Schnitt 53 Freunde zu haben – zwanzig davon hatten sie in ihrem Leben noch nicht gesehen. Kurz gesagt: Nur weil uns soziale Netzwerke wie Facebook, MySpace oder Wer-kennt-wen Hunderte von Kontakten bescheren, bleibt unsere Zeit dennoch begrenzt. Wir müssen uns entscheiden, wen wir »pflegen«, müssen die Zusammensetzung immer wieder optimieren.

Was passiert, liegt auf der Hand. Wir können mit viel mehr Menschen in Verbindung bleiben, haben aber für den Einzelnen immer weniger Zeit. Die Zahl unserer »Kontakte« steigt dramatisch an, ebenso wie das Wissen, das sie über uns und wir über sie haben, weil wir rund um die Uhr Nachrichten absetzen und Bilder ins Netz stellen können. Die Zahl echter Freundschaften dagegen bleibt gleich, im schlimmsten Fall werden sie sogar weniger intensiv, weil wir mit der Pflege unserer »weak ties« vollends ausgelastet sind. Das ist sicher die Ausnahme, denn die Folgen der Optimierungsstrategie für die Freundschaften sind nicht so gravierend wie in anderen Bereichen. Nur: Ihr Nutzen bleibt ebenfalls höchst überschaubar.

Außer natürlich für diejenigen, die den Wandel des schlichten Kumpels zum vielbeschäftigten Unternehmer in Sachen Beziehungsmanagement zu ihrem Geschäftsmodell gemacht haben. Analog zu den Internet-Partnervermittlungen hat sich auch für Freundschaften in kürzester Zeit eine komplette Industrie entwickelt, deren Umsätze auf unserem Drang basieren, auch diesen Bereich möglichst optimal zu managen. Sie gibt uns wie Parship ein mächtiges Tool an die Hand – in der Hoffnung auf üppige Erlöse.

Soziale Netzwerke wie Facebook oder MySpace sind in den vergangenen Jahren rasant gewachsen. Allein zwischen Januar und Dezember 2008 stieg die Zahl der deutschen Nutzer von 17,4 auf rund 25 Millionen. Weltweit hatte MySpace Mitte 2009 rund 220 Millionen Mitglieder, die VZ-Familie (Schüler-, Studi- und MeinVZ) 15 Millionen und Facebook, nach einer rasanten Aufholjagd an MySpace vorbeigezogen und zur viertgrößten Website der Welt avanciert, 250 Millionen. Auch wenn die meisten von ihnen weniger neue Kontakte knüpfen als alte erhalten und ausbauen wollen, wird der eigene Auftritt sorgsam arrangiert. »Jedes Foto soll etwas sagen, ein witziges Hintergrundbild ist nie verkehrt, und wenn im Gästebuch zu wenige Kommentare von Freunden stehen, ist das schlecht für den Status«, schreibt der *Spiegel*. Der Soziologe Jan Schmidt nennt das »persönliche Öffentlichkeiten« und meint damit: Wer nicht unterhält, findet nicht statt.[39]

Selbst die notorisch dröge Politik möchte da nicht zurückstehen. Beim 2009 heißesten Portal »Twitter«, gestartet einst als Weltzentrale für 140 Zeichen kurze Plattitüden (»Hab grad Zähne geputzt«), zwitscherten nicht nur Barack Obama, sondern auch Frank-Walter Steinmeier und sogar der einstige hessische SPD-Spitzenkandidat Thorsten Schäfer-Gümbel. Das Portal, das 2009 angeblich jeden Tag 5 000 bis 10 000 neue Nutzer dazugewann, wird inzwischen von Firmen eingesetzt, um Projekte zu koordinieren oder Mitteilungen an die Belegschaft zu verschicken. Aber auch Spam-Werbung für Viagra oder nigerianische Gelddeals wird bereits über Twitter verbreitet.

Schließlich sind die neuen Netzwerke wie gemacht für Kampagnen aller Art. Hemmungslos präsentieren die Mitglieder ihre Vorlieben, Abneigungen, Lebensläufe und Konsumgewohnheiten – ein unfassbarer Datenschatz, der die immensen Kaufpreise zu rechtfertigen schien, die Konzerne für die Start-ups zahlten. Etwa die 240 Millionen US-Dollar, die Microsoft vor einiger Zeit für den Winzanteil von 1,6 Prozent an Facebook hinlegte. Der Drang zur Optimierung der Freundschaft hat den alten Traum vom gläsernen Kunden neu belebt: Allein die fünf größten Werbetreiber im Netz erfassen 336 Milliarden Datensätze – pro Monat.

Diese Daten sind das Rohöl des Digitalzeitalters, sie eröffnen Absatzkanäle, steuern Investitionen und vor allem Werbung. 75 Milliarden US-Dollar sollen 2010 mit Reklame im Netz umgesetzt werden. Dabei wird der Datensatz eines Users derzeit für rund einen Cent gehandelt. Fragt sich nur, wie man das Rohöl hebt. Nach der Anfangseuphorie entwickelten sich die Werbeumsätze der »social networks« zunächst mickriger als gedacht – Facebook etwa schaffte 2008 gerade mal knapp 300 Millionen US-Dollar. Sein Werbesystem, das Käufe bei kooperierenden Webseiten auf den Profilen der Nutzer anzeigt, rief derart massive Proteste hervor, dass es die »Kaufempfehlung unter Freunden« jetzt nur noch nach ausdrücklicher Zustimmung gibt. Noch immer aber poppen gelegentlich Fenster auf, in denen die »besten Freunde« ein Spiel empfehlen, das sich beim Draufklicken als schnöde Werbung entpuppt. Erfolgreicher war da die Facebook-Idee, das Netzwerk für kleine Zusatzprogramme von Dritten zu öffnen. Wer eine dieser 52 000 Anwendungen installiert, gewährt dem Hersteller Zugriff auf seine Profildaten – und öffnet ein Einfallstor für punktgenaue Werbung.

Für Unternehmen sind die sozialen Netzwerke besonders attraktiv, weil ihre Mitglieder Werbebotschaften kostenlos über ihr Beziehungsgeflecht weitergeben. Je mehr man also sein Netzwerk ausbaut und perfektioniert, umso größer wird der Nutzen für die werbetreibenden Firmen.

Im Prinzip sind der Fantasie der Netzwerkbetreiber, aus der sozialen Ader und dem Hang zum optimalen Beziehungsmanagement Nutzen zu ziehen, keine Grenzen gesetzt. Auf die konservative Variante – Zusatzfunktionen für zahlende User – setzt die Business-Plattform Xing: Von den acht Millionen Mitgliedern zahlen rund 600 000 eine Premium-Gebühr von 6 Euro im Monat – wie bei den Online-Partnervermittlungen ein verlässlicher Cashfluss.

Andere setzen auf die Gründung eigener Gruppen (wie McDonald's bei MySpace) oder verkaufen wie Facebook virtuelle Güter, darunter digitale Blumensträuße und Champagnerflaschen. 150 Millionen US-Dollar setzt das Portal damit jährlich um. Wieder andere Unternehmen glauben an »virales Marketing«, wie etwa Panasonic, das in einem sozialen Netzwerk einen Fotowettbewerb (»Picture the time 2008«) organisierte. Die Teilnehmer sollten ihren Freunden von dieser superoriginellen Idee erzählen und dabei am besten auch den Firmennamen nennen.

Welche Form eine Firma am Ende auch wählt, und auch wenn die anfängliche Goldesel-Euphorie zwischenzeitlicher Ernüchterung wich – von der kräftig blühenden Beziehungspflege im Netz, von Liebe, Freundschaft und dem Herumwerkeln daran wird auch künftig profitiert. Ebenso wie von allen anderen Bereichen, in denen das Optimierungsstreben blüht. Den Social-Network-Unternehmen bleibt im Übrigen kaum eine Wahl, als die Daten irgendwie zu versilbern. Allein die Stromrechnung von Facebook wird auf eine Million US-Dollar geschätzt, jeden Monat.

Kleine Widersprüche, große Folgen

Warum es vielen besser geht, wenn wir besser werden.
Uns selbst leider nicht immer

Auf unserer Reise durch das Universum der Perfektion sind wir an einer wichtigen Wegmarke angelangt. Wenn wir uns diese Reise vorstellen wie einen dieser Pauschalurlaube, die nicht mehr in Mode sind, weil sie als zu uninspiriert und nicht individuell genug gelten, dann entspricht der erste Buchteil dem Informationsabend »in lockerer Atmosphäre« am Abend der Ankunft. Welcome-Drinks werden gereicht, und der Reiseleiter erzählt ein paar grundlegende Dinge über Land und Leute. In unserem Fall also, warum der Drang nach permanenter Optimierung seinen Siegeszug antreten konnte und welches die Haupttreiber der Perfektion sind: die offene Gesellschaft und das Versprechen vom sozialen Aufstieg, der dramatische Individualisierungsschub der vergangenen Jahrzehnte, die Ausdifferenzierung der Warenwelt, die extreme Ausweitung der Möglichkeiten, sich mit anderen zu vergleichen. Sowie der daraus resultierende Druck und die Tendenz zur Inszenierung des eigenen Ichs, um wenigstens in einer Nische etwas Besonderes darzustellen.

Danach, im zweiten Teil, folgte das Besichtigungsprogramm. Wir haben gesehen, wie der Imperativ der Optimierung nahezu alle Stationen unserer Biografie fest im Griff hält: Angefangen von der möglichst perfekten Kinderförderung in Krippe und Schule über das Turbostudium und den Berufsalltag, wo wir als Selbstunternehmer ständig auf der Suche nach Verbesserungspotenzial sind. Bis hin zu Bereichen unseres

Lebens, wo wir die Optimierung vielleicht nicht unbedingt erwartet hätten: in der einstmals romantischen Partnersuche, beim Kochen oder Reisen in der Freizeit und im Alltag, wo der alte Schlachtruf nach Autonomie und Selbstentfaltung zu ungeahnter Blüte gelangt. Und den perfektionistischen Wunsch antreibt, nicht nur stumpf zu konsumieren, sondern dies aktiv, selbstbestimmt und mit gutem Gewissen zu tun, was wiederum vielen Firmen Millionen spart und anderen neue, lukrative Geschäftsfelder erschließt. Wir haben gelernt, wie sich die ursprünglich libertäre Ideologie der 68er mit dem gusseisernen Leistungssport-Dreiklang aus Disziplin, harter Arbeit und unbedingtem Erfolgswillen zu einem neuen Ethos des »Du kannst es schaffen, wenn du dich nur genug anstrengst!« vermählte. Und nun gesellschaftsübergreifend durchdekliniert wird, selbst bis in die Sphären des Showbusiness, wo Dieter Bohlen als Tribun der Trivialität bei jeder Sendung von *Deutschland sucht den Superstar* diesem Ethos ein Hochamt darbringt.

Bevor wir nun untersuchen, ob sich das ständige Optimieren für uns eigentlich auszahlt und, im dritten Teil, welche Folgen falsch verstandener Perfektionismus für den Einzelnen und die Gesellschaft als Ganzes haben kann, hält unser Reiseprogramm noch einige Sonder-Exkursionen bereit. Diese Ausflüge sind optional zu buchen und selbstverständlich zuschlagspflichtig. Noch sind es besonders bizarre Spielarten des Wunschs nach dem ganz Besonderen, aber sie deuten bereits an, wohin die Reise künftig gehen könnte.

Pimp my life: Hochzeit auf dem Doppeldecker, Begräbnis im All und andere Versuche, unsterblich zu werden

Wenn man sich das Leben als Zeitachse vorstellt, in deren Verlauf es immer wieder neue Herausforderungen zu meistern und bestimmte Streckenabschnitte zu erreichen gilt (Ausbildung, Partnerwahl, Jobsuche et cetera), dann hat ein Abschnitt in den vergangenen Jahren einen besonders irritierenden Bedeutungswandel erfahren: die Hochzeit. Einerseits hat sie durch die gesellschaftliche Emanzipation seit dem Zweiten Weltkrieg stark an Bedeutung verloren: Frauen müssen nicht mehr heiraten, um sich wirtschaftlich abzusichern, und Männer nicht mehr, um endlich Sex zu kriegen. Entsprechend wird weniger geheiratet. Doch gerade weil der reale Stellenwert der Hochzeit so stark sank, ist ihr symbolischer Wert extrem in die Höhe geschnellt. Wer heute noch heiratet, der will ein Zeichen setzen. Ein Zeichen seiner Liebe, klar, das auch, aber vor allem ein Zeichen dessen, wie er sich selbst sieht und was er erreicht hat. Hochzeiten sind, vor allem im Bildungs- und Besitzbürgertum, zu einer Mischung aus Leistungsschau und Selbstvergewisserung geworden. Und damit natürlich zu einer idealen Spielwiese für den Perfektionismus.

Als meine Eltern Anfang der siebziger Jahre heirateten, war das eine prosaische Veranstaltung mit einem halben Dutzend Gäste; als Trauzeugen fungierten Nachbarn, die man spontan rekrutierte. Als Katrin und ich 2008 heirateten, war das Ganze – wie auch bei den neun weiteren Paaren, zu deren Hochzeiten wir in diesem Jahr eingeladen waren – eine generalstabsmäßig zu planende Aktion, von der zermürbenden Suche nach der passenden *Location* bis zur künstlerischen Gestaltung des Liederhefts. Dennoch war die Form, die sich schließlich in unserem urban-postmaterialistischen Bekanntenkreis durchsetzte (schick, aber nicht protzig, rustikal, aber mit Niveau, gerne auf einem alten Gut in Ostdeutschland, wegen der Exotik und der Preise), weit davon entfernt, das Potenzial des Eheschließungsmarkts auszuschöpfen.

Wie unsere Recherche (*Location!*) ergab, wird auf Kreuzfahrtschiffen und Fischkuttern geheiratet, im Zoo und im Bergwerk, auf Flugzeugen, auf dem Empire State Building, beim Fallschirmsprung und während des Triathlons, auf Berggipfeln oder auf dem Grund des Meeres (»Zweimal Blubbern bedeutet ,Ja, ich will'«). Wie bei den bereits beschriebenen Ausprägungen der Suche nach Perfektion profitiert auch vom Bund fürs Leben eine mittlerweile üppig gewachsene Hochzeitsindustrie mit Ratgebern, deren Auflage in die Hunderttausende geht; Hochzeitsplanern, die in der oberen Liga Tagessätze von mehreren Hundert Euro in Rechnung stellen; Gastronomen sowie abgelegenen Orten und aussterbenden Berufen, für die sich außer Touristen und Heiratswilligen niemand interessiert, die aber von den beiden Gruppen gut leben können. Eine zweistündige Zeremonie auf dem Büsumer Krabbenkutter (»inklusive Tischdeko und einer Flasche Sekt«) für gut 500 Euro ist noch vergleichsweise günstig; bei der Heirat unter einem weißen Baldachin in der Wüste von Dubai (mit Übernachtung und Vollpension gut 1.700 Euro) sollten sich die Vermählungswilligen dagegen schon sehr sicher sein.

Mit dem permanenten Gesumse vom »schönsten Tag des Lebens« reiht sich die Hochzeit damit nahtlos ein in die grassierende Eventkultur des 21. Jahrhunderts. Gleich, ob Städte mit der »Langen Nacht der Museen« Kulturignoranten in ebendiese locken wollen, ob ein Kirchentag zur umjubelten Massenfestivität wird, ein neues Automodell mit Heidi Klum und Fingerfood präsentiert wird oder in Hamburg mal wieder ein Kreuzfahrtschiff gastiert und Zehntausende zu nachtschlafender Zeit an die Elbe lockt – der Trend zum Event ist allgegenwärtig, international und ungebrochen. »Moderne Urbanität in der Creative City eben«, wie der *Spiegel* nur halb ironisch bemerkt.

Was nicht inszeniert ist und von einer Eventagentur den »Das musst du sehen«-Stempel aufgedrückt bekommt, das ist auch nichts wert. Das Event ist die Fortsetzung der Optimierung mit den Mitteln der Massenkultur: eine ästhetisch perfekte Scheinwelt, die der Unvollkommenheit der Realität entgegengesetzt wird und die sich selbst ständig übertreffen muss, um glaubwürdig und intensiv zu bleiben. »Ein Event schafft ein gesteigertes, punktuelles Sinnerleben, ein Gefühl von Herausgehobensein«, erklärt der Psychologe Wolfgang Schmidbauer. Damit kommt es dem individualistischen Anspruch, etwas Besonderes zu sein, idealtypisch entgegen. Dass dabei ein Problem auftritt, das uns in Fragen der Perfektion ständig begegnet – wenn alle etwas haben oder etwas machen, dann ist es eben nicht mehr individuell und einzigartig –, wird beim Event durch einen zweiten Effekt ausgeglichen, den Schmidbauer außer Acht lässt: Gerade weil so viele dabei sind, gibt eine Massenveranstaltung das gute Gefühl, bei der richtigen Sache dabei zu sein. Es ist wie ein Zertifikat, das sagt: Das, was du hier tust, ist richtig, denn die anderen tun es auch alle.

Dieser perfektionistische Wunsch, das Besondere zu vereinen mit der Sicherheit, das Richtige zu tun, lässt manchen Optimierer gar den Startpunkt für die Perfektionierung noch vor der im Kapitel »Früh übt sich, mit Mozart und Chinesisch« beschriebenen Frühförderung ansetzen. Die Rede ist von der Genforschung – und der Nutzbarmachung ihrer Erkenntnisse, um dem Zufall und der Ungewissheit ein Schnippchen zu schlagen, diesen Erzfeinden der Perfektion.

Jahrtausendelang befragten die Menschen Orakel, Wahrsagerinnen oder die Sterne, wenn sie etwas über ihre Zukunft wissen wollten. Heute gehen sie zum Arzt oder zu Unternehmen, die auf das Auslesen von Gencodes spezialisiert sind. Amerikanische Firmen wie 23andMe, Navigenics oder Decode Genetics etwa bieten Interessierten eine Analyse des eigenen Erbguts sowie der genetischen Schwächen, Stärken oder Risiken an. Billig ist der Service mit rund 1 000 US-Dollar nicht; auch der Nutzen ist begrenzt, da die meisten Malaisen erst durch das Zusammenspiel von genetischer Disposition und Lebenswandel entstehen und sich der eigene Gencode ohnehin schlecht verändern lässt.

Größere Optimierungsspielräume stellt da schon die pränatale Diagnostik bereit. Sie bietet umfassende Genchecks auf alle möglichen Krankheiten und Behinderungen an, vom Downsyndrom über Laktoseintoleranz bis zum Fettleibigkeitsrisiko, und verspricht, wie die Firma Humatrix, für 400 Euro »weniger Gesundheitsrisiken für Ihr Baby«. Die Nachfrage steigt, die Umsätze der Anbieterfirmen wachsen rasant. Und das, obwohl die meisten kommerziellen Tests recht ungenau, in den Augen seriöser Ärzte oft reiner Humbug und zum Teil für das ungeborene Baby sogar gefährlich sind. Doch die Screenings bedienen den perfektionistischen Anspruch nach Kontrolle und einem optimalen Start ins Leben – noch bevor dieses richtig begonnen hat.

Krankheit wird nicht mehr als Schicksal gesehen, sondern rückt in die Verantwortung des Einzelnen. So wie die professionelle Partnervermittlung im Internet den Zufall austrickst und die Chancen maximiert, so versucht die Gentechnik, die Risiken zu minimieren. Der Mensch soll nicht mehr Opfer der Umstände sein, sondern selbstbestimmt agieren – erneut grüßen die 68er. Aus der Schwangerschaft wird kühl kalkulierendes Risikomanagement, ein Austragen auf Probe, und das Baby zum

Produkt, das eine Qualitätskontrolle durchlaufen muss, bevor es auf den Markt, pardon, die Welt kommt. Im Falle eines als wahrscheinlich diagnostizierten Downsyndroms etwa entscheiden sich, je nach Studie, bis zu 94 Prozent der Eltern gegen das Kind. Der Druck, das Risiko angemessen zu managen, steigt: In Umfragen gaben mehr als 40 Prozent der Schwangeren an, es sei unverantwortlich, auf die Tests zu verzichten und deswegen möglicherweise ein behindertes Kind zu gebären. Und ein Drittel der Eltern von Kindern mit Downsyndrom hat schon einmal die Bemerkung gehört, dass man die Geburt solcher Kinder doch heute verhindern könne. Als Ergebnis der pränatalen Diagnostik nimmt die Zahl behinderter Kinder seit Jahren ab. Denn so funktioniert der Perfektionismus: Sind die Möglichkeiten erst mal da, scheint es nicht mehr akzeptabel, sie nicht zu nutzen.

In Frankreich wurde diskutiert, ob eine fehlende Hand schon zur Abtreibung reicht oder ob es der ganze Arm sein muss, und die amerikanische Fachzeitschrift *The Lancet* hat ausgerechnet, dass es sich lohnen würde, allen Frauen kostenlose Fruchtwasseruntersuchungen anzubieten – denn so könne man die Kosten chromosomal geschädigter Kinder einsparen. Und warum bei Behinderungen aufhören? Warum nicht auch die »Normalität«, wie auch immer sie definiert wird, optimieren? Noch ist die Entrüstung gerade in Deutschland über so genannte »Designer-Babys« groß, doch gerade bei künstlichen Befruchtungen sind den Möglichkeiten zumindest aus technischer Sicht kaum noch Grenzen gesetzt: Erbkranke Embryonen können aussortiert, das Geschlecht definiert, die Augenfarbe oder der Grad der Intelligenz bestimmt werden. In den USA darf, wer schon zwei Jungs hat und noch ein Mädchen möchte, gezielt einen weiblichen Embryo auswählen – »family balancing« nennt sich das dann. Und zwei gehörlose lesbische Amerikanerinnen suchten gezielt nach einem ebenfalls gehörlosen Samenspender, damit ihre Kinder auch taub würden und sich in der Familie nicht als Außenseiter fühlten.

So wird aus dem Optimierungsdrang ein Optimierungswahn: Wenn schon das eigene Leben nach dem Baukastenprinzip verbessert wird, warum sollte man dann dort Halt machen, wo man von Anfang an optimale Steuerungsmöglichkeiten hat? Leben, custom made.

Selbst ein perfekt designtes Leben allerdings neigt sich irgendwann dem Ende zu. Womit wir beim letzten Tabu und der dritten optionalen Exkursion angelangt sind – dem Tod. Auch hier treibt die individualistische Optimierung bizarre Blüten, denn ein 08/15-Grab finden immer mehr Menschen schlicht zum Sterben langweilig. Zwar boomen auch die Billigbestattungen – analog zum Trend des »Trading down« –, doch ausgefallene Begräbnisformen gewinnen zunehmend Anhänger. Nur noch jeder zweite Deutsche will nach einer Studie auf traditionelle Weise unter die Erde gebracht werden. Für die Lohas gibt es Ökobestattungen unter Bäumen und mit Särgen ohne Chemikalien; man kann sich auf See beerdigen oder verbrennen und als Feuerwerksrakete in die Luft schießen lassen. Firmen wie die Schweizer Algordanza pressen aus menschlicher Urnenasche für rund 15 000 Euro einen Diamanten, und das texanische Unternehmen Celestis bietet gar Bestattungen im Weltraum und auf dem Mond an, für rund 10 000 Euro.

Der eigentlich besinnlichen Zunft ist kein Marketinggag zu schrill, denn der Markt ist lukrativ: 15 Milliarden Euro setzt die Branche allein in Deutschland jährlich um. Die Kunden, ein Leben lang gewohnt, das Besondere aufzuspüren, nehmen die Beerdigungsspektakel begeistert an. Nach einem perfekten Leben darf der Tod schließlich nicht abfallen.

Zeit für die Wahrheit: Nicht jeder kann alles erreichen – wirklich nicht

Die Hochzeit als Event der Selbstinszenierung, Fortpflanzung als Risikomanagement und pränatale Chancenmaximierung, der Tod als letzte Möglichkeit, sich per Spektakel unsterblich zu machen – unsere drei Exkursionen zeigen, wie uns auch die ins Drastische gesteigerten Spielarten des Strebens nach Perfektion auf Schritt und Tritt begleiten, buchstäblich von der Wiege bis zur Bahre. Sicher, diese Extremformen sind Spielereien, Ausnahmefälle, und doch sind es die übersteigerten Ausprägungen eines Phänomens, das sich, wie in den vorangegangenen Kapiteln beschrieben, durch unser gesamtes Leben zieht, durch Erziehung, Beruf, Partnerwahl, Alltag. In besonders krasser Form zeigen diese Auswüchse noch einmal die wesentlichen Prinzipien auf, die dem Drang nach Optimierung zugrunde liegen:

- die Ideologie, alles erreichen zu können, wenn wir uns nur genug anstrengen, sowie
- die Idee, es gäbe für alles ein Ideal, das es zu erfüllen gilt.

Daraus folgt die Perfektion als Imperativ: die Vorstellung, uns als Unternehmer unserer selbst zu begreifen – mit dem Ziel, unser Leben beständig mit Blick auf das Ideal zu verbessern, es zu komponieren und zu kontrollieren, so wie wir eine Playlist auf dem iPod zusammenstellen, um nicht mehr der Titelfolge einer CD ausgeliefert zu sein.

Wenn die Kandidatinnen bei *Deutschland sucht den Superstar* auf Teneriffa im knappen Bikini und mit einer dicken Python um den Hals ihre Liedchen trällern, wenn sie sich um 6 Uhr früh durch einen Hindernisparcours quälen, dann haben sie diese Grundregeln vor Augen, auch wenn sie ihnen nicht bewusst sein mögen. Sie träumen davon, für immer inmitten der Flachbildfernseher und schicken Hotelzimmer zu leben, wenn sie sich nur im Showbiz, *formerly known as Sex, Drugs & Rock'n'Roll*, mittels Fleiß, Disziplin und Ehrgeiz behaupten. Dass daraus leider nichts werden wird, weiß der Zuschauer vom ersten Ton an – doch weiß er es auch in Bezug auf sein eigenes Leben? Kaum, zumindest nicht immer, sonst würden wir unsere Energien nicht laufend für das Optimieren von Dingen verschwenden, die uns nicht wirklich weiterbringen.

Es ist Zeit für die Wahrheit: Nicht jeder kann alles erreichen. Wirklich nicht. Diese Grundannahme des imperativischen Perfektionismus war noch nie richtig, und soweit es etwa die Durchlässigkeit der Gesellschaft betrifft, ist sie das immer weniger. Natürlich ist es richtig, dass allen theoretisch alle Wege offen stehen. In Wahrheit aber hat, wie zu Beginn gezeigt, die soziale Mobilität eher abgenommen. Die »Fahrstuhlgesellschaft«, in der, wie der verstorbene Soziologe Ralf Dahrendorf postulierte, der Einzelne nicht mehr das ist, als was er geboren wurde, sondern nur noch das, was er kann (und leistet) – sie ist ein Mythos.

Ein Beispiel gefällig? Bitte sehr: Vier von fünf Topmanagern der hundert größten Unternehmen stammen aus den oberen 3,5 Prozent der Bevölkerung, dem Bürger- und Großbürgertum. Weniger als eine Handvoll der Chefs der DAX 30-Firmen kommen aus der Arbeiterklasse, bei den meisten anderen waren die Eltern Unternehmer, Adlige, Spitzenbeamte oder selbst Manager. So wie bei Martin Blessing, dem Chef der Commerzbank (Vater: Vorstand der Deutschen Bank, Großvater: Präsident der Bundesbank), Allianz-Boss Michael Diekmann (Vater: Unternehmer) oder ThyssenKrupp-Chef Ekkehard Schulz (Vater: Bankdirektor). Menschen wie René Obermann, Chef der Telekom, Studienabbrecher und aus bescheidenen Verhältnissen stammend, sind da nur Ausnahmen, die die Regel bestätigen. Der Wettbewerbsnachteil der Masse der Bevölkerung lässt sich sogar berechnen: War der Vater selbst Vorstand oder Geschäftsführer, so hat dessen Sohn eine 17 Mal so große Chance auf den Chefposten wie ein Arbeiterkind – selbst wenn dieses promoviert hat.[40] Und das, obwohl heute 40 Prozent eines Jahrgangs Abitur oder Fachabitur machen – gegenüber 10 Prozent in den sechziger Jahren. Doch in den eigentlichen Machtpositionen der Gesellschaft hat sich das nicht niedergeschlagen: Ein Aufstieg im Bildungssystem ist keine Garantie für sozialen Aufstieg.

Der Grund dafür ist der »Habitus«, wie Michael Hartmann die unsichtbare Karrierebremse nennt. Hartmann ist Soziologieprofessor an der Universität Darmstadt, er ist groß, redet schnell und druckvoll und trägt meist Jeans und Pullover. Sein Buch *Der Mythos von den Leistungseliten*, in dem er die Biografien von 6500 promovierten Juristen, Wirtschaftswissenschaftlern und Ingenieuren analysierte, machte ihn 2002 schlagartig als »Eliteforscher« bekannt.[41] Und diese Elite, sagt der Professor, grenzt sich ab durch Kleidung, selbstsicheres Auftreten, die Art zu sprechen, zu denken, sich zu bewegen – eben den Habitus. Klassische Bildung gehört dazu, bestimmte Stil-Codes (welcher Wein zu welchem Essen), eine unternehmerische Einstellung und eine gewisse Grundsouveränität. Lernen kann man das nicht (oder nur zu einem gewissen Grad), nur mit der Muttermilch aufsaugen. »Die Leistungselite, das ist nur Gerede, um Privilegien abzusichern«, sagt der Soziologe. Beim Elite-Begriff, fasst die Journalistin Julia Friedrichs die Recherche an Top-Internaten und Privatschulen für ihr Buch *Gestatten: Elite* zusammen, gehe es längst nicht nur um Leistung, sondern ums Dazugehören – und um den Geldbeutel der Eltern.[42]

Hartmann bezeichnet sich selbst als bekennenden Linken, er provoziert gern mit seinen Thesen und freut sich, wenn sich gutbürgerliche Zeitungen wie die *Frankfurter Allgemeine Zeitung* darüber aufregen. Doch seine Zahlenbasis ist valide, und andere Soziologen weisen mittlerweile ebenso darauf hin, dass Status und Bildungsmilieus für die Karriere oft wichtiger sind als individuelle, quantifizierbare Leistung. Selbst Stipendien, die ja eigentlich Talent unabhängig von der sozialen Lage fördern sollen, verstärken oft noch die Tendenz, die sie eigentlich bekämpfen sollten. So stammten von den 14 000 »Begabten«, die 2006 durch Studienstiftungen gefördert wurden, mehr als 40 Prozent aus Familien mit einer »hohen Einkommenssituation«, wie das Bundesministerium auf Anfrage erklärte. Der Tellerwäscher wird eben nicht Millionär, der Paternoster in der Fahrstuhlgesellschaft verkehrt bevorzugt in den oberen Stockwerken. Es ist ein bisschen so, wie der vor wenigen Jahren verstorbene Gottfried Graf von Bismarck sagte, der in Oxford studiert hatte, ziemlich schlechte Noten erhielt und sich trotzdem keine Sorgen um seine berufliche Zukunft machte: »Wenn ich mich um einen Job bewerbe, und auf der Liste steht Meier, Müller, Schmidt oder von Bismarck, bin ich ziemlich sicher, dass ich den Job bekomme.«[43]

Das Märchen vom Erfolg nur durch Ehrgeiz und Disziplin ist nicht nur auf den beruflichen Aufstieg (oder dessen Ausbleiben) begrenzt. Es trifft auf beinahe alles zu, was wir so mühevoll zu optimieren versuchen. Besonders dann, wenn wir uns auf das zweite Grundprinzip der Perfektion einlassen – und versuchen, ein Ideal zu erreichen, das von außen gesetzt wurde und das möglicherweise nichts mit dem zu tun hat, was wir selbst können oder wollen.

Das klingt jetzt etwas trostlos, deshalb gibt es zunächst einmal eine gute Nachricht: Talent wird überschätzt. Seit einigen Jahren beschäftigen sich Forscher wie der Psychologe Anders Ericsson von der Florida State University verstärkt mit dem Geheimnis der Begabung. Sie durchleuchten Nervennetze von Musikern, analysieren die Lungenfunktion von Marathonläufern und zerlegen das Hirn von Albert Einstein. Vorläufiges Ergebnis, laut Ericsson: »Bisher existiert kein Beweis, dass besondere Fähigkeiten angeboren sind.«[44]

Ein Mann namens László Polgár hat das schon vor 40 Jahren geahnt. Der Ungar startete eines der längsten und bekanntesten Experimente der Begabungsforschung, und zwar mit seiner Tochter Susan. Die Kleine musste bis zu sechs Stunden täglich Schach spielen, Spielzüge und Strategien lernen. Der Drill zahlte sich aus: Mit 22 wurde Susan die erste weibliche Großmeisterin, zwischen 1996 und 1999 Schachweltmeisterin. Der Grund: Durch das harte Training hatte ihr Gehirn neue Vernetzungen gebildet und konnte komplexe Muster leichter verarbeiten. Ericsson glaubt sogar, dass 10 000 Übungsstunden reichen, um außergewöhnliche Fähigkeiten zu entwickeln, egal in welcher Disziplin.[45] So wie bei Tiger Woods, der schon im Alter von einem Jahr einen maßgefertigten Golfschläger durch die Wohnung schleppte. Ist das so? Ist Leistungsbereitschaft wichtiger als Talent, schlägt Persistenz Intelligenz? An die Stelle des göttlichen Funkens träten dann Motivation und Ausdauer. Das Geniale würde gewöhnlich.

Hat Dieter Bohlen also doch recht? Lohnen sich Pythons und knappe Bikinis, wenn man sich nur genug anstrengt? Leider nein, denn hier kommt die schlechte Nachricht. Genau genommen sind es zwei schlechte Nachrichten, und beide beginnen mit dem Buchstaben »Z«. Erstens ist es der Zufall, der die Familie festlegt, in die wir geboren werden, die geografische Lage, das soziale Umfeld. Es ist der Zufall, der die gläsernen Mauern des Hartmannschen Habitus errichtet und der sich auch sonst nur schwer überwinden lässt. Er macht die Sprinter aus Kenia so schnell, weil sie aus armen Familien im dortigen Hochland stammen und von Kindesbeinen an lange Strecken zu Fuß zurücklegen müssen. Und der Zufall brachte einen Jungen namens Bill Gates in Seattle zur Welt, nahe einer der weltweit ganz wenigen Schulen, die bereits 1968 über einen Computer Club verfügten. »Umwelt und Umstände« seien entscheidend für außergewöhnlichen Erfolg, schreibt der US-Autor Malcolm Gladwell: »Überflieger besitzen die Stärke und Geistesgegenwart, diese für sich zu nutzen.«[46]

Viel wichtiger als der Zufall aber ist das zweite »Z«, das Gladwell in seinem Buch *Überflieger* leider nur ganz nebenbei erwähnt. »Z« wie Ziele. Denn nur wer sich ein Ziel setzt, das zu seinen Fähigkeiten, vor allem aber dazu passt, woran er selbst Spaß hat, wird darin erfolgreich sein. Wer sich zwingt, muss scheitern. »Dranbleiben um jeden Preis ist unvernünftig«, versichert der Münchner Psychologe Dieter Frey. »Die Kunst besteht darin, loslassen zu können, wenn sich das Ziel als falsch gewählt erweist.«[47]

Hier sind wir bei einem Grundproblem des Strebens nach Optimierung angelangt: Nichts ist falsch daran, in einer Sache besser werden zu wollen, im Gegenteil. Problematisch wird es, wenn die Optimierung sich an Vorgaben von außen orientiert, sei es an »idealen« Karrieremustern im Job, sei es an Vorstellungen, was ein Kind wann zu können habe, sei es das »perfekte Dinner« oder die ideale Ehefrau. Wer sich ständig abstrampelt, um externen Anforderungen zu genügen, der verzettelt sich und übersieht vor lauter Perfektionierung die Dinge, in denen er wirklich gut ist und bei denen sich Optimierung tatsächlich lohnen würde. Es ist wie mit Anna-Lena und den anderen Turbostudenten aus dem Kapitel »Generation Lebenslauf«: Manisch arbeiten sie die Liste vermeintlicher Schlüsselqualifikationen und Erwartungen der Wirtschaft ab. Darüber werden sie nicht nur ununterscheidbar und heben sich nicht mehr aus der Masse der Mitbewerber ab (was ja ursprünglich der Sinn der Optimierung war). Sie verpassen es auch herauszufinden, wo ihre Stärken liegen, mit denen sie wirklich außergewöhnlich und besser als andere sind.

Der große Bluff: Gut für alle ist nicht unbedingt gut für jeden

Dieser Widerspruch hat paradoxe Folgen: Das, was in Summe die Wirtschaft vorantreibt und den Fortschritt bringt – die Optimierung des Bestehenden –, ist für den Einzelnen nicht zwangsläufig von Vorteil. Besser lässt sich dieser Zusammenhang verstehen, wenn wir uns für einen Augenblick vorstellen, jeder wäre ein kleiner Staat, der mit seinen Nachbarn Handel treibt. Alle profitieren dann am meisten, wenn sich jeder Staat auf die Güter spezialisiert, die er am billigsten (oder besten) herstellen kann. Unser Staat kann besonders preiswerte Mikrowellenöfen herstellen, ein anderer vielleicht sehr schönes Porzellangeschirr. So weit, so gut.

Doch was passiert, wenn wir die beiden Widersprüche des Perfektionsstrebens auf dieses Beispiel übertragen? Es entsteht erstens das Problem, dass keiner mehr in etwas besonders ist, wenn alle darin perfekt sind. Wenn also, weil das gerade en vogue oder ein globales Ideal ist, alle Staaten plötzlich Mikrowellengeräte herstellen, und zwar gut und günstig. Unser schöner Wettbewerbsvorteil wäre dann dahin.

Zweitens besteht die Gefahr, vor lauter Anspruchserfüllung die eigene Stärke aus den Augen zu verlieren. Das würde passieren, wenn unser Staat gar nicht wüsste, dass er der Mikrowellenmeister ist. Stattdessen würde er versuchen, externen Vorgaben möglichst perfekt zu genügen. Hektisch baut er mal Autos, füllt dann Softdrinks ab, brennt später Porzellan – einfach, weil diese Dinge gerade von der Welt nachgefragt werden. Doch so sehr er sich auch anstrengen würde – andere Staaten wären immer besser oder billiger, weil unser kleines Land nicht weiß, wo seine wahren Stärken liegen. In beiden Szenarien führt der Optimierungsdrang unseren Staat in die Irre. Die Welt als Ganzes allerdings hätte, kurzfristig zumindest, günstige und gute Mikrowellenöfen, Autos, Softdrinks und Porzellan.

Vom Staat wieder zurückverwandelt in menschliche Wesen heißt das: Ja, vielleicht lohnt es sich, in möglichst vielen Bereichen perfekt sein zu wollen – irgendwie, irgendwo, irgendwann. Aber bevor das passiert und noch während wir uns nach Kräften um Optimierung bemühen, profitieren zunächst alle möglichen anderen Spieler von unseren Anstrengungen.

Der Wunsch, Kinder möglichst früh und effizient zu fördern, ernährt eine viele Hundert Millionen schwere private Bildungsbranche. Das Bestreben der Studenten, schnell durchs Studium zu kommen und sich möglichst perfekt aufzustellen für die Wirtschaft, beschert dieser eine Masse wunderbar formbarer Berufseinsteiger, die zudem noch deut-

lich jünger sind als vor einigen Jahren. Der Traum unzähliger Arbeitnehmer, Karriere zu machen, lässt sie Überstunden anhäufen, ständig
erreichbar sein, an ihrer Fitness arbeiten und Ratgeber verschlingen –
die Chefs freut es, weil die Arbeit so gut erledigt wird, und die Unternehmen sparen Bürokosten und Geld für krankheitsbedingte Ausfälle.
Der Wunsch nach dem ganz Besonderen im Alltag, beim Reisen oder
Kochen, beschert einer ganzen Lifestyle-Industrie satte Umsätze, ebenso wie die optimierte Suche nach Traumfrau und Traummann die Partnervermittlungen im Internet boomen lässt. Und schließlich profitieren zahlreiche Unternehmen noch von unserem schlechten Gewissen:
Weil sich Umweltsünden oder passiver Konsum schwer mit Perfektion
vereinbaren lassen, legen wir beim Einkauf nicht nur Wert auf ökologi-
sche Standards und Nachhaltigkeit (was eine ganze Branche quasi neu
erschaffen hat), sondern kümmern uns auch selbstinitiativ um unsere
Angelegenheiten, sei es nun die Altersvorsorge oder ein Bahnticket. Das
wiederum bringt den Firmen Millionensummen ein.

Nun könnte man einwenden: Schön, wir können eben nicht alles
erreichen, auch wenn wir uns noch so sehr anstrengen. Okay, einige
Branchen verdienen gutes Geld mit dem Streben nach Perfektion, das
ist doch ihr gutes Recht. Und was ist schlecht an dem Wunsch, besser
zu werden?

Die Wahrheit ist: Das Streben nach Optimierung lässt nicht nur oft
den erhofften Nutzen vermissen. Es kann auch Schaden anrichten und
uns genau die Ziele verbauen, die wir eigentlich erreichen wollten. Und
auf lange Sicht bergen die perfektionistischen Widersprüche auch Gefahren für die Gesellschaft als Ganzes, für Kreativität, Risikofreude,
Innovationskraft und den sozialen Zusammenhalt.

Die Folgen

Das perfektionistische Paradox und wie man
ihm entkommt

Die steinige Karriere des Abraham L. und warum Diäten sinnlos sind

Die Folgen der Optimierung für den Einzelnen

»Option Paralysis:
Die Neigung, sich bei unbegrenzter Auswahl
für nichts entscheiden zu können.«
Douglas Coupland, Generation X

Der Wunsch ›sich weiterzuentwickeln‹ ist der Treibstoff des Kapitalismus, und das ist auch gut so. Ohne diesen Motor säßen wir immer noch in Höhlen und würden Mammuts braten – falls wir es überhaupt jemals so weit gebracht hätten. Welch gigantische Schubkraft dieser Antrieb entfalten kann, zeigt nicht zuletzt die Geschichte der Bundesrepublik, die 2009 ihren 60. Geburtstag beging. Zu feiern gab es eine ganze Menge: Seit Ende des Zweiten Weltkriegs ist die Lebenserwartung der Deutschen um mehr als zehn Jahre gestiegen, der Wohlstand hat sich versechsfacht, und das, obwohl die wöchentliche Arbeitszeit gesunken ist und wir viel mehr Urlaub haben. Das frei verfügbare Einkommen hat sich vervielfacht; wir können uns heute deutlich mehr leisten als die Nachkriegsgeneration. Musste man etwa für einen Fernseher 1960 noch zwei Monatslöhne hinlegen, genügt heute der Verdienst von drei Arbeitstagen. Der Wille, sich zu verbessern, hat also durchaus üppige Früchte getragen. Es geht hier deshalb nicht darum, an diesem kapitalistischen Prinzip zu rütteln.

Es geht um etwas anderes: Was einer Volkswirtschaft als Ganzem gut tut, muss den Einzelnen nicht unbedingt voranbringen. Dann nämlich nicht, wenn er erstens versucht, allen möglichen vermeintlichen Bestmarken und Leistungsidealen nachzueifern. Mit dem Ergebnis, dass er vieles versucht und nichts richtig kann, weil er es verpasst, seine wah-

ren Stärken auszuspielen. Und wenn zweitens aus den Leistungsidealen Leistungsimperative werden, die das gesamte Leben durchziehen.
Die Optimierung hat ein Maß erreicht, das den Einzelnen permanent
zwingt, seine Exzellenz unter Beweis zu stellen. Das unternehmerische
Selbst muss sich unentwegt präsentieren, effizienter und exzellenter
werden. Ein Flyer, mit dem ausgerechnet McDonald's vor einigen Jahren um Auszubildende warb, zeigte einen leicht verkniffen lächelnden
jungen Mann. Er sagte: »Nervig, dass man hier so viele Aufstiegschancen hat. Jetzt gibt's wohl keine Ausreden mehr.« Genau so ist es, lieber
Bulettenbrater in spe und lieber Rest der Gesellschaft: Die Möglichkeiten scheinen grenzenlos – mit der unangenehmen Folge, dass am even-
tuellen Scheitern nicht mehr andere oder »die Umstände« Schuld haben, sondern allein wir selbst.

Bei Ausbruch der Finanzkrise im Jahr 2007 glaubte man, diese Entwicklung sei vor allem dem neoliberalen Zeitgeist mit seinem »Höher,
schneller, weiter!«-Credo geschuldet. Richtig daran ist, dass der Markt-
liberalismus seit den achtziger Jahren die Voraussetzungen geschaffen
hat, das Rad der Optimierung immer schneller zu drehen. Falsch ist,
dass der Trend in ökonomischen Flauten wieder abnimmt. Im Gegenteil. Krisen erhöhen eher noch den Drang zur Maximierung des persönlichen Potenzials, weil sie den Einzelnen stärker zwingen, sich ständig zu beweisen – und sich im Negativfall für sein Scheitern zu rechtfertigen. »Der kollektive Druck, der Einzigkeit jedes Einzelnen Ausdruck
geben zu müssen, hat (...) das Ausmaß entschieden erhöht, in dem Ak-
teure persönliche Verantwortung für ihr soziales Schicksal zugeschrie-
ben bekommen«, schreibt der Soziologe Sighard Neckel.[48]

Geradezu symbolhaft für diesen »Wettbewerbsindividualismus«
steht der Boom der Coaching-Industrie, von dem bereits die Rede war.
Dass die Branche auch 2009 steigende Nachfragen verzeichnete, gibt
beredtes Beispiel von der Erhebung der Optimierung zur sozialen
Norm. Und es zeigt, was da noch auf uns zukommt. Gestartet als Krücke
für Verlierer, gilt Coaching inzwischen nicht nur als normal, sondern
als lobenswerter Ausdruck der Arbeit am unternehmerischen Selbst.
Von diesem Punkt bis zu dem Vorwurf, warum eine Führungskraft, eine
Mutter, ein Ingenieur denn keinen Coach habe, da sei es ja kein Wunder,

wenn sie oder er schlechte Leistung bringe, ist es nur ein kleiner Schritt. So wird aus einem Makel erst eine Chance, schließlich eine Pflicht. Die Individualisierung, der Megatrend der westlichen Nationen, hat etwas von ihrem befreienden Charakter eingebüßt, und das quer durch die Gesellschaft: Aus dem Hang zur Optimierung ist oft ein Zwang geworden. Und der kann dazu führen, dass die Ziele, die der Einzelne mit seiner Optimierung erreichen wollte, in weite Ferne rücken.

Das Entscheidungsparadox: Warum Maximierer leiden und Satisficer zufrieden sind

Eine wachsende Zahl von Menschen hat diesen Zwang verinnerlicht und zeigt im Beruf, in der Kindererziehung, im Alltag zunehmend die geschilderten perfektionistischen Züge. Die medizinischen Begleiterscheinungen sind bekannt und oft beschrieben: Konzentrationsschwäche, Ess- und Schlafstörungen, hoher Blutdruck, Depressionen (unter denen mittlerweile 10 Prozent der Deutschen leiden). Ein Leben im Hamsterrad unter Dauerspannung.

Doch die Folgen gehen weit über das Medizinische hinaus: »Perfektionisten wollen alles richtig machen und können ihre Energie deshalb nicht mehr fokussieren«, erklärt die Topmanagement-Coachin Dorothee Echter. Der Effekt ist tragisch: Die überhöhten Leistungsansprüche führen dazu, dass die Leistung absinkt.

Der Grund hierfür ist ein gefährliches »All or nothing«-Denken, wie es Tal Ben-Shahar nennt. Der Harvard-Professor, einer der bedeutendsten Glücksforscher der Welt, untersucht in seinem aktuellen Buch die negativen Auswirkungen des kollektiven Optimierungsdrangs. Weil der Perfektionist immer das Optimale erreichen will (oder gar nichts), scheut er die Niederlage wie der Teufel das Weihwasser. Das führt dazu, dass er kaum Risiken eingeht – und sich damit selbst Chancen verbaut. Ben-Shahar spricht von der »rejection of success«.[49] Viel lieber schieben Perfektionisten Aufgaben auf: »Wenn ich's nicht versuche, kann ich auch nicht scheitern«, denken sie. Das wiederum hat den Effekt, dass sie aus Niederlagen nicht lernen können. Dabei sind die Lehren daraus meist am wertvollsten, wie der Fall eines jungen Mannes zeigt, der im Alter von 22 seinen Job verlor. Nach einigen glücklosen Versuchen, wieder Fuß zu fassen, erlitt er mit 27 einen Nervenzusammenbruch. Mit 34 kandidierte er für den amerikanischen Kongress und verlor. Fünf Jahre später das Gleiche. Die Kandidaturen für den Senat im Alter von 46 und fast 50 scheiterten ebenso. Doch zwei Jahre später wurde der Mann, sein Name war Abraham Lincoln, Präsident der Vereinigten Staaten. »Learn to fail, or fail to learn«, schließt Ben-Shahar daraus. Leben heißt Entscheidungen treffen – und die können falsch sein. *So what?* Man kann von Abraham Lincoln also lernen, dass es sich lohnt, am Ball zu bleiben. Was man nicht lernen kann, auch wenn es auf den ersten Blick so scheint, ist, auf Biegen und Brechen etwas erreichen zu wollen. Angestrengtes Optimieren hält auf, weil es zu einem Tunnelblick führt, bei dem man sich auf Details konzentriert, die für das eigentliche Ziel kaum Bedeutung haben. Hier sind wir an einem anderen perfektionistischen Paradoxon angelangt, das uns schon im Kapitel »Karriereturbo mit Fehlzündung« begegnete: Immer härter und schneller zu arbeiten bringt nicht unbedingt bessere Resultate. Erinnern wir uns an die berühmte Kurve der Psychologen Robert Yerkes und John Dobson, die an ein auf den Kopf gestelltes U erinnert. Mit wachsendem Einsatz und Stress steigt die Produktivität – doch nur bis zum Scheitelpunkt. Danach bringt Mehrarbeit gar nichts, sie schadet sogar, denn die Produktivität fällt dann rasant ab.

Wie in der Yerkes-Dobson-Kurve zeigt sich in zahlreichen Bereichen, dass Optimieren um jeden Preis oft wenig nutzt – und bisweilen sogar schadet. Zum Beispiel an der Börse: Italienische Ökonomen bewiesen, dass Investoren, die zwischen zwei und vier Stunden pro Woche zum Sammeln von Finanzinformationen aufwenden, deutlich schlechtere Renditen erzielen als solche, die gar keine Zeit dafür opfern. Oder Menschen, die lange Anfahrtswege zur Arbeit in Kauf nehmen: Zwar ist der Job vielleicht besser, aber die Pendelei schickt die Lebenszufriedenheit in den Keller. Menschen, die täglich eine Stunde zu ihrem Arbeitsplatz unterwegs sind, müssten eine Gehaltserhöhung von 40 Prozent erhalten, um den Verlust an Lebensqualität auszugleichen.

Auch in der Medizin, wo der beschriebene Wunsch, die eigene Gesundheit möglichst optimal zu managen, die Zahl der Vorsorgeuntersuchungen in den vergangenen Jahren sprunghaft ansteigen ließ, halten sich Aufwand und Ertrag nicht immer die Waage. Noch 2005 gaben die Krankenkassen für Früherkennungsmaßnahmen 891 Millionen Euro aus, 2008 schon mehr als 1,2 Milliarden. Der Nutzen für den einzelnen Patienten allerdings ist nach Meinung vieler Ärzte gering, der Schaden durch fehlerhafte Untersuchungen oder Falschalarme dafür oft hoch. »Das Risiko, unnötig zu einem Krebspatienten zu werden, ist größer als die Wahrscheinlichkeit, durch die Untersuchung vor dem Tod durch einen Tumor bewahrt zu werden«, schreibt *Der Onkologe*, eine Fachzeitschrift für Krebsärzte.[50]

Auch auf dem Feld der Fitness wird oft zu viel des Guten getan. Laut einer Studie des Robert-Koch-Instituts findet sich jedes zweite normalgewichtige Mädchen zwischen 11 und 17 Jahren zu dick. Dabei ist ein moderates Übergewicht sogar fast gesundheitsfördernd, zumindest aber nicht schädlich, wie Wissenschaftler kürzlich herausfanden. Danach haben Menschen, die nach gängiger Lehre etwas zu dick sind (Body-Mass-Index zwischen 25 und 29), die längste Lebenserwartung. Dennoch quälen sich Millionen von Menschen durch Diäten und Joggingparcours – ironischerweise oft diejenigen, die es am wenigsten nötig hätten. Die anderen fassen zwar gute Vorsätze und versuchen sich etwa mit Jahresabos fürs Fitnessstudio selbst zu überlisten, doch auch hier zeigen sich rasch die Tücken der Optimierung: Die Wahrscheinlichkeit, dass man das Studio nach einem Jahr immer noch aufsucht, liegt bei Jahresabos niedriger als bei Monatsabos. »Der Nutzen von Diät- und Sportterror für den Körper ist ungewiss, der Verlust an Lebensqualität offensichtlich«, bilanzieren Kathrin Passig und Sascha Lobo in ihrem Buch *Dinge geregelt kriegen – ohne einen Funken Selbstdisziplin*.[51]

Allzu oft also übersteigen die Kosten der Optimierung ihren Nutzen. Zum Perfektionismus gesteigert, können sie krank machen – und verhindern, dass wir unsere eigentlichen Ziele erreichen. Da stellt sich doch die Frage: Warum tun wir uns das an?

Erinnern wir uns an den Anfang dieses Kapitels, den 60. Geburtstag der Bundesrepublik. Eine Erfolgsgeschichte, wahrhaftig: Keine Generation vor uns war so wohlhabend, so weit gereist, so gut informiert, so gesund, so frei in ihren Entscheidungen und Entschlüssen. Keine durfte hoffen, so lange zu leben.

Allerdings hat auch keine Generation vor uns so viel von diesem Leben erwartet. Die gleich nach dem Krieg Geborenen waren meist einfach zufrieden mit dem, was sie taten. Meine Mutter zum Beispiel hat in ihrem Leben wahrscheinlich keine zehn Minuten auf die Planung ihrer Karriere verschwendet; um ein Haar wäre sie Krankenschwester geworden – weil ihre beste Freundin es auch wurde. Uns dagegen steht im Wortsinn die Welt offen, und weil es so viele verlockende Optionen gibt, haben wir ständig Angst, etwas zu verpassen. Und wollen unser Leben deshalb ständig nachjustieren.

Menschen, die so handeln, nennt Gerd Gigerenzer »Maximierer«. Der Psychologieprofessor ist Direktor am Berliner Max-Planck-Institut für Bildungsforschung, er trägt einen markanten Schnauzer unter grauem Haar und lebhaften Augen, was ein bisschen an Albert Einstein und ein bisschen an einen englischen Lord des späten 19. Jahrhunderts erinnert. Seit mehr als zehn Jahren untersucht Gigerenzer das Wesen der täglich bis zu 100 000 Entscheidungen, die Menschen täglich treffen. Sein Fazit ist die Rehabilitation des von der Wissenschaft lange geschmähten Bauchgefühls: »Die Intuition ist effizienter und rationalem Optimierungshandeln oft überlegen.«

Genau an diesem Punkt beginnen für den Maximierer die Probleme. Lange propagierte die herrschende Meinung – im späten 20. Jahrhundert besonders prominent vertreten durch Unternehmensberater und unzählige Ratgeberautoren –, Entscheidungen müssten möglichst rational und analytisch angegangen, Vor- und Nachteile aufgelistet und akribisch gegeneinander abgewogen werden. Ökonomen nennen das die »Maximierung des erwarteten Nutzens«. Wie der Name schon andeutet, folgt der Maximierer genau diesem Credo: Penibel berechnet er Aufwand und Ertrag und sucht verbissen das bestmögliche Angebot. Braucht der Maximierer ein Paar Schuhe, wird er tagelang Geschäfte und Internet durchforsten, Preise und Produkte vergleichen, um beste Qualität zum niedrigsten Preis zu bekommen. Im Gegensatz zum »Satisficer«, der sich mit der ersten ihn zufriedenstellenden Option begnügt und dabei in Kauf nimmt, dass es vielleicht bessere Alternativen gäbe. Er geht in einen Laden, nimmt die Schuhe, die ihm gefallen, und zahlt die Summe, die er bereit ist auszugeben.

Auf den ersten Blick wirkt der Satisficer wie ein gutmütiger Simpel; der Maximierer dagegen verkörpert geradezu idealtypisch das Leitbild vom unternehmerischen Selbst, das seine Chancen beständig optimiert. In Wahrheit sind die durchdachtesten Entscheidungen nicht immer die besten. Gigerenzer hat das in einem Experiment belegt, das an die Börsen-Untersuchung der italienischen Ökonomen erinnert. Im Jahr 2000 befragte er 100 Passanten, welche Aktien sie kaufen würden. Die zehn meistgenannten fasste er in einem Portfolio zusammen und reichte es beim Wirtschaftsmagazin *Capital* ein – wo es deutlich besser abschnitt als 88 Prozent der mehr als 10 000 anderen, meist von Experten durchkomponierten Pakete. »Je komplexer eine Entscheidung, desto mehr sollte man seinem Unbewussten vertrauen«, sagt Gigerenzer. Andere Studien, etwa unter Profisportlern oder Wohnungssuchenden, zeigten ebenfalls, dass Menschen oft dann besonders gut entscheiden, wenn sie wenig oder gar nicht nachdenken, sondern simplen Bauchregeln folgen, die Gigerenzer »Heuristiken« nennt, simple Regeln, die die Entscheidung abkürzen. Etwa »take the best« (nur den wichtigsten Aspekt beachten) oder »take the first« (nehmen, was als Erstes in den Sinn kommt). Selbst ein ausgewiesener Zahlenkünstler wie der Ökonom Harry M. Markowitz, der 1990 für seine Theorie der Portfolioauswahl den Nobelpreis erhielt, pfiff auf seine eigene elaborierte Optimierungsformel: Für seine Altersvorsorge wählte er ganz schlicht die Gleichverteilung der Anlagesumme auf eine Reihe von Fonds.[52]

Der niederländische Psychologe Ap Dijksterhuis belegte die Effizienz der Bauchentscheidungen in einem weiteren aufsehenerregenden Experiment. Probanden mussten zwischen Fantasieautos wählen, die entweder vier oder zwölf positive beziehungsweise negative Merkmale wie Spritverbrauch oder Beinfreiheit aufwiesen. Unter den Vier-Merkmal-Modellen identifizierten die Teilnehmer problemlos das optimale Auto. Sie versagten aber, wenn sie zwölf Eigenschaften berücksichtigen mussten.

Für die Maximierer kommt es aber noch schlimmer: Unabhängig davon, ob sie die bessere Entscheidung treffen als die Satisficer oder nicht, zeigen zahlreiche Studien, dass die Satisficer optimistischer und zufriedener sind, während eifrige Maximierer zu Depressionen neigen. »Weil sie sich stets mit anderen vergleichen, bereuen sie ihre Entscheidungen oft. Sie machen sich Selbstvorwürfe und grübeln immer weiter über die entgangenen Alternativen«, sagt Gigerenzer.

Die Vielzahl der Optionen, genau die Tatsache also, dass uns so viele Möglichkeiten offen stehen wie keiner Generation zuvor, macht den Optimierern nun das Leben endgültig zur Hölle. Tatsächlich zeigen Studien, dass der Zuwachs an Angeboten in den Industrieländern mit vermindertem Wohlbefinden einhergeht. Die Auswahl ist so groß, egal ob an Studiengängen, Berufen oder Sahnejoghurts, dass da immer das Gefühl ist, etwas falsch gemacht zu haben. »Mit wachsendem Angebot werden Entscheidungen für die Maximierer immer mühsamer«, konstatiert der US-Psychologe Barry Schwartz. Und unbefriedigender: Denn jede Entscheidung *für* etwas ist zugleich eine *gegen* die Alternativen. Fahren wir im Urlaub ans Meer, müssen wir auf Berge und Après-Ski verzichten. Es sind die bereits beschriebenen Opportunitätskosten, die erneut ihr drohendes Haupt erheben. Sie entstehen aus dem Verlust von Alternativen und reduzieren die Attraktivität der getroffenen Wahl – und je mehr Alternativen es gibt, desto höher sind Kosten und Verlustgefühl. Zumal, wie die Forschung herausgefunden hat, Verluste eine viel stärkere psychologische Wirkung haben als Gewinne: Etwas verloren zu haben schmerzt uns mehr, als wir uns über Gewinne freuen.

Der Satisficer hat damit wenig Probleme: Von vornherein zieht er weniger Optionen in Betracht, Opportunitätskosten nimmt er auf die leichte Schulter. Für den Maximierer dagegen, diesen Typus, der, wie im zweiten Buchteil beschrieben, die beste Frühförderung will, die schnellste Karriere, den exklusivsten Urlaub und die optimale Lebenspartnerin, für ihn beginnt ein teuflischer Zirkel: Die Furcht vor Reue zwingt ihn, die bestmögliche Wahl zu treffen – das *All-or-nothing*-Schema der Perfektion. Doch leider wird er die Entscheidung umso eher bereuen, je mehr Optionen es gibt und je mehr Opportunitätskosten so entstehen. Das unablässige Maximieren und Optimieren – es ist buchstäblich eine Anleitung zum Unglücklichsein.

Gigerenzer erzählt dazu jedem Besucher gern noch eine Anekdote. Ein befreundeter Professor konnte sich nicht entscheiden, ob er das Angebot einer anderen Universität annehmen sollte. Schließlich riet ihm ein Kollege: »Maximiere doch einfach deinen erwarteten Nutzen – du schreibst doch immer darüber.« Darauf der Professor entnervt: »Hör auf damit, das hier ist ernst!«

Operation Kleeblatt: Viel Geld macht doch glücklich. Es sei denn, die anderen haben noch mehr

Ist das nicht merkwürdig? Man strengt sich an, gibt sein Bestes, versucht, das Optimale herauszuholen – und die ganze Mühe soll umsonst sein, gar unglücklich machen? Da fragen wir uns doch: Warum ist diese Glücksgeschichte bloß so verzwickt?

Das ist eine hervorragende Frage, der sich eine junge ökonomische Disziplin seit gut zwanzig Jahren mit nicht nachlassender Begeisterung widmet. Die »Happiness Economics«, darunter Forscher wie beispielsweise Richard Easterlin, Bruno Frey, Richard Layard sowie Princeton-Professor und Nobelpreisträger Daniel Kahneman, gehen mit Umfragen, Statistiken und vielen lustigen Laborexperimenten der Frage nach, was die Menschen wirklich um- und antreibt im ewigen Streben nach dem Glück.

Dabei haben sie quasi im Vorbeigehen an einem Grundprinzip der Ökonomie gekratzt. Es basiert auf einem Säulenheiligen namens »Homo oeconomicus«, der stets streng rational agiert und seine Entscheidungen nach dem maximalen Nutzeneffekt trifft. Er ist also die wirtschaftswissenschaftliche Blaupause für den psychologischen Typus des Maximierers. Die Glücksforscher zeigten jedoch, dass menschliche Entscheidungen oft abhängen von dem, was andere tun, und zudem nicht immer vernünftig-maximierend sind. In seiner klassisch-strengen Form existiert der Homo oeconomicus also nicht; der Mensch bezieht Fairness, Skrupel und oft auch Bequemlichkeit in seine Entscheidungen mit ein. Damit wirft die Debatte zwischen traditionellen Wirtschaftswissenschaftlern und Vertretern der Verhaltensökonomik spannende Fragen auch für das Problem des Perfektionismus auf: Wie rational handelt der Mensch? Und warum macht das Streben nach Verbesserung nicht immer glücklich?

Der Urknall der Glücksforschung ist das 1974 von Glückspionier Richard Easterlin beschriebene »Easterlin-Paradox«. Es wurde etwa zur Erklärung herangezogen für die irritierende Beobachtung, dass zwischen 1975 und 1995 zwar das reale Pro-Kopf-Einkommen der US-Bürger um 40 Prozent stieg – doch die Menschen trotz Playstation, Plasmafernseher und täglicher Pediküre keinen Deut zufriedener waren. Nach den Vorgaben der traditionellen Ökonomie, die das absolute Einkommen als maßgeblich betrachtet, hätten sie geradezu jauchzen müssen vor Glück. Taten sie aber nicht. Die Experten schlossen daraus: Dort, wo die Grundbedürfnisse befriedigt sind (manche sagen: ab einem Jahreseinkommen von 50 000 bis 80 000 US-Dollar), stifte zusätzliches Einkommen kaum noch mehr Zufriedenheit. Deshalb mache mehr Geld Menschen in armen Ländern deutlich glücklicher als in den satten Industrienationen. Reichtum, beobachtete schon Arthur Schopenhauer, gleicht dem Seewasser: Je mehr man davon trinkt, desto durstiger wird man.

Im Laufe der Jahre haben die Glücksforscher so einiges herausgefunden: Männer sind nicht glücklicher als Frauen, Weiße nicht zufriedener als Schwarze, wohl aber Verheiratete glücklicher als Singles. Knapp zusammengefasst: Die Zunft konnte empirisch belegen, was Großmutters Kalendersprüche eigentlich immer schon wussten: Eine intakte Familie, Freunde, nette Kollegen und Anerkennung im Job sind mindestens genauso wichtig für unser Glücksempfinden wie große Veränderungen im Einkommen. Zudem tritt bei diesen Faktoren der Gewöhnungseffekt viel langsamer ein, der unsere Begeisterung über Lottogewinne oder einen neuen Ferrari sonst viel schneller verblassen lässt, als wir vorher glauben.

Mittlerweile ist das Easterlin-Paradox selbst nicht mehr unumstritten, manche halten es für widerlegt. Forscher der Wharton Business

School schickten die Daten neu durch den Computer und verglichen nicht absolute, sondern prozentuale Einkommenszuwächse. Ihr Fazit: Zwar muss in einer reichen Nation das Einkommen absolut stärker steigen als etwa in Malawi, um die Menschen glücklicher zu machen. Aber dann tut es das auch. Diese Ergebnisse riefen allerdings wiederum Kritik aus der Glücksforscher-Gemeinde hervor. Und auf die Frage, ob wachsender Wohlstand die Menschen in einem bestimmten Land im Laufe der Jahre zufriedener macht oder nicht, konnten auch die Wharton-Forscher keine eindeutige, allgemeingültige Antwort geben.

Die Streitereien und Zahlenspiele der Wissenschaftler müssen uns an dieser Stelle jedoch nicht bekümmern, denn entscheidend für das Perfektionismusproblem ist eine andere zentrale Erkenntnis aus dem Easterlin-Paradox und der Glücksforschung, die nach wie vor Gültigkeit hat: Wie zufrieden ein Mensch ist, hängt kaum von seinem absoluten Einkommen ab, »aber stark von seinem relativen Status«, wie der Ökonom Bruno Frey erklärt. Heißt: Wenn mein Einkommen steigt, macht mich das genau so lange glücklicher, bis ich von der größeren Gehaltserhöhung des Kollegen oder Nachbarn erfahre.

Erinnern Sie sich an die Harvard-Studenten, die die Wahl zwischen zwei Welten hatten? Einer, in der sie 50 000 US-Dollar verdienen (und alle anderen nur 25 000) – und einer, in der sie wesentlich mehr bekommen, aber die anderen noch mehr. Die Mehrheit entschied sich für Welt eins. Andere Studien zeigen etwa, dass Fußballmannschaften, in denen einzelne Superstars mehr verdienen als der Rest, weniger Erfolg haben – weil die übrigen Mitspieler durch den Vergleich demotiviert werden.

Der Ökonom Gary Becker hält das dennoch sogar für von der Natur gewollt: Diese habe es so eingerichtet, dass der Mensch nur Glück empfindet, wenn er mehr erreicht als der Nachbar. Glücksgefühle seien demnach ein Kniff von Mutter Natur, um die Menschen zu mehr Leistung im Wettkampf der Evolution anzustacheln.

Das ist zwar nicht sehr romantisch, klingt aber wie eine gute Sache – zumindest, was den Fortschritt der Menschheit als solchen angeht. In Wirklichkeit jedoch treffen an diesem Punkt zwei Aspekte des Optimierungsdrangs aufeinander, die sich gegenseitig verstärken und dessen oft negative Folgen für den Einzelnen potenzieren: Erstens die oben beschriebene spezielle psychologische Disposition des Maximierers, die ihn stets danach streben lässt, das Optimum herauszuholen. Ganz im Sinne von Gary Becker und Mutter Natur also. Zweitens allerdings die betrübliche Tatsache, dass sich der Einzelne zwar vielleicht besser stellt, wenn die Gesellschaft als Ganzes Fortschritte macht – subjektiv jedoch wird er sich schlechter fühlen, da er nur in Ausnahmefällen im Vergleich mit anderen wirklich als Bester abschneidet. Man konnte das gut an den Meinungsumfragen in den neuen Bundesländern nach 1990 ablesen, die oft nur eine Richtung kannten – nach unten. Obwohl sich die Lebensumstände objektiv deutlich verbessert hatten, waren viele Ostdeutsche unzufriedener als zuvor, wo der Vergleich mit den Westdeutschen weniger direkt und brutal war.

Die Konstellation ist die des klassischen Wettbewerbs. Ökonomen lieben den Wettbewerb, weil er unterm Strich für alle gut ist. Mit Betonung auf »unterm Strich«. Stellen wir uns eine gemütliche Pärchenrunde vor, die sich alle vierzehn Tage zum Monopoly-Spielen trifft. Anfangs gibt es Bier und Chips, bis eine der Frauen »mal rasch einen kleinen Salat« macht. Beim nächsten Treffen hat eine andere Dame eine leckere Gemüselasagne gezaubert, und als wieder zwei Wochen um sind, steht das dritte Paar verzweifelt in der Küche und überlegt händeringend, mit welchem Menü denn noch Ehre einzulegen sei. Die Wettbewerbstheorie greift, denn das Essen wird von Mal zu Mal besser. Doch wenn der dominante Antrieb nicht mehr der Genuss, sondern die Konkurrenz ist, dann passiert Folgendes: Je besser das Essen der Müllers gelingt, desto schlechter fühlen sich die Maiers und die Wagners. Zudem nimmt der Nutzen, den jeder Einzelne von einem tollen Essen hat, immer weiter ab, weil der Aufwand dafür unproportional ansteigt. Es ist genau der »Wettbewerbsindividualismus«, den Sighard Neckel beschreibt.

Zugegeben, dies ist ein äußerst harmloses kleines Beispiel, vor allem deshalb, weil gutes Essen, zumindest in Deutschland, kein begrenztes Gut ist. Doch was passiert, wenn wir den Mechanismus auf Bereiche übertragen, in denen es um begrenzte Güter geht? Um Plätze auf Privatschulen, um Jobs für Besserverdiener, um Positionen mit Leitungsfunktion, um Status ganz allgemein? Im Extremfall verliert sogar die ganze Gesellschaft – dann nämlich, wenn es im Wettbewerb nicht mehr um Inhalte, sondern nur noch um die Konkurrenz geht. Ein Beispiel sind die Ranglisten der Eliteschulen in Großbritannien: Hier geht es den Eltern nicht mehr darum, ob die Schulen auf den oberen Plätzen wirklich besser sind als die auf den unteren – sondern nur noch darum, ihre Kinder in einer der ranghöchsten Anstalten unterzubringen.

Und in allen genannten Fällen ist die Summe der Spitzenplätze immer fix, im Statusrennen gewinnt stets der eine, was der andere verliert. Eine Gemeinschaft hat schließlich nur eine begrenzte Menge an Status zu vergeben, »das ist einer der wichtigsten Gründe, warum wir nicht glücklicher geworden sind«, sagt der Glücksforscher Richard Layard.

In einem Wettbewerb gibt es per Definition nur einen oder sehr wenige Gewinner, aber viele Verlierer. So wird der Nutzen, den jeder Einzelne von seinem Optimierungsstreben hat, immer geringer – außer natürlich an der Spitze. So wie die Kurve, die Wohlstand und Glücksniveau miteinander in Beziehung setzt, nach oben immer flacher wird, so nimmt der Nutzen auch in den meisten anderen Spielfeldern mit steigender Optimierung stetig ab. Es beginnt das vielzitierte Rattenrennen, in dem der Optimierer Kräfte für ein gesellschaftlich vorgegebenes Ideal – wie zum Beispiel Status – verschleißt, ohne sich zu fragen, ob er selbst davon überhaupt profitiert. Rastlos einerseits im Beruf der Forderung nach Flexibilität, Mobilität und ständiger Bereitschaft nachkommend, andererseits im Privaten in der hedonistischen Tretmühle strampelnd, wird aus ihm im schlimmsten Fall ein Getriebener perfektionistischer Imperative, wie ihn der Soziologe Richard Sennett als Symptom des »flexiblen Kapitalismus« beschreibt. Das Maximierer-Mantra zwingt ihn dazu.

Farbtupfer im Lebenslauf: Perfektion ist, nun ja, perfekt eben – und irgendwie öde

Gut, wir wollen mal nicht so sein. Zugegebenermaßen gibt es in einem Wettbewerb auch Sieger, und Sieger sein ist schon eine ziemlich angenehme Sache. Die Frage ist: Wer sind die Sieger? Der Maximierer würde wohl antworten: die, die in allen Disziplinen möglichst perfekt sind und keine Schwächen haben. Das ist leider falsch. Sieger sind die, die besonders sind und aus der Masse der Konkurrenten herausragen. Exakt diese Gabe aber fehlt den Maximierern, obwohl sie sich alle Mühe geben.

Dorothee Echter, die Coachin, die im Topmanagement ein- und ausgeht, weiß, woran es bei ihren Klienten meist hapert, wenn sie mit einer Bewerbung gescheitert sind: »Die schicken ihre auf das gängige Ideal getrimmten Lebensläufe, mit Spitzennoten und tollen Erfolgen in vorherigen Jobs – und landen umgehend im Papierkorb. Wer perfekt ist, ist nicht mehr interessant, sondern langweilig.«

Am anderen Ende der Jobmarktskala, bei den Berufseinsteigern, ist das Phänomen womöglich noch krasser. »Vor lauter Verunsicherung suchen die Bewerber in Ratgebern nach Patentrezepten, um sich hervorzutun – und werden immer gleicher«, bringt es der Leiter des BMW-Recruiting auf den Punkt, und er muss es wissen, immerhin erhält der Autokonzern im Jahr stattliche 300 000 Bewerbungen.

Die Verunsicherung, die der Personaler hier anspricht, ist nichts anderes als die Angst des Maximierers, das Falsche zu tun, die »Obsession des Perfektionisten für das Versagen«, wie es Harvard-Professor Ben-Shahar formuliert. Bis zu einem gewissen Grad ist das natürlich nur menschlich; man weiß mittlerweile, dass unsere Psyche auf Kritik zehnmal intensiver reagiert als auf Lob – ein Überbleibsel aus der Zeit, als Schwäche zeigen, etwa gegenüber einem Säbelzahntiger, noch tödliche Folgen hatte. Jede Ermahnung, jedes Eingeständnis eines Versagens ist ein schmerzhafter Angriff auf unsere Komfortzone, den wir vermeiden wollen, indem wir versuchen, unsere Schwächen zu kaschieren.

Der Optimierer tut mehr als das: Er will die Antizipationen der anderen antizipieren, um die Erwartungen erfüllen zu können. Dazu bügelt er seine Schwächen aus, müht sich um Perfektion. Dass das anstrengend ist und frustrierend sein kann, ist eine Sache. Wichtiger in diesem Zusammenhang aber ist, dass alle an den gleichen Schwächen arbeiten, die gleichen Zusatzqualifikationen sammeln, die gleiche »Auslandserfahrung« im Lebenslauf abhaken. Die Optimierung führt zu einer allgemeinen Überangepasstheit. Am Ende sind dann vielleicht alle mehr oder weniger perfekt, aber niemand fällt mehr auf. Es ist das alte Problem von Anna-Lena und ihren Kommilitonen im Turbostudium.

Gerade die Bewerbungskultur gibt davon beredtes Beispiel. Dass inzwischen der Arbeitgeber sogar in der Imbissbude in Cottbus das Gähnen kriegt, wenn der Bewerber »meine Ungeduld« kokett als größte Schwäche nennt, dürfte sich herumgesprochen haben. Dafür wimmelt es in den Lebensläufen nun von sozialem Engagement in Behindertenwerkstätten und abgefahrenen Hobbys, weil die Ratgeber schreiben, solche bunten Tupfer machten interessant. Was ja im Grunde auch richtig ist, nur: Wenn alles knallbunt ist, fällt ein bisschen Rot oder Gelb auch nicht mehr auf. Quer durch die Republik beklagen Personaler die Uniformiertheit der Bewerber. Das ist nicht nur schlecht für die Unternehmen, es konterkariert auch den Optimierungsanspruch der Berufsanfänger, die sich doch gerade dadurch hervortun wollten, dass sie alle (vermeintlichen) Anforderungen der Ratgeber und Firmen besonders perfekt erfüllen. »Es wirkt einfach angestrengt, während lässige Leistungen eher überzeugen«, erklärt Echter.

Ein Muster, das später im Beruf, im Alltag oder in der Erziehung beileibe nicht abbricht: Wer im Job ewig nach der Ideallösung sucht, läuft fixeren oder originelleren Konkurrenten hinterher und schadet sich mit der überhöhten Erwartungshaltung selbst. Wer seine Kinder in der Kita Chinesisch lernen lässt, bereitet sie vielleicht perfekt auf den globalen Wettbewerb vor – es sei denn, alle anderen Ex-Kinder können auch Chinesisch, oder China ist plötzlich gar nicht mehr wichtig, sondern das ausdrucksstarke Malen mit Fingerfarben. Gar nicht zu reden davon, dass sich die massive Frühförderung in vielen Fällen als Bumerang erweisen könnte: Je mehr sich die Kinder der Aufstiegshoffnung der Eltern ausgesetzt sehen, desto rebellischer werden einige oder entwickeln sich sogar zu psychisch auffälligen kleinen »Tyrannen«, wie sie der Jugendpsychiater Michael Winterhoff beschreibt. Die Tyrannei der Kinder wäre dann zum Teil eine Antwort auf die Tyrannei der perfekten Erziehung. Ironischerweise legt die gesellschaftliche Oberschicht im Gegensatz zur von Abstiegsängsten geplagten Mittelschicht in Förderungsbelangen oft eine bemerkenswerte Nonchalance an den Tag: Hier nimmt man die Sache lässiger, die schulischen Leistungen sind auch nicht immer die besten – und dennoch führt die Gelassenheit, Stichwort Hartmannscher »Habitus«, oft eher zum Erfolg.

Der Nutzen der Optimierung nimmt also nicht nur durch den immer größeren Aufwand ab, sondern auch, weil ganz viele andere den gleichen Aufwand betreiben. Ausgangspunkt und eigentliches Ziel des perfektionistischen Strebens – als Individuum etwas Besonders zu sein oder darzustellen – kann man dann getrost vergessen.

Die Folgen des Optimierungsdrangs für den Einzelnen können also verheerend sein. Der Wunsch nach optimalen Entscheidungen macht unzufrieden und hat nicht selten den gegenteiligen Effekt. Über dem Bemühen, von außen gesetzte Ideale bezüglich Status, Attraktivität als Bewerber oder besserer Chancen für den Nachwuchs zu erringen, bügelt man manisch Schwächen aus und übersieht eigene Stärken. Und wird dadurch schließlich, da das Optimierungsstreben sozialer Konsens ist, ununterscheidbar. Der Perfektionismus beißt sich selbst in den Schwanz. Und obwohl sie nach gängiger Lehre vom Wettbewerb profitieren sollten, können die Konsequenzen auch für Wirtschaft und Gesellschaft unangenehm werden, wie das folgende Kapitel zeigt.

Wenn alle perfekt sind, wer ist dann noch einzigartig?

Die große Ödnis und andere Probleme der perfektionierten Gesellschaft

Wir haben gesehen, dass der Optimierungsdrang und seine extreme Ausprägung, der Perfektionismus, dem Einzelnen nicht unbedingt nutzt, ja sogar innere Widersprüche in sich trägt, die ihm das Erreichen seiner persönlichen Ziele zusätzlich schwer machen. Davor, im zweiten Buchteil, wurde gezeigt, welche Branchen vom Wunsch nach stetiger Verbesserung zumindest kurzfristig profitieren. Die Widersprüche der Optimierung hören damit aber nicht auf. Einige Charakterzüge der Perfektionierung als gesellschaftlicher Norm werden auf längere Sicht auch für die Gesellschaft und Wirtschaft als Ganzes zum Problem.

Auf einer allgemeinen Ebene lassen sich die Schwierigkeiten bereits anhand einer einfachen spieltheoretischen Überlegung erkennen. Wenn, wie im vorangegangenen Kapitel gezeigt, der Aufwand der Optimierung nicht nur in echte komparative Vorteile – bessere Schulen, bessere Jobs oder besseres Essen für unsere Monopoly-Pärchen – fließt, sondern vorrangig in den Konkurrenzkampf an sich, dann produziert »der Aufwand aus Sicht der Allgemeinheit unnötige Kosten, da ihm kein entsprechender Ertrag gegenübersteht«, erläutert Herbert Dawid von der Universität Bielefeld. Der Spieltheoretiker erklärt das anhand des sogenannten »Tullock-Modells«, das der Ökonom Gordon Tullock ursprünglich entwickelte, um die Ressourcenverschwendung im Wettbewerb um ein Monopol zu beschreiben und das vor allem verwendet wird, um die Kosten des Lobbyismus zu beziffern.

Im Tullock-Modell geht es darum, eine bestimmte Summe unter einer festen Zahl von Spielern aufzuteilen. Der Anteil jedes Spielers hängt von dem Aufwand ab, den er betreibt. Wenn sich keiner anstrengt, bekommen also alle gleich viel. Weil aber jeder ein möglichst großes Stück vom Kuchen haben möchte, hängen sich alle mächtig rein. Da die Spieltheorie davon ausgeht, dass alle Spieler gleich gut sind, passiert das, was oben beschrieben wurde: Alle optimieren ihren Aufwand, und sie tun dies mit den gleichen Mitteln, der gleichen Energie und den gleichen Zielen. Am Ende ist jeder viel besser aufgestellt (man könnte sagen: optimiert), aber alle im gleichen Ausmaß. Ergebnis, so Dawid: »Jeder bekommt denselben Anteil, also genau die Summe, die jeder auch erhalten hätte, wenn keiner einen Funken Engagement gezeigt hätte.« Aus Sicht der Allgemeinheit jedoch wurde eine enorme Menge an Energie und Kosten verschwendet.

Sicher, diese Überlegung ist recht abstrakt, und anders als in der Spieltheorie werden in der Realität nicht alle Spieler exakt den gleichen Grad an Perfektion erreichen. Doch die inhärenten Widersprüche der Optimierung bergen mittelfristig auch ganz konkrete Gefahren für die Gesellschaft. Sie lassen sich in drei Aspekte unterscheiden:

1. Die beschriebene Überangepasstheit von Bewerbern und Berufstätigen führt zu einem Verlust an Kreativität, Risikofreude und Leidenschaft, der der Wirtschaft schadet.
2. Der Optimierungsdrang besonders der Mittelschicht fördert ihre Abgrenzung nach unten, verschärft die Barrieren zwischen den Schichten und lässt am oberen Ende eine abgeschottete Elite entstehen, die sich den allgemeinen Regeln – siehe das Verhalten einiger Topmanager in der Finanzkrise – immer weniger verpflichtet fühlt.
3. Da das Streben nach Verbesserung ein sozialer Imperativ ist, wird ein Scheitern nicht mehr toleriert. Aus dem Drang nach Perfektion resultiert eine Intoleranz gegenüber dem nicht Perfekten.

Der Powerpoint-Effekt: Warum Kreativität und Risikofreude verloren gehen

Im Frühjahr vergangenen Jahres besuchte ich für eine Recherche die Harvard Business School (HBS). Die 1908 gegründete Schule gilt als Topadresse für den »Master of Business Administration« (MBA). Manager aus aller Welt lassen sich hier den letzten Schliff in Marketing, Finanzen und Menschenführung verpassen. Das Einstiegsgehalt der Absolventen, die im Schnitt erst 28 Jahre alt sind, beträgt 120 000 US-Dollar, und die Alumni-Liste strotzt vor Big Shots im Big Business, unter ihnen die ehemalige Ebay-Chefin Meg Whitman oder der Ex-CEO von Goldman Sachs, Hank Paulson.

»Educate leaders to make a difference in the world« lautet das breitschultrige Motto der Eliteanstalt. Leider, und das war der Anlass für die Geschichte, die ich recherchierte, stellte sich dieser »Unterschied« allzu oft als eher unglücklich für die Welt heraus – auch zahlreiche Skandalmanager wie John Thain, der gierig-glücklose Ex-Chef der Investmentbank Merrill Lynch, sind unter den HBS-Absolventen. Die Schule stand unter heftigem Feuer ihrer Kritiker – aktuell wegen der offenbar mangelhaften Vermittlung ethischer Grundwerte, seit Längerem aber schon, wie auch die anderen Business-Schools, wegen ihrer einseitig analytischen und zahlenlastigen Lehrmethode. Diese begünstigt ein schematisches Kästchendenken unter dem Banner des Triumvirats aus Kennzahlen, Kostensenken und Kurssteigerung. Der ökonometrische Tunnelblick »fördert die Illusion, es gäbe Patentrezepte, und vernachlässigt zwischenmenschliche Fähigkeiten«, sagt Telekom-Personalvorstand Thomas Sattelberger, einer der prominentesten MBA-Kritiker in Deutschland.[53]

Dessen ungeachtet hat der Master of Business Administration einen beispiellosen Siegeszug hinter sich, jeden Tag kommen zu den weltweit mehr als 5 000 Programmen zwei neue dazu, die Bewerberzahlen steigen von Jahr zu Jahr, zahlreichen Topmanagern auch in deutschen Firmen gilt er als Eintrittskarte für höchste Positionen. Damit ist er ein Sinnbild für den Optimierungsdrang – und weil er zudem überall auf der Welt die gleichen Inhalte und Methoden lehrt, steht er gleichzeitig an der Spitze eines seit Jahren andauernden Trends zur Uniformität in den Unternehmen.

Das fängt an bei den feingetunten Lebensläufen immer gleichförmigerer Bewerber und setzt sich fort in den seit Jahren explosionsartig zunehmenden Assessment Centern und internen Weiterbildungsprogrammen, wo künftige Führungskräfte, so dies überhaupt noch notwendig sein sollte, endgültig auf (Strom)Linie gebracht werden. So schippen die Firmen noch einmal kräftig Kohle in die Normierungsmaschine: Weil immer die gleichen Kriterien gemessen werden und alle diese möglichst perfekt erfüllen wollen, müssen Querdenker mit Ideen, die nicht binnen zwei Quartalen Rendite bringen, leider draußen bleiben. Ein feinmaschiges und immer dichter werdendes Controllingnetz spinnt sich durch die Firmen und unterdrückt das, was anders ist, kreativ oder originell. Laut einer Studie der Handelshochschule Leipzig beispielsweise können nur 35 Prozent der Mitarbeiter in den Unternehmen ihr kreatives Potenzial am Arbeitsplatz entwickeln.

Was auch daran liegt, dass Ideen, die nicht dem Mainstream folgen, allzu schnell abgebügelt werden, weil sie auf den ersten Blick vielleicht wenig bringen. Aber vielleicht auf den Zweiten, nur lässt sich das dann nicht mehr herausfinden. Über den IBM-Gründer Thomas J. Watson wird erzählt, dass einer seiner Angestellten einmal einen schweren Fehler beging, der das Unternehmen 600 000 US-Dollar kostete. Ob er den Mann nicht feuern wolle, wurde Watson gefragt. Er antwortete: »Ich habe gerade 600 000 Dollar in seine Ausbildung investiert. Warum sollte jemand anders diese Erfahrung umsonst bekommen?« Coachin Echter bringt das auf das kurze Bonmot »Wer kritisiert, verhindert Erfolg«, und formuliert damit für Unternehmen, was Harvard-Professor Ben-Shahar für das Individuum mit seiner Formel »Learn to fail, or fail to learn« auf den Punkt bringt.

Selbst in den Unternehmensberatungen, wo man sich viel zugute hält auf die zahlreichen »Exoten« wie Chemiker, Historiker oder gar Pianisten, ist nach ein, zwei Jahren von Exotik kaum noch etwas zu spüren. Denn auch der begabteste Tastenkünstler muss lernen, mit Cashflow und Net Present Value zu jonglieren. »Kein Berater kommt ohne methodisches, zahlenorientiertes Denken aus«, räumt Christian

Veith, Deutschland-Chef der Boston Consulting Group, ein. Das bekannte mikroökonomische Gesetz von Harold Hotelling, wonach rational handelnde Produzenten versuchen, ihre Produkte so ähnlich wie möglich im Vergleich zu ihren Wettbewerbern zu gestalten, feiert auch beim wichtigsten Kapital einer Firma, den Mitarbeitern, schrecklichfröhliche Urständ. Heraus kommt eine Monokultur, die an das unselige Wuchern des Programms PowerPoint erinnert: schablonenhaft, einlullend, stures Gradeausmarschieren, statt um die Ecke zu denken.

Das ist nicht nur, wie gezeigt, schlecht für den Einzelnen. Es geht auch zulasten von Kreativität und Lust am Wagnis, aus denen sich letztlich erst Innovation und Wachstum ergeben. Was wäre passiert, hätte Gottlieb Daimler sein Können darauf reduziert, die perfekte Pferdekutsche zu bauen, statt das Auto zu erfinden? Oder hätte Steve Jobs die Firma Apple nach allen Regeln der MBA-Finanzkunst umstrukturiert, statt das iPhone zu kreieren? Der Optimierer, mehr noch der Perfektionist, scheut das Risiko, er will in dem gut sein, worin alle gut sind. Diese Konfliktscheu geht zulasten der Innovation. Der Software-Unternehmer August-Wilhelm Scheer meint: »Der mathematisch-stromlinienförmige Ansatz behindert die Gründung neuer Unternehmen.«

Quer durch die Republik beklagen Politiker und Wirtschaftsführer den Mangel an Gründerfreude und Erfindungsgeist. Allein, wo soll der herkommen, wenn schon in der Schule nur gelernt wird, um Erwartungen von außen zu entsprechen, und volle Stundenpläne für Spieltrieb und Forscherdrang keinen Raum lassen?

Noch ist das Zusammenspiel von Kreativität, Innovation und wirtschaftlichem Fortschritt nicht vollständig erforscht – aber es gibt einige Hinweise. Der US-amerikanische Ökonom Richard Florida hat nachgewiesen, dass die wirtschaftliche Stärke einer Stadt von der Kreativität und besonders der Verschiedenheit ihrer Bewohner abhängt. Ebenso liegen zur Frage, wie sich der kreative Funke überhaupt in die Welt locken lässt, Ergebnisse vor: Dinge miteinander kombinieren, die eigentlich nicht zusammenpassen, etwa ist ein guter Ansatz. Auch werden Tüftler besonders ideenstark, wenn sie über die Grenzen ihres Fachs hinausblicken. Starre hierarchische Strukturen, ja sogar die Konzentration der Forschungsförderung auf wenige »Leuchtturm-Projekte«

dagegen scheinen dem kreativen Gedanken eher abträglich, wie die Bertelsmann-Stiftung herausfand.

All diese Erkenntnisse sprechen nicht gerade dafür, sich stur an den Anforderungsprofilen von Karriereratgebern abzuarbeiten, wie es viele Bewerber tun, oder durch Programme wie den MBA, Assessment Center und formalisierte Firmenfortbildungen Bestehendes weiter zu optimieren, sodass am Ende der perfekte Mitarbeiter steht. Der aber leider genauso perfekt ist wie alle anderen auch und seine Individualität zusammen mit seinem Wagemut und den Gedankenblitzen irgendwo zwischen dem 18. und dem 19. Standardtest verlegt hat.

Dabei könnte das Land ein bisschen Anderssein wahrhaftig gut gebrauchen. Die Innovationskraft in Deutschland hat nachgelassen, der Abstand zu den innovativsten Ländern Schweden, USA und Schweiz hat sich vergrößert, Deutschland belegt Rang acht unter den 17 führenden Industrienationen. Schlimmer noch: Im Jahr zuvor landete Deutschland in den Bewertungen für Gründergeist und Risikobereitschaft gar nur auf Platz elf – unteres Mittelfeld. Schlecht für eine Nation, die ihr Geld in Ermangelung von Rohstoffen vornehmlich mit guten Ideen verdient.

Deutsche Manager, das ergab eine Untersuchung der Personalberater von Heidrick & Struggles, sind hervorragende Analytiker und stark in der Umsetzung. Dagegen ist der Typus des Lerners, der offen ist für Neues und soziale Trends erkennt, deutlich unterrepräsentiert. Zu schade, dass genau diese Fähigkeiten ganz hilfreich wären in einer immer weniger berechenbaren Welt. In Zukunft wird es, gleich in welchem Job, darauf ankommen, in paradoxen Situationen widersprüchliche Interessen zu bedienen, geistig flexibel zu sein und sich rasch auf Entwicklungen einstellen zu können. Mit abgegrabbelten Lösungsreflexen, sei es aus der MBA- oder der Ratgeberliteratur-Kiste, kommt man da nicht weit. Das Optimieren des ewig Gleichen führt unweigerlich in die Sackgasse.

Der Gucci-Protest als soziale Waffe: Wenn aus Orientierung nach oben Abschottung nach unten wird

Während der Verlust an Kreativität und Innovationskraft sein ganzes Ausmaß erst in einigen Jahren zeigen wird, lassen sich die Auswirkungen des Optimierungsstrebens auf die soziale Architektur der Gesellschaft bereits heute in ziemlich deutlichen Ansätzen besichtigen. Ob im Studium, in der Ernährung, auf Reisen, in der Kultur oder bei der Partnersuche – Optimierung dient auch immer dem Zweck des Statusgewinns und damit der sozialen Distinktion. Und zumindest darin ist sie überaus erfolgreich: Die mittlere und obere Gesellschaftsschicht kauft gesunde Bioprodukte, verbringt ihren Urlaub beim Trekking in Tibet und schaut, wenn überhaupt, ab und an eine anspruchsvolle Dokumentation auf »arte«. Spätestens zur Einschulung der Kinder steht der Umzug in bessere Viertel an, damit sie nicht vom Proletennachwuchs der Nachbarschaft runtergezogen werden. Die Unterschicht dagegen, so zumindest das Klischee, isst Tiefkühlpizza oder bei McDonald's, fährt an die Costa del Sol und guckt RTL II.

Dies ist – jedenfalls soweit es die Mittelschicht betrifft – keine zufällige Entwicklung, sondern bewusst gewählte Strategie, wie das Beispiel Bildung deutlich macht. Die Mitte der Gesellschaft, beseelt vom Drang, nach ganz oben aufzuschließen, und geängstigt von Abstiegsfantasien, fördert ihre Kinder möglichst früh, schickt sie vermehrt auf Privatschulen sowie in den Musik- und Sportunterricht. Vor allem die Musik wird gerade als Abgrenzungsstrategie vom Bürgertum entdeckt, denn das Üben mit Geige oder Klarinette befriedigt idealtypisch das Bedürfnis nach Status und Individualität – und die Gefahr, dass Leander dabei auf kleine Kevins und Chantals trifft, ist denkbar gering. Gleiches Spiel beim Sport: Fußball und ähnlich profane Vergnügungen sind out, die besseren Kreise bevorzugen gehobene Leibesertüchtigung wie Hockey, Rudern oder Taekwondo.

Der Gedanke hinter Spiel, Sport und exklusivem Stil ist der gleiche, der auch den Frühförderboom und den Run auf private Bildungsanbieter treibt: den eigenen Kindern einen künftigen Startvorteil verschaffen und bereits jetzt durch verstärktes Engagement einen Schutzwall

nach unten aufzuschütten. Eine »stärker werdende kulturelle Segrega-
tion« konstatiert die Studie »Eltern unter Druck« für die vergangene
Dekade; beinahe könne man schon von einer Art »Kontaktsperre« sprechen.[54]

Nach dem Willen nervöser Akademikereltern soll diese weitestgehend aufrechterhalten werden: Wann immer in Deutschland schulische Reformen anstehen, etwa die Zusammenlegung von Haupt- und
Realschulen, gehen sie auf die Barrikaden. Reformen gut und schön,
aber eine stärkere Durchmischung mit Migrantenkindern, nein danke.
»Gucci-Protest des Bildungsbürgertums« spottete *Spiegel online.* Mein
Kind first.

In diesem Punkt zeigt die oft spröde Sozialgeschichte einen zyni-
schen Sinn für Ironie: Nicht selten sind es nämlich die Aufsteiger aus
den Siebzigern, die damals von der offenen Gesellschaft profitiert haben und die jetzt die Ellenbogen ausfahren, um sich besonders energisch nach unten abzuschotten. Ausgerechnet das Aufstiegsversprechen, wie zu Anfang gezeigt einer der Hauptantriebe des Perfektionsstrebens, führt dazu, dass dieses Versprechen immer seltener eingelöst
wird. Die Optimierung des eigenen Lebens – im großen Maßstab zeigt
sie hier ihre hässliche, beinharte Seite.

Ohnehin ist es mit dem Aufstieg so eine Sache. Zwar ist er individuell immer noch möglich, ja er scheint aufgrund der explodierten Möglichkeiten, das eigene Leben zu gestalten, sogar greifbarer als je zuvor.
In der Theorie funktioniert er noch immer als wirkmächtiges Banner
der Marktwirtschaft. In der Praxis allerdings stößt er oft schnell an
Grenzen, etwa in Form des im Kapitel »Kleine Widersprüche, große Folgen« beschriebenen »Habitus«. Studien zeigen, dass die Gesellschaft
heute kaum durchlässiger ist als vor 20 Jahren. Und davon, dass soziale Mobilität das Land gerechter gemacht habe, kann schon gar keine
Rede sein. Im Gegenteil hat auch der Optimierungsdrang seinen Teil
dazu beigetragen, dass die viel zitierte Kluft zwischen Oben und Unten
sich eher vertieft als abflacht. Die Spaltung in Arm und Reich war in der
Nachkriegszeit noch nie so groß wie heute.

Allein zwischen 1992 und 2007 ist das reale Durchschnitts-Nettoein-
kommen der reichsten 10 Prozent der Bevölkerung um 31 Prozent ge-

wachsen – während die ärmsten 10 Prozent ein Zehntel eingebüßt haben. Zusätzlich verfügt das obere Zehntel der Deutschen über rund 60 Prozent des Privatvermögens.[55] Fast ein Drittel dagegen besitzt so gut wie nichts oder ist verschuldet. Und fast jeder Fünfte ist laut Armutsbericht von 2008 genau das – arm. In ähnlicher Form gehen in allen westlichen Gesellschaften die Einkommensscheren auseinander. Wächst die Wirtschaft, ist der Effekt weniger stark, doch in Abschwüngen verstärkt sich die Ungleichheit wieder.

Das Versprechen Ludwig Ehrhards, »Wohlstand für alle« zu schaffen, hat sich festgefahren. Denn das Kalkül dahinter, die Politik müsse nur dafür sorgen, dass der Kuchen wachse, dann würde für alle ein hinreichend großes Stück abfallen, ging nicht auf. Das hat sicher zu tun mit der Marktliberalisierung und dem Turbokapitalismus, der die Wirtschaft bis zum Ausbruch der Finanzkrise ab 2007 prägte. Das Ende des Kalten Krieges machte schließlich nach 1990 die verteilungspolitischen Kompromisse weniger dringlich, mit denen der Westen zuvor seine Systemüberlegenheit demonstriert hatte. Es hängt auch zusammen mit der Tatsache, dass der Zuwachs an Wirtschaftsleistung zum größten Teil auf Unternehmensgewinne und Kapitalerträge entfiel und nur wenig auf echte Lohnzuwächse. Der Anteil der Löhne am Volkseinkommen dagegen ist gesunken – allein zwischen 2000 und 2007 von gut 72 auf 64,6 Prozent. Arbeitskräfte gibt es reichlich, Kapital ist knapp – selbst in Boomzeiten treibt das die Einkommen auseinander.

Es ist aber auch eine Folge der Sucht nach dem besseren Leben und dem Wunsch nach ständiger Optimierung, die den Wettbewerb innerhalb der sozialen Schichten und zwischen diesen verschärft haben.

Beispiele gefällig? Bitte sehr: Es liegt im Wesen des Wettbewerbs, dass er nach oben keine Grenzen kennt, deshalb wird optimiert, was das Zeug hält, auch da, wo eigentlich schon das Optimum erreicht ist. Im deutschen Topmanagement etwa verdienten die Vorstandsvorsitzenden großer DAX-Konzerne Mitte der neunziger Jahre um die 2 Millionen – D-Mark, wohlgemerkt. Zehn Jahre später hätte man angesichts solcher Beträge höchstens müde gelächelt. Deutsche-Bank-Chef Josef Ackermann etwa kassierte im Jahr 2005 Einkünfte von 12 Millionen Euro – fast das Dreihundertfache des Durchschnittslohns eines Arbeiters von 40 000 Euro. Kollege Jürgen Großmann, der Vorstandsvorsitzende von RWE, kam noch im Flautejahr 2008 auf 9 Millionen Euro. Allgemein betrachtet, erhielt der Vorstand eines DAX-Unternehmens in den Achtzigern 14 Mal so viel wie ein durchschnittlicher Mitarbeiter – 20 Jahre später aber sind es 52 Mal so viel. Mit dem Leistungsprinzip, auf das so gerne verwiesen wird, ist eine solche Diskrepanz nicht mehr zu rechtfertigen – wohl aber mit dem Prinzip der Optimierung, das sich stets nach oben orientiert. Und das heißt in diesem Fall: an den Gehältern der Investmentbanker, von denen einige, wenigstens vor dem weltweiten Einbruch von 2008, gar Einkünfte in Milliardenhöhe erreichten.

Ein weiteres Beispiel: die Sozialsysteme. Sie sollen, der Name deutet es an, das Land sozialer und gerechter machen. Doch trotz der vielen Milliarden, die jährlich hineingepumpt werden, ist das Gegenteil geschehen: Weil die staatliche Rente nicht mehr reicht, muss privat vorgesorgt werden. Pech gehabt, wer dafür kein Geld übrig hat. Das Gesundheitswesen hofiert Privatversicherte und benachteiligt Kassenpatienten. Und die Arbeitslosenversicherung kümmert sich besser um Kurzarbeitslose als um Hartz-IV-Empfänger. Grundprinzip immer: Optimierung kostet Geld – und schließt andere aus. Der Wunsch, das eigene Leben zu perfektionieren und in jedem Bereich das Beste herauszuholen, hat aus den Sozialsystemen selbst Klassengesellschaften en miniature gemacht.

Wohin führt uns das alles? Zunächst einmal sind Chancenungleichheit und mangelnde Durchlässigkeit der Gesellschaft, die durch die Abschottungsbemühungen der Mittelschicht noch befeuert werden, eine volkswirtschaftliche Katastrophe: Eine stärkere Durchlässigkeit würde die Wirtschaftsleistung deutlich erhöhen. Mittelfristig könnte der Perfektionsdrang zu einer gravierenden Spaltung der Gesellschaft führen, deren Vorboten schon jetzt an die Tür klopfen. Wie die Bertelsmann-Stiftung herausfand, empfinden drei Viertel der Deutschen die Vermögens- und Einkommensverteilung in ihrem Land als ungerecht. Der Optimierungsehrgeiz führt aber auch dazu, dass sich die Leistungseliten wie alle anderen auch immer weiter nach oben orientieren – und sich damit zunehmend vom Rest der Gesellschaft entfernen.

Die Finanzkrise gab darauf schon mal einen Vorgeschmack: Manager wie Georg Funke, der ehemalige Vorstandsvorsitzende der Beinahe-Pleite-Bank Hypo Real Estate, wirtschafteten erst ihr Unternehmen an den Rand des Abgrunds – und klagten dann ausstehende Gehälter und Boni in Millionenhöhe ein. Unrechtsbewusstsein, Übernahme von Verantwortung, Scham oder Reue gar? Fehlanzeige. Die Elite fordert das Sparen, meint aber immer nur die anderen, während sie selbst Flüge im Privatjet absolviert, als gäbe es keinen öffentlichen Flugverkehr. Oder ein Mann wie Klaus Zumwinkel, der frühere Post-Chef: Obgleich aus vermögendem Elternhaus, mit Millionenbezügen ausgestattet, hinterzog er Steuern, als gälten die Gesetze nicht für ihn. »Was vielen abhanden gekommen ist, das ist die Haltung: So etwas tut man nicht«, zürnte Bundespräsident Horst Köhler. Denn in der Optimierungswelt tut man es eben doch – um mithalten zu können mit denen, die schon eine Runde weiter sind. Was da bereits im Argen liegt, wurde deutlich, als Alexander Dibelius, als Deutschland-Chef der Investmentbank Goldman Sachs jeder Systemkritik an sich unverdächtig, im *Spiegel* einräumte: »Rückwirkend sieht manches in unserer Branche gierig aus, selbstbezogen und realitätsfremd, als ginge uns die Gesellschaft drum herum gar nichts an.«[56] Eine Haltung habe sich da ausgeprägt, die besagt: Es gibt uns und es gibt die Gesellschaft, warnt Eliteforscher Michael Hartmann. Wenn aber eine Elite, die eigentlich Vorbildcharakter haben sollte, sich immer mehr ihre eigenen Moralvorstellungen zimmert, drohen dramatische Spannungen.

Noch ist es nur ein äußerst überschaubarer Kreis, auf den das zutrifft. Aber wenn die Kinder der Mittelschicht keine Einblicke mehr in andere Lebenswelten bekommen, nicht mehr wissen, welche Ziele und Sorgen dort herrschen, werden sie Empathie, Solidarität und Zusammenhalt bald im Wörterbuch nachschlagen müssen. Gefährdung der Demokratie nicht ausgeschlossen.

132 Euro zum Leben im Monat: Wenn Scheitern kein Schicksal mehr ist, sondern eigene Schuld

Hinter der drohenden Verstärkung der Abschottungstendenzen steht ein gesellschaftliches Leitbild, von dem in diesem Buch oft die Rede ist, weil es gewissermaßen die ideologische Fundierung des Optimierungszwangs darstellt: die gestiegene persönliche Verantwortung des Individuums für das eigene Schicksal. Der Philosoph Peter Sloterdijk etwa, selten um einen schlagzeilenträchtigen Neologismus verlegen, hat bereits das Zeitalter der »Übungssysteme« ausgerufen: Sein Buch *Du mußt dein Leben ändern*, in dem es vor Blut-Schweiß-Tränen-Metaphern wie »Willensgymnastik« oder »Disziplinprogramm« wimmelt, kommt zu dem Schluss: Der Mensch muss üben, mehr als er selbst zu werden.

Als Spätfolge des 68er-Schlachtrufs nach Selbstentfaltung und individueller Autonomie zieht sich dieses neue soziale Leitbild der optimierenden Exerzitien durch sämtliche Lebensbereiche: Im Studium, im Job, in der Erziehung begreifen wir uns als Unternehmer unserer selbst, und in privaten Dingen werden wir zum »arbeitenden Kunden«, der seine Angelegenheiten selbst in die Hand nimmt, anstatt sie Bankberatern, Bahnpersonal oder Reisebüromitarbeitern zu überlassen. Das macht uns freier, sicher, aber es vergrößert auch drastisch unsere Verantwortung für unser Leben. Und größere Verantwortung bedeutet nichts anderes als: Wenn etwas schiefläuft, sind wir selbst schuld. Scheitern verliert den Charakter des Schicksalhaften und wird zum ganz persönlichen Versagen. Und das wird, weil sich schließlich alle anstrengen müssen, immer weniger geduldet. Der Drang nach Perfektion führt zu einer Intoleranz dem nicht Perfekten gegenüber.

Einen ersten Vorgeschmack boten die Reformen unter dem rot-grünen Kanzler Gerhard Schröder, die den behäbigen Sozialstaat altbundesrepublikanischer Prägung unter dem Motto »Fördern und fordern« umbauten. Transferleistungen runter, Eigenverantwortung rauf. Wer keine Arbeit hat, sollte das heißen, strengt sich vielleicht nur nicht genug an. Und weil schon der Apostel Paulus im Brief an die Thessaloniker dekretierte: »Wer nicht arbeitet, soll auch nicht essen«, möchte man das nicht auch noch belohnen: Kürzlich erst taten sich Ökonomen der Technischen Universität Chemnitz mit der Berechnung des »wirklichen Existenzminimums« hervor. 132 Euro im Monat reichten demnach aus, wenn man auf Kino, Schwimmbad, Mobiltelefon und Zoo verzichtet und für die »Teilhabe am kulturellen Leben« einen ganzen Euro pro Monat ansetzt. Da kann man sich dann überlegen, ob man diesen Wahnsinnsbetrag lieber für eine Viertelstunde Kino oder ein Zehntel Taschenbuch verprasst. Zum Vergleich: Der Hartz-IV-Regelsatz beträgt rund 360 Euro.

In eine ähnliche Kerbe schlugen Teile der Ärzteschaft, als sie eine »Rangfolge für Gesundheitsleistungen« forderten. Statt teure Medikamente zu verbrauchen, sollten Cholesterinkranke lieber eine Diät machen und Fans von Risikosportarten die Behandlung ihrer Unfälle selbst bezahlen. Die Krankenkassen würden dann nur noch eine Grundversorgung gewährleisten, für alles andere würde privat vorgesorgt. Wer dafür zu arm ist, aber trotzdem zu Rauchern, Dicken, Alkoholkranken oder ähnlich undiszipliniertem Gesocks gehört, der solle doch, bitte schön, seine »individuell praktizierte Lebensweise, was die Folgen angeht, nicht auf die Allgemeinheit übertragen«, forderte Jörg-Dietrich Hoppe, Präsident der Bundesärztekammer.[57]

Grundversorgung, den Rest privatisieren – das Prinzip kennt man von der Rente. Noch sind Riester und Rürup eigentlich ganz lustige Gesellen, denen wir ein paar Euro im Monat überweisen, um uns über staatliche Zulagen zu freuen. Was das Prinzip der erhöhten Eigenverantwortung hier ganz konkret bedeutet, werden viele erst in einigen Jahren zu spüren bekommen, wenn sich ihre private Vorsorge als nicht ganz so lukrativ erweist wie erhofft. Das hämische Flüstern der Nachbarn, deren Aktienportfolios besser performt haben, glaubt man allerdings jetzt schon zu hören. Tja, werden sie sagen, bevor sie im BMW zu ihrem Sommerhäuschen auf Sylt düsen, man hätte sich halt besser informieren müssen.

»Selbstverantwortung«, »Eigeninitiative« – solche Begriffe tragen den sportlich-dynamischen Sound einer aktiven Gesellschaft in sich. Die Folge allerdings ist die Heroisierung der Durchsetzung im Wettbewerb und eine Abnahme der »kooperativen Sozialbeziehungen«, wie

Soziologe Neckel etwas umständlich, aber deshalb nicht weniger richtig analysiert. Einfacher formuliert: Das »Selbst schuld«-Prinzip ist gesellschaftsfähig geworden.

Und die Intoleranz, die aus der Optimierung folgt, greift vielleicht bald auch auf Lebensbereiche über, die bislang wenigstens als Tabu gelten. Im Kapitel »Kleine Widersprüche, große Folgen« wurde die pränatale Diagnostik als extreme Spielart des Perfektionsdrangs vorgestellt und beschrieben, dass sich nicht zuletzt aufgrund ihrer Ergebnisse viele Schwangere für die Abtreibung entscheiden. Im Falle des Downsyndroms, der häufigsten angeborenen Behinderung, votieren bis zu 94 Prozent der Eltern gegen das Kind, bei anderen schweren Behinderungen zwischen 50 und 70 Prozent. Diejenigen, die es nicht tun, müssen sich nicht selten für ihre Entscheidung rechtfertigen – in einer »selbstverantwortlichen«, »eigeninitiativen« Welt, in der wir selbst Herr unseres Schicksals sein zu scheinen, wirkt das Unperfekte seltsam deplatziert, wie die Entscheidung für den falschen Wein im Restaurant, den man schleunigst zurückgehen lässt. In den USA werden solche Kinder bereits zynisch als »wrongful births«, unerwünschte Geburten, bezeichnet. »Genetische Verantwortung« nennen Wissenschaftler die moralisch fragwürdigen Entscheidungen nach der Untersuchung des ungeborenen Lebens. Es gibt auch ein anderes Wort dafür: Selektion.

Es soll hier nicht darum gehen, das Zerrbild eines biologistischen Schreckensregimes heraufzubeschwören; glücklicherweise ist die bundesdeutsche Gesellschaft davon weit entfernt. Doch dass das Streben nach Optimierung – durchgezogen bis zur letzten Konsequenz – auf solche Szenarien hinausläuft, ist offensichtlich. Ebenso wie es zu Gleichförmigkeit, Verlust an Kreativität und Mut erzieht und die Bemühungen der sozialen Schichten befördert, sich durch ständige Verbesserung nach unten abzugrenzen. Das Optimieren, das schon den Einzelnen in die Irre führen kann – es könnte auch für die Gesellschaft als Ganzes unangenehme Auswirkungen haben.

Dabei geht die größte Gefahr von der fehlenden Durchlässigkeit zwischen den sozialen Schichten und dem Auseinanderdriften der Einkommen aus, die auch ein Resultat des neuen optimierenden Leitbilds ist. 2009 waren bereits schwindende Zustimmungswerte für die soziale Marktwirtschaft zu verzeichnen. In unzähligen Beiträgen diskutierten Politiker, Ökonomen und Journalisten damals das Ende des neoliberalen Turbokapitalismus. Bundeskanzlerin Angela Merkel verdammte die »Exzesse der Märkte« und forderte eine eher nebulöse »menschliche Marktwirtschaft«. Der Staat müsse die Krise nutzen, die Wirtschaft endlich wieder sozialer und demokratischer zu machen, verlangte der Soziologe Ulrich Beck. Eric Hobsbawm, Marxist und eine Ikone der Geschichtswissenschaft, beklagte ein »System, das notwendigerweise Habgier schafft«, und prophezeite, es werde »Blut fließen, viel Blut«.[58] Selbst der Gottvater des Shareholder Value, der ehemalige Chef von General Electric, Jack Welch, bezeichnete dieses Konzept als falsch: Wenn Manager kurzfristige Profite und Aktienkurssteigerungen als vorrangiges Ziel festlegen, dann sei das »eine dumme Idee«. Ungerecht sei der moderne Kapitalismus geworden, schrieb die *Süddeutsche Zeitung*; die *Zeit* behauptete »Wir können auch anders«. Sie fragte, ob wir überhaupt unbedingt Wirtschaftswachstum brauchen, und verwies erneut auf die Glücksforschung, wonach »immer mehr« nicht auch »immer zufriedener« mache. Grundeinkommen, Downshifting, mehr Zeit für Familie, Freunde und soziales Engagement, das könnten die Fundamente einer neuen Wirtschaftsordnung sein, die der Autor skizzierte.

So weit die damalige Debatte. In der realen Welt machte der Staat in keynesianischer Manier Geld für Konjunkturprogramme locker und sprang bei ein paar Firmen als Retter und (temporärer) Teilhaber ein; einige Steuerschlupflöcher wurden gestopft, es gab Versprechungen, die Finanzmärkte stärker zu regulieren. Auf der anderen Seite gaben viele Investmentbanken schon Mitte 2009 wieder Milliardengewinne bekannt, Millionen an Boni flossen (zum Teil aus Staatshilfegeldern bezahlt), in London und New York wurden auf rauschenden Partys bereits wieder Champagnerflaschen geköpft. Der befürchtete Weltuntergang fand nicht statt. Stattdessen bestätigte sich einmal mehr die Lehre des österreichischen Ökonomen Joseph Schumpeter, wonach sich der Kapitalismus »schöpferisch zerstört« und neu erfindet. Dass im neueröffneten Casino oft wieder die gleichen Spiele gespielt werden, die zur Finanzkrise führten, ist ärgerlich. Doch dass die Grundprinzipien von Kapitalismus und Marktwirtschaft intakt blieben, das ist, nach allem, was wir wissen (und danach zu urteilen, wie sich historische Alternativen geschlagen haben), wohl besser so.

Was heißt das nun für das Streben nach Optimierung? Zunächst, wie mehrfach betont, ging diese nicht in der Krise des Turbokapitalismus unter. Eher im Gegenteil: Der Wettbewerbsindividualismus verschärft sich in Zeiten wirtschaftlicher Flauten eher noch. Zweitens: »Les trentes glorieuses«, die drei glorreichen Nachkriegsjahrzehnte, in denen Westeuropa zugleich eine wohlhabendere und gerechtere Gesellschaft wurde, sind wohl unwiderruflich vorbei. Die Verteilungskämpfe werden heftiger werden, der perfektionistische Imperativ wurde von breiten Schichten der Bevölkerung, insbesondere der unter Druck geratenen Mittelklasse, internalisiert, weil er – vermeintlich – strategische oder taktische Vorteile in diesen Kämpfen verspricht. Die Folgen wurden beschrieben: Verlust von Kreativität und Wagemut, Abschottungstendenzen, Intoleranz dem nicht Perfekten gegenüber.

Was wir deshalb tun können, um der Perfektionsfalle zu entgehen und uns nicht in den beschriebenen Widersprüchen der Optimierung zu verheddern, das wird im abschließenden Kapitel diskutiert.

Gut ist manchmal besser als perfekt

Fluchtwege aus der Optimierungsfalle – bitte freihalten!

»Später spricht dann Wilhelm Wieben:
Er ist sich immer treu geblieben
Die Mode kam, die Mode ging
und man war immer noch der King.«
Udo Lindenberg, »Mein Ding«

Die Erkundung des Phänomens der Optimierung hat Widersprüche ans Licht gebracht, aus denen für jeden Einzelnen, aber auch für die Gesellschaft als Ganzes gravierende Probleme resultieren können. Es ist an der Zeit, etwas Ordnung in diese Paradoxien zu bringen.

Beginnen wir mit den Ursachen. Wie beschrieben, wird das Optimierungsstreben getrieben von der Ausweitung unserer Optionen und der zunehmenden Individualisierung. Diese wiederum wurzelt im Wertewandel der sechziger und siebziger Jahre, der Selbstentfaltung und Selbstbestimmung zu neuen gesellschaftlichen Leitbildern erhob. Die wirtschaftliche Globalisierung, der wachsende Konkurrenzdruck sowie der Umbau des Sozialstaats wandelten die neuen Chancen um in Pflichten: Das Individuum ist in viel stärkerem Maße verantwortlich für Erfolg oder Scheitern, ob im Beruf, im Studium, in der Erziehung oder im privaten Konsum. Schlagworte wie »emanzipierter Kunde«, »Ich-AG« oder »Selbstunternehmer« sprechen eine klare Sprache.

Nun die Folgen: Wie das Problem des Maximierers deutlich macht, führt Perfektionierung in Kombination mit zahlreichen Optionen nicht unbedingt zu klugen Entscheidungen. Erst recht nicht, wenn wir Idealen hinterherjagen, die von außen – in Form von Karriereratgebern oder Verlautbarungen der Unternehmen – propagiert werden. Dann verpassen wir vor lauter Ausbügeln unserer Schwächen den Ausbau unserer Stärken, werden austauschbar und verhindern persönlichen Erfolg. Derweil profitieren viele andere von unseren Optimierungsbemühungen: die Ratgeberbranche etwa, private Bildungsanbieter, die Lifestyle-Industrie, die Wirtschaft insgesamt. Dies allerdings auch nur kurzfristig, denn die Konsequenzen – Verlust von Kreativität, Abschottungstendenzen, Intoleranz – treffen Wirtschaft und Gesellschaft auf lange Sicht genauso hart.

Was also tun? Was kann der Einzelne machen? Sollte der Staat regulierend eingreifen, um das Glück seiner Bürger nicht zu gefährden?

Zwischen Rattenrennen und Null-Bock: Warum der Staat als Glücksdiktator nicht wirklich geeignet ist

In dem kleinen Königreich Bhutan etwa zwischen China und Indien erklärte ein früherer Regent schon in den Siebzigern, das wichtigste Ziel der Wirtschaftspolitik sei, das »Bruttosozialglück« zu verbessern. Die Finanz- und Wirtschaftskrise setzte staatliches Eingreifen auch in der westlichen Welt wieder auf die Debattenordnung: Hypo Real Estate, Opel, Continental/Schaeffler, von zahlreichen Banken in den USA gar nicht zu reden – überall sollte es der Staat richten.

Aber war das nicht ein außergewöhnlicher Notfall, eine absolute Ausnahme? Tatsächlich gibt es Ökonomen, vor allem innerhalb des eher linken Spektrums, die sich ein stärkeres Engagement des Staates wünschen, um die Menschen aus der Perfektionsfalle zu befreien und ihnen ein glücklicheres Leben zu ermöglichen. Einer ihrer prominentesten Vertreter ist Richard Layard, dem wir bereits begegnet sind. Der Glücksforscher, Mitglied des britischen Oberhauses und Gründungsmitglied des Center for Economic Performance an der London School of Economics, kommt in seinen Arbeiten zu dem Schluss: »Ständige Optimierung führt nicht zu einem glücklicheren Leben. Wir sind glücklicher, wenn wir uns für etwas entscheiden, was gut genug ist, als wenn wir dauernd hinter dem vermeintlich Besten herlaufen müssen.«[59]

In seinen Büchern, darunter aktuell *Die glückliche Gesellschaft*[60], fordert Layard deshalb eine Reihe von Maßnahmen, um das unzufrieden machende »Rattenrennen« nach Status durch Einkommen und Konsum einzuschränken:

- höhere Steuern auf Arbeitseinkommen und Luxusgüter, die als negative Leistungsanreize Menschen davon abbringen sollen, immer mehr zu arbeiten und mehr zu verdienen, um Tempo aus dem Rennen zu nehmen und die Summe des Unglücks zu verringern, das durch Sozialneid entsteht,
- keine staatliche Förderung beruflicher Mobilität, weil diese glücksfördernde Beziehungen zu Familie und Freunden zerstöre,
- sowie mehr Geld zur Bekämpfung psychischer Krankheiten, weniger außerehelicher Sex, Werbung und Fernsehen.

Layards Thesen haben gerade in der Zunft der Happiness-Ökonomen einige Zustimmung erhalten, dennoch sind sie alles andere als unumstritten. Seine Forderungen atmen einen stark sozialromantischen Hauch, aber das soll uns an dieser Stelle nicht weiter stören. Jeder hat schließlich das Recht, seine eigene Vision einer guten Gesellschaft zu entwickeln.

Die Probleme sind ganz andere. Zu Recht weisen die Gegner staatlicher Intervention wie der Schweizer Ökonom Bruno S. Frey darauf hin, dass das Streben nach Status und Anerkennung tief im Menschen verwurzelt, möglicherweise sogar genetisch bedingt ist. Erhöht man die Steuern, werden sich die Bürger andere Spielwiesen für das Statusrennen suchen – etwa indem sie in die Schattenwirtschaft abtauchen oder die Freizeit wieder stärker als Statussymbol betrachten, wie dies ja heute schon in Ansätzen zu beobachten ist. Beides würde das Statusrennen nicht verhindern, wahrscheinlich nicht einmal wesentlich verlangsamen, und die Menschen nicht glücklicher machen. Für die Wirtschaft wären beide Szenarien eine Katastrophe.

Schwerer noch wiegt, dass Layards Vorschläge massiv in unser Verständnis von Demokratie eingreifen würden. Soll sich der Staat wirklich als oberster Zufriedenheitsmaximierer gerieren, als eine Art

Glücksdiktator? Ganz abgesehen davon, dass auch Politiker nicht vor Fehlentscheidungen gefeit sind, würden die Schwierigkeiten damit erst richtig beginnen. Denn Glück ist eine höchst subjektive Sache. Wenn nun jemand glücklich ist, wenn er täglich zwei Flaschen Wodka trinkt, sollte der Staat dann Alkohol möglichst billig machen? Die Problematik wird noch klarer, wenn man sich die Zufriedenheit der Menschen in Entwicklungsländern ansieht, die zum Teil überraschend hoch ist – ganz einfach, weil die Menschen dort wenig erwarten. Sie fühlen sich vielleicht glücklich, aber geht es ihnen, inmitten von Hunger, Seuchen und politischer Instabilität, auch wirklich gut? Staaten haben andere, wichtigere Aufgaben als die Erhöhung des Glücks, etwa Solidarität mit den Schwachen, Verantwortung für Sicherheit und Gesundheit und Ähnliches. Das sind konkrete Ziele, die sich leichter umsetzen lassen als ein nebulöses Glücksversprechen.

Und schließlich: Auch wenn mehr Geld nicht zwangsläufig glücklicher macht, lässt sich daraus schließen, dass es weniger Geld tut? Oder wenn das Geld vom Staat kommt und wir uns mit anderen Dingen beschäftigen können als mit Broterwerb? Wohl nicht, denn der Status, nach dem wir streben, macht sich nicht nur an Finanzen fest. Studien zeigen, dass sich die Lebenszufriedenheit von Arbeitslosen in Europa nicht wesentlich verbessert hat – obwohl die Lohnersatzleistungen stetig gewachsen sind, zumindest bevor Hartz IV kam.

Solche Fragen führen uns mitten in eine Forderung, die in den vergangenen Jahren in Deutschland für Wirbel sorgte und hinter der, ähnlich wie bei Layard, der Wunsch steht, mal ein paar Gänge runterzuschalten im Perfektionierungswettlauf. Die Rede ist vom »Grundeinkommen« oder »Bürgergeld«, wie es etwa von Götz Werner, dem Gründer der Drogeriekette »dm«, ins Spiel gebracht wurde. Die Idee klingt zunächst charmant: Jeder Deutsche erhält ein das Existenzminimum deckendes Einkommen, das er durch eigene Arbeit beliebig aufstocken kann. Diese Mehreinnahmen müssen jedoch versteuert werden, und zwar mit bis zu 60 Prozent oder mehr. Finanziert werden soll die Kohle für alle durch Mehrwertsteuern sowie eben durch die erhöhten Steuern auf das Mehreinkommen. Die Vorteile: ein Ende des Kapitalismus als »beschäftigungstherapeutische Veranstaltung« (Götz Werner), der nicht für alle ausreichend Arbeit hat, mehr Zeit für sinnvolle Tätigkeiten sowie ein Ende des Statuswettrennens.

Keine schlechte Idee, auf den ersten Blick. Auf den zweiten jedoch könnte das Bürgergeld nicht nur zu einer gigantischen Finanzierungslücke führen (2007 bezifferte der Sachverständigenrat der Bundesregierung diese auf fast 250 Milliarden Euro im Jahr). Viel drastischer noch wären die Auswirkungen auf das, was Ökonomen »Anreizsysteme« nennen: Wenn der Anreiz zu arbeiten entfällt, könnte sich eine neue Null-Bock-Mentalität breit machen: Statt neue Dinge zu erfinden, Mehrwert zu schaffen oder auch nur anderen Menschen die Haare zu schneiden oder Eis zu verkaufen, würden sich viele wohl einfach vor den Fernseher setzen, Kartoffelchips futtern und diese ganz spezielle Form des »savoir vivre« auch noch an die nächste Generation weitergeben. Deutschland, ein Volk von Phlegmatikern.

Wahrscheinlich sind solche Ideen schlicht überdimensioniert. Bürgergeld, weniger Mobilität, drastische Erhöhung von Einkommens- und Luxussteuern – das wären Schritte, zum Teil sehr große Schritte, in Richtung auf ein anderes Wirtschaftssystem. Doch die Marktwirtschaft hat, selbst in schweren Krisen, ihre Überlegenheit bewiesen. Die Alternativen, ob theoretisch oder bereits praktisch ausprobiert, können nicht wirklich überzeugen. Und der Wunsch, besser zu werden, ist zum einen wohl menschlich und zweitens ja nicht grundsätzlich schlecht, im Gegenteil. Die Frage ist nur, in welchem Ausmaß und ob dieser Aufwand geeignet ist, die eigenen Ziele zu erreichen – und nicht nur andere davon profitieren zu lassen.

Statt groß angelegter Visionen sollte es daher eher darum gehen, die konkreten Folgen des Optimierungswahns für die Gesellschaft einzugrenzen – mit kleineren, aber spezifischeren Maßnahmen.

Beginnen wir mit den Abgrenzungstendenzen sozialer Schichten nach unten, die aus dem Optimierungsstreben folgen. In Bereichen wie dem Gesundheitssystem hat sich bereits eine Klassengesellschaft gebildet; vor allem für viele Niedrigverdiener ist der Sozialstaat zu einem schlechten Geschäft geworden. Auf anderen Feldern wie der Bildung, sind ähnliche Ansätze erkennbar. Aufgabe des Staates wäre es hier, diese Trends zu verlangsamen und die Teilhabe all seiner Bürger an essenziellen Gütern wie Bildung, Gesundheit oder Versorgung im Alter zu gewährleisten. Die Tendenz zu immer mehr Privatisierung ist hier eher kontraproduktiv. Ein Abschaffen der Sozialstaatsprivilegien einzelner Berufs- und Gehaltsgruppen in der Gesundheitsversicherung würde dagegensteuern, ebenso wie eine Finanzierung der Wohlfahrtssysteme über Steuern und weniger über Beiträge.

Im Bildungsbereich ist es entscheidend, möglichst breiten Teilen der Gesellschaft Zugang zu guter Bildung zu ermöglichen, und das möglichst früh, etwa durch eine Kindergartenpflicht. Studien zeigen, dass ausgerechnet diejenigen Kinder, die nicht in den Kindergarten gehen, davon am meisten profitieren würden – die soziale Auslese lässt sich später nur noch schwer rückgängig machen. Den Abschottungstendenzen, die sich aus dem Run auf Privatschulen ergeben, kann nur mit einer besseren Qualität der öffentlichen Einrichtungen begegnet werden. Sowie mit Auswahlverfahren, die sicherstellen, dass tatsächlich Leistung, Intelligenz und Talent ausschlaggebend sind und nicht die Einkommensverhältnisse der Eltern. Der Wettbewerb zwischen Bildungseinrichtungen muss zu qualitativen Verbesserungen führen – und sich nicht nur daran orientieren, welche Schulen und Universitäten nachher die besten Karrierevoraussetzungen bieten. Es muss wieder mehr darum gehen, wie man den Kuchen besser (und größer) machen kann, anstatt darum, wie man ein möglichst großes Stück davon ergattert.

Mit dem Kuchen, der besser werden muss, sind wir bei der zweiten Gefahr des Optimierungsdrangs: dem Verlust von Kreativität, Einzigartigkeit und Risikofreude. In gewisser Weise erinnert das Problem an das »Braess-Paradoxon«, benannt nach dem Mathematiker Dietrich Braess, der Ende der Sechziger eine Situation beschrieb, in welcher der Bau einer zusätzlichen Straße dazu führt, dass sich bei gleich bleibendem Verkehrsaufkommen die Fahrtdauer für alle Autofahrer erhöht – auch (oder gerade weil) jeder Verkehrsteilnehmer seine Route so wählt, dass es für ihn keine schnellere Alternative gibt. Diese Situation ist ein Beispiel dafür, dass die rationale Optimierung von Einzelinteressen im Zusammenhang mit einem öffentlichen Gut zu einem für jeden Einzelnen und für die Gemeinschaft suboptimalen Zustand führen kann.

Übertragen auf die Ausbildung hat das wie beschrieben zur Folge, dass sich alle an Anforderungen von außen orientieren und damit immer gleichförmiger werden. Das ist für die Individuen schlecht, weil sie keinen Wettbewerbsvorteil ihren Konkurrenten gegenüber mehr haben, und für die Allgemeinheit, weil kreatives, originelles Denken auf der Strecke bleibt.

Der Staat kann da wenig machen, Kreativität lässt sich schlecht von oben verordnen. Eine breitere, interdisziplinärere Ausbildung im Studium wäre jedoch ein Ansatz, ebenso eine Lockerung der rigiden Zeit- und Prüfungsregelungen in den Bachelor- und Master-Studiengängen. Erste Umbauten der Bachelor-Reform gibt es ja bereits. Sicher: Niemand will den Soziologiestudenten im 34. Semester zurück, doch etwas mehr Zeit, auch mal links und rechts des Turbo-Curriculums zu schauen und Fähigkeiten zu entwickeln, die in keinem Lehrplan und keinem Karriereratgeber verlangt werden, später aber pfiffige Ideen und alternative Lösungen bringen, das wäre nicht schlecht. Übrigens auch nicht für die Unternehmen.

All das sind kleine Maßnahmen, weit davon entfernt, eine neue gesellschaftliche Vision zu entwerfen. Die Möglichkeiten des Staates, dem Perfektionsdrang seiner Bürger in den Arm zu fallen, sind begrenzt, und meiner Meinung nach sind sie das zu Recht. Ein Staat, der sich anschickte, das Streben nach Verbesserung zu behindern oder zu verbieten, in der Absicht, seine Bewohner glücklicher zu machen, würde in Wahrheit in genau die perfektionistische Falle tappen, vor der er seine Bürger bewahren will. Er würde sich an unzähligen Fronten verzetteln, an keiner davon wirklich siegen und darüber aus den Augen verlieren, was seine wahren Aufgaben sind. Ohnehin hätte es wohl wenig Sinn, mit staatlichen Interventionen gegen das tief verwurzelte Statusstreben anzugehen. Studien zeigen, dass nicht ein besonders fürsorglicher Staat die Menschen glücklich macht, sondern einer, der ihnen mehr Teilhabe an Entscheidungsprozessen gewährt.

Aber Menschen machen Fehler bei ihren Entscheidungen, selbst wenn es um die Verfolgung des eigenen Glücks geht. »Sie liegen systematisch falsch in der Einschätzung, welche Optionen ihnen wie viel Zufriedenheit in der Zukunft eintragen, vor allem was den Nutzen materieller Güter angeht«, sagt Glücksforscher Bruno Frey.[61] Die Optimierungsstrategien, die sie verfolgen, führen oft gerade nicht dazu, sie besser, einzigartiger oder glücklicher zu machen. Im Gegenteil verpassen sie die Chance, ihre wahren Stärken auszuspielen, während andere von ihrem Streben nach Glück profitieren. Viel mehr als am Staat ist es deshalb an jedem Einzelnen, den eigenen Drang nach Perfektionierung zu hinterfragen, der Maximiererfalle zu entkommen und herauszufinden, was sich für ihn persönlich wirklich lohnt, optimiert zu werden. Nur: Wie geht das?

Abschied vom schlechten Gewissen: Einfach mal lockerlassen. Es muss ja nicht gleich die Schafsfarm in Neuseeland sein

Um gleich mit einer Enttäuschung zu beginnen: Dieses Buch ist kein Ratgeber. Im Gegenteil. Erstens gibt es davon schon mehr als genug. Angefangen von Klassikern wie *Sorge dich nicht, lebe* oder *Simplify your life* über Schwangerschafts-, Vermieter-, Diät-, Beziehungs-, Handwerker- und Sexratgeber bis hin zu zahlreichen aktuellen Titeln wie *Warum bin ich eigentlich nicht glücklich?* oder *Lebe das Leben, von dem du träumst*, schwillt die Flut der Lebenshilfeliteratur seit Jahren gewaltig an. Verständnisvoll lächelnde Menschen bieten Hilfesuchenden kleine Antworten auf ganz große Fragen. Sie befriedigen sicher ein Bedürfnis. Aber sie halten, zweitens, dieses Bedürfnis auch künstlich am Leben mit ihrem Mantra, das sich stets in einem Satz zusammenfassen lässt: »Du bist ein toller Mensch, aber du könntest noch toller sein, wenn du dich ein bisschen anstrengst.« Kräftig basteln sie mit an der Vorstellung, an jeglichem Aspekt des Lebens lasse sich irgendwie herumschrauben, bis alles perfekt ist. Als Profiteure unseres schlechten Gewissens schmieren sie ordentlich Öl in die Optimierungsmaschine.

Das tun sie natürlich nicht umsonst. Von den rund 10 Milliarden Euro, die der Buchmarkt im Jahr umsetzt, entfällt ein Sechstel auf die Ratgeberliteratur. Es ist die zweitwichtigste Buchgruppe nach der Belletristik. Ziemlich oft landen die Lebensführungsbreviere ganz oben auf den Bestsellerlisten, und das weltweit. Das Buch *Happier* von Tal Ben-Shahar, dem Harvard-Professor und Superstar der Glücksindustrie, wurde in mehr als zwanzig Sprachen übersetzt.

Das Gefährliche daran ist: Die meisten Ratgeber setzen für alles ein Ideal. Das zügigste Studium, die ideale Karriere, die liebendste Mutter, der perfekte Garten. Das verzweifelte Bemühen des Optimierers, dem Ideal zu entsprechen, am besten auf möglichst vielen Feldern, lässt ihn sich verzetteln, und er kann seine wahren Stärken nicht ausspielen. Sollte er das Ideal erreichen, ist das schön für ihn, aber es macht ihn, wie wir gesehen haben, austauschbar. Er ist schließlich nicht der Einzige, der die einschlägigen Ratgeber gelesen hat.

Ein kleiner Ausflug in die Niederungen der deutschen TV-Shows – versprochen: es ist der letzte – illustriert das Problem: Als Sieger aus der Staffel des Jahres 2009 von *Deutschland sucht den Superstar* gingen, welch Überraschung, Sarah Kreuz und Daniel Schuhmacher hervor. Von Anfang an klare Favoriten, sangen sie sich brav durch sämtliche Shows, wobei sie es peinlich vermieden, einen Hauch von Charakter oder auch nur Unterhaltungswert zu entwickeln. Selbst der Daniel von der Redaktion verordnete Ausflug ins Menschelnde konnte daran nichts ändern. Im Kindergarten bewegte sich Daniel (»Was hast du denn Schönes gemalt?«) mit der Natürlichkeit einer Angela Merkel beim Kitesurfen. Dass er und die kreuzbrave Sarah Kreuz schließlich gemeinsam zu Siegern ausgerufen wurden, machte die Sache nicht besser. Zweimal öde ist immer noch öde.

Die Drittplatzierte Annemarie Eilfeld fiel zwar durch einen bemerkenswerten Mangel an Gesangstalent auf, konnte diesen aber durch recht freizügige Bühnenoutfits sowie durch eine nicht minder bemerkenswerte Zickigkeit wettmachen. Sie zeigte nicht nur Kurven, sondern Ecken und Kanten – und bekam am Ende auch ihren Plattenvertrag. Dem ausstrahlenden Sender RTL und der ausdauernd berichtenden *Bild* hat sie mit ihren Eskapaden Quoten und Auflage gerettet. Uns zeigt sie: Daniel und Sarah waren perfekt, aber austauschbar. Annemarie hatte ein Profil.

Die Widersprüche, die sich aus dem Optimierungsstreben für den

Einzelnen ergeben und denen auch Sarah und Daniel zum Opfer fielen, begleiten uns schon durch das gesamte Buch. Letztlich sind es die des Gefangenendilemmas. Dabei werden zwei Gefangene verdächtigt, gemeinsam ein Verbrechen begangen zu haben. Höchststrafe: fünf Jahre. Wenn beide schweigen, können sie aufgrund von Indizien nur zu zwei Jahren verurteilt werden. Gestehen sie die Tat, kriegen sie vier Jahre. Nun wird beiden ein Handel angeboten: Auspacken gegen Straferlass. Wer seinen Kumpel verrät, ist frei – der Kompagnon aber wird zu den vollen fünf Jahren verknackt. Der Aufbau des Experiments provoziert also den Verrat. Verfolgen aber beide Gefangene diese Strategie, gehen sie für vier Jahre in den Bau –, statt für zwei, wenn sie geschwiegen hätten. Wer sich auf den Deal einlässt – oder aufspringt aufs Optimierungskarussell –, verbessert vermeintlich seine Position. Weil das aber alle tun, verschlechtert er sie in Wahrheit, und zwar sowohl absolut als auch in Relation zu den Konkurrenten. Wie Sarah und Daniel, die möglichst glatt und perfekt wirken wollten. Annemarie wählte eine Strategie, die in der Versuchsanordnung des Dilemmas nicht vorgesehen ist: Sie bürstete bewusst gegen den Perfektionsstrich und spielte ihr eigenes Spiel. Wir wollen einmal testen, ob sich diese Strategie auch als Ausweg aus der Perfektionierungsfalle eignet. Und wenn auch keine Ratschläge, so sollen am Schluss doch drei Denkanstöße stehen.

Als Erstes müssen wir uns von einem langjährigen, treuen Begleiter verabschieden: dem schlechten Gewissen. Dieser Begleiter wirft gern mit Sätzen um sich wie »Keine halben Sachen machen« oder »Das gehört sich so«. Er fabuliert vom Traumjob, von der perfekten Beziehung, von braven und aufgeweckten Kindern, von Potenzialen, die es zu »heben« gilt, und von Talenten, die »verschüttet« sind. Ständig zitiert er das Baumarktmotto »Es gibt immer was zu tun« oder den Nike-Spruch »You don't win silver. You lose gold«. Was wir tun, ist immer ungenügend. Eine ziemlich frustrierende Einstellung, die um sich greift, wie der Absatz von Antidepressiva zeigt. Weltweit gaben die Menschen dafür im Jahr 2000 13 Milliarden US-Dollar aus, 2007 schon 18 Milliarden, und 2010 sollen es 26 Milliarden werden. Dass die Gemütsaufheller als hippe Lifestyledrogen vermarktet werden, zeigt nur, dass der Frust gesellschaftsfähig geworden ist.

Schlimmer ist aber, dass das ewige Nörgeln sogar den Erfolg verhindert. Wenn ich, nur mal so als Beispiel, zu Olympia fahre, um Gold im Speerwerfen zu gewinnen, aber nur Silber schaffe, dann ist das frustrierend. Bin ich froh, überhaupt mitmachen zu dürfen (»Dabei sein« ist bekanntlich alles), juble ich auch über Bronze. Das schlechte Gewissen und der Vergleich mit anderen treiben immer weiter in die Optimierung – und gleichzeitig entziehen sie den Mut, wirklich Außergewöhnliches zu leisten, weil sie die Latte immer höher hängen. Die Forschung hat das bestätigt, etwa mit Untersuchungen bei Golfturnieren. Dabei fiel auf, dass allein die Anwesenheit von Tiger Woods andere Teilnehmer deutlich schlechter spielen ließ als üblich. Der Vergleich mit dem Superstar schickte ihr Selbstbewusstsein auf Abwege wie ein schlechter Putt den Ball in den Bunker.

Die meisten Menschen neigen dazu, vor allem ihre Makel zu sehen und die Ursachen für ein Scheitern bei sich zu suchen. Ganz so, wie es das beschriebene Leitbild vom aktiven Selbstunternehmer fordert, der für sein Leben allein verantwortlich ist. Dagegen weiß die Psychologie längst, dass Erfolg sehr viel mit Selbstwahrnehmung zu tun hat: Erfolgreiche Menschen schreiben positive Ergebnisse ihrem Können zu, Niederlagen halten sie für Pech. Eine ziemlich schlichte Strategie nach dem Motto: »Alle doof außer ich«. Und doch überaus effektiv. So zeigte ein Experiment mit Versicherungsvertretern: Diejenigen, denen Psychologen vorher eingebläut hatten, eigene Fehler auszublenden und Positives in den Blick zu nehmen (»Ich habe getan, was ich konnte. Der Kunde hatte einfach andere Bedürfnisse.«), waren nachweisbar erfolgreicher.

Deshalb: Einfach mal entspannen, auf die eigenen Fähigkeiten vertrauen, lockerlassen. Es müssen ja nicht gleich die Schafsfarm auf Neuseeland und selbst gestrickte Wollsocken sein. Etwas mehr Gelassenheit, ein klein wenig niedrigere Ansprüche machen auch in Berlin-Mitte entspannter – und letztlich sogar erfolgreicher.

Der zweite Schritt folgt daraus zwingend: Verabschieden wir uns von der Maximierermaxime. Es ist schlicht unmöglich, immer und überall das Beste herauszuholen. Und wie wir gesehen haben, ist der Versuch auch noch häufig kontraproduktiv. Der Glaube, je mehr Aufwand wir betreiben, desto besser wird das Ergebnis, ist schlicht falsch. Der Unternehmer, Weltenbummler und Halter eines Weltrekords im Tangotanzen, Timothy Ferriss, hat das vor einigen Jahren in einem aufsehenerregenden Selbstexperiment gezeigt.[62] Müde vom aufreibenden Alltag und nach einem Nervenzusammenbruch rief Ferriss für sich selbst die Vier-Stunden-Woche aus. Lästigen Routinekram ließ er fortan von kleinen Helferlein am anderen Ende der Welt erledigen, seine Tätigkeit als Firmenlenker beschränkte er vornehmlich aufs Delegieren, Mails las er nur noch jeden Montag, und dann nicht länger als eine Stunde. Das erwartbare Resultat von Ferriss-macht-blau: Er fühlte sich besser, genoss seine neue Freiheit in vollen Zügen. Das unerwartete Resultat: Seine Firma florierte; seit er sich quasi selbst aus dem Unternehmen entfernt hatte, stiegen die Profite um 40 Prozent. Den »Master of Business Administration« (MBA), der hier schon mehrfach als Beispiel für besonders ausgeprägten Optimierungsdrang beschrieben wurde, definierte Ferriss kurzerhand um in »Management by Absence«.

Die Vier-Stunden-Woche ist natürlich eine radikale Lösung, für die der durchschnittliche deutsche Arbeitgeber bestenfalls ein höhnisches Lachen übrig hätte. Aber der Selbstversuch demonstrierte eindrucksvoll, dass eine Entscheidung gegen mehr Aufwand, also mehr Optimierung, nicht gleichzeitig eine Entscheidung für ein schlichteres, anspruchsloseres Dasein ist. Ausdrücklich verspricht der Untertitel von Ferriss' Buch nicht nur »mehr Zeit«, sondern auch »mehr Geld«.

Weniger ist mehr, weniger bringt mehr. Erinnern wir uns an Gerd Gigerenzer, den Entscheidungsforscher mit dem Loblied auf das Bauchgefühl: Maximierer, die vor Entscheidungen mühsam und aufreibend die beste Option suchen, sind nicht nur unglücklicher als die Satisficer, die sich mit der ersten guten Lösung zufriedengeben. Sie treffen auch oft die schlechtere Wahl. Etwas mehr Satisficer täte uns deshalb gut, weil die Suche nach dem Perfekten, das Sammeln möglichst vieler Informationen, das Betreiben maximalen Aufwands gute Entscheidungen eher behindert als befördert. Gigerenzers »Heuristiken«, also die Abkürzungen von Entscheidungsprozessen durch simple Regeln, die die Intuition imitieren, können helfen, das Leben einfacher und sogar besser zu machen. Gut ist manchmal besser als perfekt. Der Satisficer trägt seinen Namen schließlich nicht von ungefähr.

Glückliche Flöhe und asymmetrische Piraten: Schwächen sind unwichtig, Stärken muss man stärken – sonst bleiben sie keine

Es gibt da nur, Sie ahnen es bereits, eine klitzekleine Schwierigkeit. Der Satisficer, so wie er in der Forschung beschrieben wird, hat eine klare Vorstellung davon, welche Option ihn zufriedenstellt. Egal, ob neue Schuhe, ein eigenes Haus, ein Job: Er weiß, was er will. Viele, vielleicht die meisten Menschen wissen das nicht oder haben nur eine vage Vorstellung. Sie orientieren sich an ihrer Ausbildung oder an der Anerkennung anderer. Was sie dagegen im Überfluss haben, ist Angst vor falschen Entscheidungen. Oder präziser formuliert: Angst davor, nicht das Optimale herauszuholen. Die Optimierungsstrategie bietet da scheinbar Hilfe, denn wie wir gesehen haben, ist sie in erster Linie eine Fehlervermeidungsstrategie. Wer das Beste erreicht, so viel ist klar, der kann keinen Fehler gemacht haben.

Damit sind wir nicht nur beim dritten Schritt aus der Perfektionsfalle. Wir sind auch am Kardinalproblem der Perfektion, das sich durch dieses Buch zieht. Weil der scheinbar sicherste Weg, Fehler zu vermeiden, der ist, Ansprüche von außen möglichst perfekt zu erfüllen, tut der Optimierer genau das. Und wird darüber, erstens, wie die Möchtegern-Superstars Sarah und Daniel, austauschbar, verpasst also sein eigentliches Ziel, sich einen Vorteil zu verschaffen. Dies, weil er zweitens vor lauter Optimieren nicht dazu kommt zu überlegen, was er wirklich will (wie der Satisficer). Und vor allem: was er gut kann.

In Wirklichkeit folgen die meisten Menschen der umgekehrten Strategie: Sie arbeiten sich an ihren Schwächen ab. Das lernt man schon in der Schule, und auch später ist ständig von »Defizite ausgleichen«, »Schwachpunkte ausmerzen« oder »Mängel in den Griff kriegen« die Rede. Von Kindesbeinen an sagt man uns, was wir verbessern müssen.

Mit dem irritierenden Effekt, dass das, was wir am besten können, so am wenigsten gefördert wird. Ganze Industrien leben von der Schwäche der Menschen, von Nachhilfeunterricht bis zum Coaching. Die Idealvorstellung von Bewerbern, ehrgeizigen Aufsteigern ebenso wie von Menschen auf Partnersuche: möglichst breit aufgestellt sein. Wer kaum Angriffsfläche bietet, der kriegt die wenigsten Treffer ab. Stimmt vielleicht, aber er kann auch nur von allem ein bisschen und nichts richtig gut.

Denken wir noch einmal an die Unternehmensberaterin Antonella Mei-Pochtler, die ihre geringe Begeisterung für Mathematik eher aussaß als ausbügelte, weil sie wusste, dass sie auf diesem Feld ohnehin keine Chance hätte gegen passionierte Zahlenfetischisten. Stattdessen arbeitete sie konsequent an ihren Stärken, Kommunikation und Kreativität, und stieg zur erfolgreichen Partnerin auf.

Oh, Sie sind es leid, immer von schneidigen Managertypen zu hören? Auch gut, nehmen wir das denkbar krasseste Kontrastprogramm, die Seeräuber vor Somalia, die mit ihren Entführungen die Welt in Atem hielten. Haben diese Piraten versucht, ihre Unterlegenheit gegenüber der gewaltigen Feuerkraft der vor der Küste kreuzenden Fregatten auszugleichen, indem sie dickere Kanonen bauten? Nein. Sie nutzten stattdessen ihre Stärken, ihre wendigen und schwer zu ortenden Boote, die Guerillataktik, die ganze Asymmetrie des Konflikts.

Zurück vom Horn von Afrika in die biedere deutsche Arbeitnehmerwelt, für die das Meinungsforschungsinstitut Gallup festgestellt hat, dass nur magere 13 Prozent der Beschäftigten nach ihren Talenten eingesetzt werden. Gleichzeitig ergeben die Gallup-Umfragen in bedrückender Regelmäßigkeit, dass der Großteil der Angestellten nur Dienst nach Vorschrift macht, also keinen Spaß im Job hat und mit entsprechend überschaubarer Begeisterung zu Werke geht. Die größte Erfüllung im Beruf finden übrigens die Selbstständigen. Was nichts anderes bedeutet, als dass, wer sein Optimierungsstreben an den Wünschen von Chefs, Unternehmen oder gesellschaftlichen Idealen statt an eigenen Wünschen und Können ausrichtet, seinen Erfolg fast schon systematisch untergräbt.

Um ein Haar wäre das auch Charles Handy passiert. Der Mann, den ich vor einigen Monaten auf seinem Cottage im Südosten Englands besuchte, ist nicht der Erfinder des Mobiltelefons, sondern einer der weltweit bekanntesten Wirtschaftsphilosophen. Handy servierte selbst zubereitetes Risotto mit grünem Spargel, dazu einen leichten Sauvignon. Draußen grasten dicke Kühe, die Sonne lud den Tennisplatz neben dem Haus mit Wärme auf, und Handy, Ende siebzig, graues Haar, kluge Augen und passionierter Leiseredner, machte ganz den Eindruck eines Mannes, der mit seinem Leben recht zufrieden ist. Was er vor allem darauf zurückführte, ein »Floh« zu sein.

Anders als der »Elefant«, wie Handy in einem seiner Bücher den traditionellen Angestellten in festen Konzernstrukturen charakterisiert, ist der Floh meist selbstständig, lebt also vom Verkauf seiner Talente an andere. Er muss seine Stärken also genau kennen. Handy selbst brauchte eine Weile, bis er es wagte, zum Floh zu werden. Sein Examen in Oxford prädestinierte ihn eigentlich zu einer klassischen Highflyer-Karriere, weshalb er anschließend beim Ölkonzern Shell als Manager anheuerte. »Aber die Zahlengläubigkeit und die starren Hierarchien, das war nicht meine Welt«, sagt er heute. Immerhin aber war Shell damals die absolute Beletage der britischen Wirtschaft; ein echter Optimierer hätte sich eher ein Bein ausgerissen, als eine Karriere dort aufzugeben. Handy hätte seine Schwächen ausbügeln, sich mit den Zahlen beschäftigen und ein besseres Verhältnis zu seinen Vorgesetzten aufbauen können.

Stattdessen verabschiedete er sich rasch vom klassischen Managerjob, baute zunächst die Shell-Weiterbildungseinrichtung auf, verließ den Konzern dann und wurde Mitgründer der London Business School, um sich schließlich ganz auf das zu konzentrieren, was er immer schon am liebsten mochte und am besten kann: kluge Theorien über die Arbeitswelt entwerfen und sie in Büchern und Vorträgen erklären. Bis zum Status als Ikone der Wirtschaftsphilosophie war es ein weiter Weg, man kann ihn an Handys Cottage verfolgen, wo immer dann ein neuer Teil angebaut wurde, wenn ein Bestseller gerade wieder Geld aufs Konto gespült hatte. Aber hätte Handy die klassische Optimiererstrategie verfolgt, seine Schwächen ausgebügelt statt seine Stärken zu entwickeln, dann hätte er sein Lebensziel niemals erreicht.

Heißt das, wir müssen jetzt alle unsere Jobs kündigen und selbstständig werden? Natürlich nicht. Es heißt aber, und dies ist der wichtigste Schritt aus der Perfektionierungsfalle, dass wir unsere Stärken stärken statt unsere Schwächen ausbügeln sollten. »Weltmeister in einer Sache, statt Regionalliga in vielen Disziplinen«, wie es Coachin Dorothee Echter so schön formuliert. Es ist im Grunde nichts anderes als die alte Idee von den komparativen Kostenvorteilen, die der Ökonom David Ricardo bezogen auf den Handel zwischen mehreren Nationen entwickelte. Danach wird Schweden Schwierigkeiten haben, zum weltbekannten Weinexporteur aufzusteigen, und Frankreich es nie in die erste Liga der Rentierzüchter-Nationen schaffen. Wenn sich aber beide Länder auf die Güter spezialisieren, die sie besonders günstig oder besonders gut herstellen können, dann erhöhen sie ihren jeweiligen Wohlstand. Allerdings – denken wir an unseren kleinen Staat mit dem Faible für Mikrowellen – ist die Voraussetzung dafür, seine Stärken zu kennen. Und, vor allem, sich darauf zu konzentrieren.

Dies ist auch eines der Prinzipien einer relativ neuen psychologischen Richtung, der sogenannten »positiven Psychologie«. Sie hat Ricardos Theorie von der Volkswirtschaft auf den Alltag übertragen.

So wie wir es für selbstverständlich halten, an unseren Schwächen zu arbeiten, so hat sich auch die traditionelle Psychologie lange vornehmlich mit Defiziten und den dunklen Seiten der Seele befasst. Mit Ängsten, Zwängen, Depressionen, die es zu beheben galt. Die positive Psychologie dagegen will gezielt persönliche Stärken fördern. Statt des alten »fix what's wrong« lautet ihre Parole »build what's strong«.[63] Erste Experimente zeigen: Individuelle Stärken sind gezielt trainierbar, und das wiederum erhöht die Lebenszufriedenheit.

Zugegeben: Es mag nicht immer leicht sein herauszufinden, worin man wirklich gut ist. Auch gibt es dafür kein Patentrezept, jeder muss das selbst erforschen. Sich etwa fragen, für welche Dinge er besonders viel Lob erhält, bei welchen Tätigkeiten die Zeit wie im Flug vergeht oder ob es Aufgaben gibt, die ihm selbstverständlich und leicht von der Hand gehen, während andere damit überfordert sind und ihn um Hilfe bitten. Sind die Stärken allerdings gefunden, lassen sie sich beinahe jederzeit kultivieren, auch im Alltag. Wer von Natur aus neugierig ist, sucht sich vielleicht Freizeitbeschäftigungen, die immer wieder neue Erfahrungen bereithalten. Wer gern sagt, wo's langgeht, im Beruf aber wenig Führungsverantwortung hat, könnte diese in Vereinen oder Parteien übernehmen – und dadurch Selbstbewusstsein tanken, das ihm wiederum im Job weiterhilft.

Denn sich verbessern wollen ist ja im Grunde nicht verkehrt. Aber das auf möglichst vielen Gebieten zu tun und nur darauf zu schielen, was andere erwarten, das bringt uns nicht weiter. Um gut zu sein, müssen wir weder alles können noch überall mitmischen. Es ist wie in der Gastronomie, die der ehemalige Aldi-Geschäftsführer Dieter Brandes an diesem Punkt gern als Beispiel anführt: »Spitzenrestaurants haben eine kleine Speisekarte.«

Nur so können sie ihre Stärken ausspielen, originell sein, kreativ, außergewöhnlich und einzigartig. All diese Dinge, die für Menschen noch viel wichtiger sind als für Restaurants und die ja, die Älteren können sich noch erinnern, der eigentliche Antrieb waren für das Streben nach Optimierung. Weil unsere Maximierung aber gar nicht mehr auffällt, wenn alle perfekt sind, kann es nicht das Ziel sein, immer weiter zu optimieren. Immer besser zu werden. Sondern: anders zu werden, unterscheidbar, einzigartig. Wenn für den Satisficer gilt, dass gut besser ist als perfekt, dann gilt erst recht: Anders ist besser als perfekt.

Wir sind am Ende unserer Tour durch das perfektionistische Universum angelangt. Wir haben gesehen, wie die drastisch gestiegene Zahl der Optionen und das Versprechen einer (theoretisch) offenen Gesellschaft das Streben nach Optimierung antreiben. Wie uns gleichzeitig das Leitbild des Selbstunternehmers eine größere Verantwortung in allen Lebensbereichen überträgt und so aus dem Hang einen Zwang zur Optimierung macht. Und dass dieses Streben nach Perfektion uns nicht unbedingt erfolgreicher, sondern austauschbarer macht und uns im Gegenteil daran hindert, unsere wahren Stärken auszuspielen.

Zuletzt wurden die Fluchtwege aus der Maximiererfalle aufgezeigt: lockerlassen, wie der Satisficer öfter mal das Gute wählen, anstatt auf das Perfekte zu warten, Stärken stärken und sich nicht im Ausbügeln von Schwächen aufreiben. Nur so entgehen wir der Gefahr, am Ende vielleicht perfekt zu sein, aber auch gleichförmig und austauschbar. Einfach ist das nicht, der Weg dahin zeichnet sich eher durch Irrwege und Sackgassen aus als durch achtspurige Autobahnen. Und ein Patentrezept, wie man seine Stärken denn nun erkennt, gibt es an dieser Stelle auch nicht, denn dies ist kein Ratgeber. Fest steht nur: Wenn alle besonders sein wollen, ist es gar nicht so einfach, man selbst zu sein.

Aber umso wichtiger.

Dank

Für anregende Gespräche und erhellende Hintergründe: Dorothee Echter, Gerd Gigerenzer, Charles Handy, Michael Hartmann, Horst Heidbrink, Stephan Jansen, Tiemo Kracht, Jan Schmidt, Wolfgang Twardawa, Gerd Günter Voß – und allen anderen, die die Recherche zu diesem Buch unterstützt haben.

Für Ideen, Ratschlägen und kritische Diskussionen: Gunnar Brune, Lukas Porsch, Thomas Walk, Martin Werle.

Für kundige Beratung und Motivation auf dem Weg von der Idee zum Buch: Rebekka Göpfert von der Agentur Graf & Graf.

Für ein souveränes Lektorat und tolle Betreuung: Olaf Meier und allen bei Campus.

Dafür, dass sie immer zu mir halten: Brigitte & Ludwig.

Und besonders Katrin – für Geduld, Liebe und das Håkon-Projekt.

Zingst, im Sommer 2009

Literatur

Anderson, Chris: *The long tail. Nischenprodukte statt Massenmarkt. Das Geschäft der Zukunft*, München 2007.

Ben-Shahar, Tal: *The Pursuit of Perfect. How to stop chasing perfection and start living a richer, happier life*, New York 2009.

Becker, Gary: *Human Capital. A Theoretical and Empirical Analysis, with special reference to Education*, Chicago/London 1993, 3. Auflage.

Bing, Stanley: *Was hätte Machiavelli getan? Bosheiten für Manager*, München 2002.

Bosshart, David: *Billig. Wie die Lust am Discount Wirtschaft und Gesellschaft verändert*, München 2007.

Burzan, Nicole: *Soziale Ungleichheit. Eine Einführung in die zentralen Theorien*, Wiesbaden 2007.

Coupland, Douglas: *Microsklaven*, München 1999.

De Botton, Alain: *Statusangst*, Frankfurt 2004.

Ferriss, Timothy: *Die 4-Stunden-Woche. Mehr Zeit, mehr Geld, mehr Leben*, Berlin 2008.

Florida, Richard: *The Rise of the Creative Class. And How It's Transforming Work, Leisure, Community and Everyday Life*, New York 2002.

Foucault, Michel: *Sexualität und Wahrheit*, Band 2: *Der Gebrauch der Lüste*. Frankfurt/Main 1993, 3. Auflage.

Franck, Georg: *Ökonomie der Aufmerksamkeit. Ein Entwurf*, München 2007.

Frey, Bruno: *Happiness: A Revolution in Economics*, Cambridge (MA)/London 2008.

Friebe, Holm/Ramge, Thomas: *Marke Eigenbau. Der Aufstand der Massen gegen die Massenproduktion*, Frankfurt/New York 2008.

Friedman, Thomas L.: *Die Welt ist flach. Eine kurze Geschichte des 21. Jahrhunderts*, Frankfurt/Main 2006.

Fukuyama, Francis: *Das Ende der Geschichte. Wo stehen wir?*, München 1992.

Gladwell, Malcolm: *Überflieger. Warum manche Menschen erfolgreich sind – und andere nicht*, Frankfurt/New York 2009.

Gigerenzer, Gerd: *Bauchentscheidungen. Die Intelligenz des Unbewussten und die Macht der Intuition*, München 2007.

Greene, Robert: *The 48 laws of power*, New York 2000

Gris, Richard: *Die Weiterbildungslüge. Warum Seminare und Trainings Kapital vernichten und Karrieren knicken*, Frankfurt/New York 2008.

Häring, Norbert/Storbeck, Olaf: *Ökonomie 2.0. 99 überraschende Erkenntnisse*, Stuttgart 2007.

Handy, Charles: *Ich und andere Nebensächlichkeiten*, Berlin 2007.

Harford, Tim: *Ökonomics. Warum die Reichen reich sind und die Armen arm und Sie nie einen günstigen Gebrauchtwagen bekommen*, München 2006.

Hartmann, Michael: *Der Mythos von den Leistungseliten. Spitzenkarrieren und soziale Herkunft in Wirtschaft, Politik, Justiz und Wissenschaft*, Frankfurt/New York 2002.

ders.: *Eliten und Macht in Europa. Ein internationaler Vergleich*, Frankfurt/New York 2007.

Henry-Huthmacher, Christine/Borchard, Michael (Hg.): *Eltern unter Druck. Selbstverständnisse, Befindlichkeiten und Bedürfnisse von Eltern in verschiedenen Lebenswelten*, Stuttgart 2008.

Keen, Andrew: *Die Stunde der Stümper. Wie wir im Internet unsere Kultur zerstören*, München 2008.

Kreutzberger, Stefan: *Die Ökolüge. Wie Sie den grünen Etikettenschwindel durchschauen*, Berlin 2009.

Layard, Richard: *Die glückliche Gesellschaft. Was wir aus der Glücksforschung lernen können*, Frankfurt/New York 2005, 2. Auflage.

Löpfe, Philipp und Vontobel, Werner: *Arbeitswut. Warum es sich nicht lohnt, sich abzuhetzen und gegenseitig die Jobs abzujagen*, Frankfurt/New York 2008.

Lovink, Geert: *Zero comments. Elemente einer kritischen Internetkultur*, Bielefeld 2008.

Märtin, Doris: *Gut ist besser als perfekt. Die Kunst, sich das Leben leichter zu machen*, München 2008.

Mai, Jochen: *Die Karriere-Bibel. Definitiv alles, was Sie für Ihren beruflichen Erfolg wissen müssen*, München 2008.

Mintzberg, Henry: *Manager statt MBAs. Eine kritische Analyse*, Frankfurt/New York 2005.

Neckel, Sighard: *Flucht nach vorn. Die Erfolgskultur der Marktgesellschaft*, Frankfurt/New York 2008.

Nordström, Kjell A. und Ridderstrale, Jonas: *Karaoke Capitalism. Management for Mankind*, Stockholm 2003.

Passig, Kathrin/Lobo, Sascha: *Dinge geregelt kriegen – ohne einen Funken Selbstdisziplin*, Berlin 2008.

Schmidt, Jan: »Was ist neu am Social Web? Soziologische und kommunikationswissenschaftliche Grundlagen«, in: Zerfaß, Ansgar/Welker, Martin/Schmidt, Jan (Hg.): *Kommunikation, Partizipation und Wirkungen im Social Web*, Band 1: *Grundlagen und Methoden – Von der Gesellschaft zum Individuum*, Köln 2008.

Schrenk, Jakob: *Die Kunst der Selbstausbeutung. Wie wir vor lauter Arbeit unser Leben verpassen*, Köln 2007.

Schulze, Gerhard: *Die beste aller Welten. Wohin bewegt sich die Gesellschaft im 21. Jahrhundert?*, Frankfurt/Main 2004.

ders.: *Die Erlebnisgesellschaft. Kultursoziologie der Gegenwart*, Frankfurt/New York 1992.

Siefer, Werner: *Das Genie in mir. Warum Talent erlernbar ist*, Frankfurt/New York 2009.

Silverstein, Michael J./Fiske, Neil: *Trading Up. The New American Luxury*, New York 2003.

Sloterdijk, Peter: *Du mußt dein Leben ändern. Über Anthropotechnik*, Frankfurt 2009.

Voß, G. Günter/Rieder, Kerstin: *Der arbeitende Kunde. Wenn Konsumenten zu unbezahlten Mitarbeitern werden*, Frankfurt/New York 2006.

Weidner, Jens: *Die Peperoni-Strategie. So setzen Sie Ihre natürliche Aggression konstruktiv ein*, Frankfurt/New York 2005.

Wirtschaftswoche global: »Armes Deutschland? 60 Jahre Bundesrepublik: Eine Untersuchung über Einkommen, Vermögen, Lebensqualität und soziale Gerechtigkeit«, 26.1.2009.

Zeh, Juli: *Corpus Delicti. Ein Prozess*, Frankfurt 2009.

Anmerkungen

Einleitung: Die subtile Diktatur des Machbaren

1 Die Zahlen und Fakten über Sabine und Thomas Müller wurden dem Artikel »Der König von Deutschland« entnommen (in: *Der Spiegel* 17/2008, S.68 ff.). Alle längeren Zitate in den folgenden Kapiteln stammen, soweit nicht anders angegeben, aus Recherchegesprächen mit den jeweils Zitierten.

Moving up

1 Die Geschichte von Mehmet Daimagüler stammt aus folgendem Artikel: Kerstin Kohlenberg, Wolfgang Uchatius: »Von oben geht's nach oben«, in: *Die Zeit*, 23.8.2007, S.15.
2 »Lebenslagen in Deutschland«, 3. Armuts- und Reichtumsbericht der Bundesregierung, 2008. Ebenso: »Ab durch die Mitte«, in: »Armes Deutschland. 60 Jahre Bundesrepublik: Eine Untersuchung über Einkommen, Vermögen, Lebensqualität und soziale Gerechtigkeit«, *Wirtschaftswoche global*, 26.1.2009, S. 94 ff.
3 Zitiert nach: »Die Bundesrepublik ist ein Klassenstaat geblieben«, in: *Stuttgarter Zeitung*, 29.8.2008, S. 35.
4 »Gib Gas, Bürger, vergiß dein Nutellabrot«, in: *Frankfurter Allgemeine Zeitung*, 15.3.2006, S. I.23.

Trading down

1 Vgl. etwa David Bosshart: *Billig. Wie die Lust am Discount Wirtschaft und Gesellschaft verändert*, München 2007.
2 Michael J. Silverstein, Neil Fiske: *Trading Up. The New American Luxury*, New York 2003, S. 3.
3 Holm Friebe, Thomas Ramge: *Marke Eigenbau. Der Aufstand der*

Massen gegen die Massenproduktion, Frankfurt, NY 2008, S. 87 ff.

Fluch des Vergleichs

1 Michael Sauga, Benjamin Triebe: »Wo ist die Mitte?«, in: *Der Spiegel* 10/2008, S. 39 ff.
2 Vgl. Alain de Botton: *Statusangst*, Frankfurt/Main 2004.

Sieh! Mich! An!

1 Andrew Keen: *The Cult of the Amateur*, New York 2007; deutsch: *Die Stunde der Stümper. Wie wir im Internet unsere Kultur zerstören*, München 2008, S. 36 f.
2 Michel Foucault: *Sexualität und Wahrheit*, Band 2: *Der Gebrauch der Lüste*. Frankfurt 1993, 3. Auflage, S. 18.
3 Geert Lovink: *Zero comments. Elemente einer kritischen Internetkultur*«, Bielefeld 2008, S. 310.
4 Vgl. Georg Franck: *Die Ökonomie der Aufmerksamkeit. Ein Entwurf*, München, Wien 1998, S.114ff.
5 Vgl. Jan Schmidt: »*Was ist neu am Social Web? Soziologische und kommunikationswissenschaftliche Grundlagen*«, in: Ansgar Zerfaß, Martin Welker, Jan Schmidt (Hg.): *Kommunikation, Partizipation und Wirkungen im Social Web*, Band 1: *Grundlagen und Methoden – Von der Gesellschaft zum Individuum*, Köln 2008.
6 »*Ten Tips for Writing a Blog Post*«, gepostet auf problogger.net, 30.12.2005.www.problogger.net/archives/2005/12/30/tens-tips-for-writing-a-blog-post/

Früh übt sich, mit Mozart und Chinesisch

1 »*Schule ist die große Gleichmacherin*«, Interview mit Jürgen Baumert, in: *Die Zeit*, 18.9.2008, S. 87 f.
2 Nach Birgitta vom Lehn: »Schlaue Schüler an privaten Schulen«, auf: www.welt.de, 2.11.2008.
3 Helmut Klein: »Privatschulen in Deutschland. Regulierung, Finanzierung, Wettbewerb«, in: »Forschungsberichte aus dem Institut der deutschen Wirtschaft« Nr. 25, Köln 2007, S. 58-60.

Generation Lebenslauf

1 Quelle: 10. Studierendensurvey 2008, AG Hochschulforschung Uni Konstanz.

2 Konrad Schily: »Leitwährung: Credit Point«, in: *Die Zeit*, 25.6.2009, S. 46.

3 Christian Sywottek: »Die Ware Bildung«, in: *brand eins*, Mai 2008, S. 72 ff.

4 Inge Kutter: »Gesucht: Bunte Hunde«, Interview mit Christian Veith, in: *Zeit Campus* 5/2008, S. 54.

Karriereturbo mit Fehlzündung

1 Jakob Schrenk: *Die Kunst der Selbstausbeutung. Wie wir vor lauter Arbeit unser Leben verpassen*, Köln 2007, S. 12 f.

2 Peter Laudenbach: »*Die Freiheit und ihr Preis*«, in: *brand eins*, 1.1.2009, S. 90 ff.

3 Richard Gris: »*Die Weiterbildungslüge: Warum Seminare und Trainings Kapital vernichten und Karrieren knicken*«, Frankfurt/New York 2008.

4 Jens Weidner: *Die Peperoni-Strategie. So setzen Sie Ihre natürliche Aggression konstruktiv ein*, Frankfurt /New York 2005, S. 41.

5 Wer's mag, dem sei besonders empfohlen: Robert Greene: *The 48 laws of power*, New York 2000. Das Gleiche in Unterhaltsam: Stanley Bing: *Was hätte Machiavelli getan? Bosheiten für Manager*, München 2002.

6 Jochen Mai: *Die Karriere-Bibel. Definitiv alles, was Sie für Ihren beruflichen Erfolg wissen müssen*, München 2008, 1. Januar.

7 Vgl. Klaus Werle: »Große Verdienste«, in: *Manager Magazin* 11/2007, S. 146 ff.

Abenteuer Alltag

1 Gerhard Schulze: *Die beste aller Welten. Wohin bewegt sich die Gesellschaft im 21. Jahrhundert?*, Frankfurt/Main 2004.

2 Christopher Rauen: »Der Coaching-Markt«, auf: www.coaching-report.de, 20. März 2009.

3 Markus Brauck: »Die Dampf-Plauderer«, in: *Der Spiegel* 35/2007, S. 78f.

Kapitalismus der Gefühle

1 Das Beispiel von Natalie Golob stammt aus dem Artikel von Ralf Hoppe: »Der Kunde als Krieger«, in: *Der Spiegel* 36/2008, S. 56 ff.

2 Zitiert nach »Macht per Einkaufswagen«, in: *Wirtschaftswoche*,

26.1.2009, S. 42 ff.

3   Stefan Kreutzberger: *Die Ökolüge. Wie Sie den grünen Etiketten-schwindel durchschauen*, Berlin 2009, S. 132 ff. Auch die folgenden Beispiele stammen aus diesem Buch.

4   Gerd Günter Voß, Kerstin Rieder: *Der arbeitende Kunde. Wenn Kon-sumenten zu unbezahlten Mitarbeitern werden*, Frankfurt/New York 2006, S.10, S. 16.

Von der Himmelsmacht zur Managementaufgabe

1   Kerstin Kohlenberg, Wolfgang Uchatius: »Von oben geht's nach oben«, in: *Die Zeit*, 23.8.2007, S. 15.

2   Jan Schmidt: »Was ist neu am Social Web? Soziologische und kom-munikationswissenschaftliche Grundlagen«, S. 30.

Kleine Widersprüche, große Folgen

1   »Man spürt: Das ist einer von uns!«, Interview mit Michael Hart-mann, in: Psychologie heute, 1.5.2006, S. 27 ff.

2   Michael Hartmann: *Der Mythos von den Leistungseliten. Spitzenkar-rieren und soziale Herkunft in Wirtschaft, Politik, Justiz und Wissen-schaft*, Frankfurt/New York 2004; ebenso: ders.: *Eliten und Macht in Europa. Ein internationaler Vergleich*, Frankfurt/New York 2007.

3   Vgl.Julia Friedrichs: Gestatten: *Elite. Auf den Spuren der Mächtigen von morgen*, Hamburg 2008.

4   Zitiert nach: »Das Gerede von der Leistungselite soll doch nur Privi-legien absichern«, Interview mit Michael Hartmann, in: *Stern*, 4.10.2007, S. 94 ff.

5   Zitiert nach: Robert Thielicke: »Alles nur Übung«, in: *Focus*, 6.4.2009, S.50ff.

6   Vgl. auch Werner Siefer: *Das Genie in mir. Warum Talent erlernbar ist*, Frankfurt/New York 2009.

7   Vgl. Malcolm Gladwell: *Überflieger. Warum manche Menschen er-folgreich sind – und andere nicht*, Frankfurt/New York 2009.

8   »Zwischen Macht und Milieu«, Streitgespräch zwischen Dieter Frey und Michael Hartmann, in: *Gehirn & Geist*, 10.2.2009, S. 42 ff.

Die steinige Karriere des Abraham L. und warum Diäten sinnlos sind

1   Sighard Neckel: *Flucht nach vorn. Die Erfolgskultur der Marktgesell-schaft*, Frankfurt/New York 2008, S. 12.